忠臣藏

문화로 읽는 주신구라

이준섭 지음

신아사

이 연구는 2008학년도 경북대학교 학술연구지원에 의해 수행되었습니다.

목 차

Contents

머리말

일본의 '주신구라忠臣藏'는 마치 연중행사와 같다. 연중행사는 해마다 일정한 시기를 정하여 놓고 하는 것인데 '주신구라' 문화행사가 연말에 벌어진다. 늘 같은 레퍼토리인데도 볼 때마다 새로운 감동을 선사한다. '주신구라' 이야기는 간단하게 말하면 47인 사무라이의 복수극이다. 지금으로부터 300여년 전에도 에도江戶 시대에 일어난 사건이 '주신구라' 이야기를 만들어 냈다. 에도 막부幕府의 5대 쇼군將軍 도쿠가와 쓰나요시德川綱吉가 천황의 연하인사 답례 행사를 치르는 마지막 날에 사건이 터진 것이다.

이 행사의 의전담당 최고책임자 기라 고즈케노스케吉良上野介가 행사 준비 관계로 막부의 신하와 복도에서 상의하고 있는데 갑자기 등 뒤에서 "이전의 유한遺恨을 기억하고 있는가"라고 칼을 빼어들며 덤벼드는 한 사람이 있었으니 그가 바로 '주신구라' 이야기를 만들 수 있게 해준 비극의 주인공 아사노 다쿠미노카미浅野内匠頭이다. 아사노는 아코赤穂 지방의 영주로서 이 행사에서는 기라의 지도를 받는 신분이었다.

이 칼부림 사태는 기라의 이마에 약간의 상처가 났을 뿐 주위 사람들이 곧 진정시켰다. 그러나 이 사건을 들은 쓰나요시는 격노하여 당장 할복하고 성을 몰수하라고 호령하였다. 기라는 일방적 피해자라고 아무런 처벌도 받지 않았고 아사노만 그날로 할복한 것이다. 이에 일부 아사노의 가신들은 이 결정을 인정할 수 없다면서 오이시 구라노스케大石内蔵助를 중심으로 복수하기로 결심한다.

무사계급 사회에서 하루 하루를 보내는 가운데 사람들을 속박했던 가장 큰 굴레가 주종관계였다. 무사히 살아가기 위해 또한 입신출세를 위해서라도 가장 중요한 것은 자기의 주군에 대한 충성이다. 한 사람 한 사람의 집합체에 대한 특수한 결집은 그 집단의 우두머리에 대한 충성으로 상징된다. 배를 갈라서라도 충성을 표한다. 싸움에서의 승리가 관군으로서 영주의 지위와 그에 따르는 영지를 차지할 수 있게 하는 힘이라는 것을 알고 있다. 패배할 경우 역적의 신세로 전락, 살아갈 길이 막막하기 때문에 목숨까지 바쳐가며 싸우는 모습 등이 미의식으로 꾸며져 문학작품 등으로 재현되는 것이다.

18세기초에 일어났던 이 하나의 사회적 사건은 일본적 행동양식의 전형으로서 연극(조루리 인형극人形浄瑠璃, 가부키歌舞伎), 소설(게사쿠戯作), 시(센류川柳, 교카狂歌), 우키요에浮世絵 등과 같은 일반 서민문화로 널리 수용되어 오늘날 일본의 민족적 정체성을 띤 서사시로 정착된 느낌마저 든다. 근대 이후에도 변함없이 인기를 모아 지금도 연말이 되면 일본의 어디에선가 '주신구라' 관련 이벤트로 북적댄다. 1997년에는 시마다 마사히코島田雅彦가 대본을, 사에구사 시게아키三枝成彰가 작곡을 맡은 '오페라 주신구라'가 상연된 적도 있다. 진화하는 '주신구라'를 확인한 셈이다.

이렇게 현재도 '주신구라'는 그 자체가 문화현상이다. 각 문화장르를 통해서 다채로운 주신구라를 쏟아내고 있다. 47인의 사무라이 신화는 그에 착상을 얻어 만들어진 많은 연극과 일련의 영화와 TV드라마 등의 인기에서도 그렇고, 12월 14일 센가쿠지泉岳寺에서 거행되는 의사축제義士祭에서는 영웅으로서 예배의 대상이 되는 것을 보더라도 '주신구라'는 일본사회의 정체를 밝힐 수 있는 대표적 표상表象문화라 생각한다. 이에 필자는 시대의 표상으로서의 '주신구라'를 통해 역사의 풍진 속에 파묻혀 있는 빛과 그림자, 또 그에 얽힌 인간군상人間群像을 포착하려고 한다.

저자 이 준 섭

Ⅰ. 왜 '주신구라'인가

忠
臣
蔵

I. 왜 '주신구라' 인가

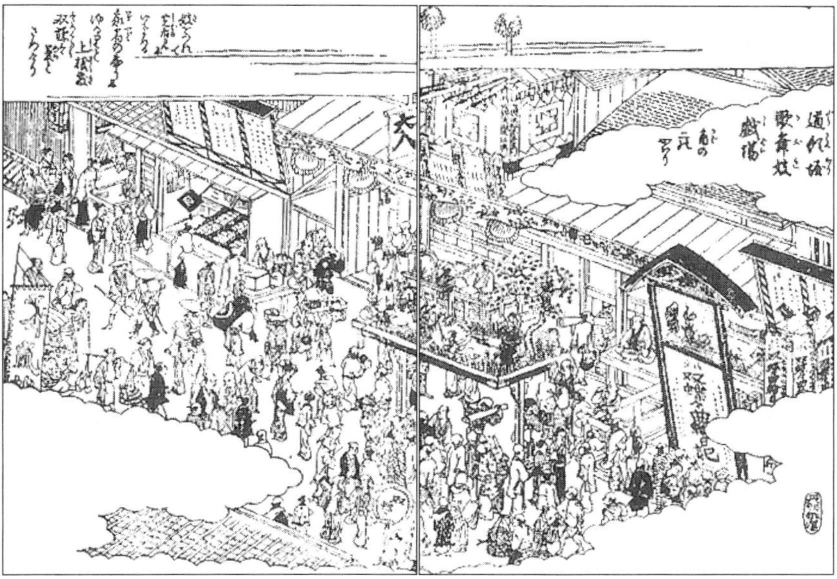

도톤보리의 가부키 극장

때는 1748년 음력 8월. 오사카大坂는 더위가 다 가시지 않았을 것이다. 당시 하루에 전11막이나 되는 긴 공연을 관람하기란 여러모로 쉽지 않았을 텐데 신작 『가나데혼 주신구라仮名手本忠臣蔵』는 오사카 전역에서 인기를 모으고 있었다. 그런데 흥행 도중에 뜻하지 않게 조루리浄瑠璃 담당자인 다유太夫와 인형 연기자人形遣 사이에서 연출 문제로 전대미문의 의견충돌이 벌어져 중견 다유가 모두 극장에서 빠져나가 다른 극장(도요타케좌豊竹座)으로 옮겨버린 사태가 발생했다. 그 대신 도요타케좌 극장에서 옮겨온 다유들에 의해 흥행은 계속되어 윤달인 10월을 끼고 11월까지 약 5개월간의 장기공연을 기록하였다. 일본의 근세·근대·현대를 통해 가부키歌舞伎를 중심으로 한 대중예능과 보다 넓은 대중문화의 모든 분야에서 늘 압도적 지지로 인기를 계속 누려온 『가나데혼 주신구라』라고 하는 작품이 창작되고 초연된 것은 1748년 8월이었다. 장소는 오사카 도톤보리道頓堀의 닌교조루리人形浄瑠璃 극장 다케모토좌竹本座였다. 『가나데혼 주신구라』는 가부키가 아니라 꼭두각시 인형 조루리 연극으로 창작되고 연기되었던 것이다.[1]

'주신구라忠臣蔵'의 말뜻은 이름 그대로 충신들의 활약상이 담겨있는 보물고 같은 이야기라고 미루어 짐작할 수 있다. 대부분의 일본인들은 조상 대대로 주신구라 이야기를 귀중한 삶의 가치가 아로새겨진 일본의 국민극으로 추앙하고 있다. 보통 주신구라라고 불리는 『가나데혼 주신구라』는 1748년에 처음 상연된 이래 오늘날까지 일본인들의 절대적인 사랑을 받으며 성장해 왔다. 근세에는 인형극인 닌교조루리와 전통 서민극인 가부키로 상연되어 인기를 얻었으며 근대에 들어서는 수십 편의 영화 혹은 TV드라마로 제작되어 오늘에 이르고 있다. 어떤 형태로든지 오늘날에도 매년 상연되고 있는 일본의 살아 있는 고전 명작이요 일본의 국민문학이라 할 수 있다.

내용은 1701년 3월 14일 에도 성안에서 일어난 칼부림 사건과 1702년 아코赤穂 지방의 사무라이들이 주군을 위해 복수한 실제 사건을 극화한 것이다. 이 사건은 에도 시대를 뒤흔드는 스캔들이 되어 전국 각지

1 사건이 터지고 인형극 『가나데혼 주신구라』가 나올 때까지의 40여 년간 이 사건을 제재로 한 작품은 상당수에 이른다. 센세이션을 일으킨 사건이었기 때문에 곧 각색되었다. 아사노에 대한 막부의 조치가 즉일할복(即日割腹), 가계단절(家系斷絶)이라는 엄벌에 비해 기라에게는 아무런 문책도 없었다. 기라를 습격한 낭인들에 대해서는 그 이듬해 전원 할복이 언도, 다음날 모두 형장의 이슬로 사라졌다. 약자를 안타깝게 여기는 것은 인지상정인지라 당연히 아사노 집안과 낭인들에 대한 동정심은 늘어만 갔다. 그리고 막부의 공정치 못한 편파적인 조치에 대한 일반적인 감정은 수그러들지 않았다..

로 퍼져 나가 나중에 여러 작품으로 만들어져 인기를 모았고 그 중에서 『가나데혼 주신구라』가 이전의 작품들을 집대성한 셈이다.[2]

이야기의 발단은 가마쿠라鎌倉에 살고 있는 노회한 눈초리의 집사執事 고노 모로노高師直가 하쿠슈伯州의 영주 엔야 한간塩谷判官의 부인 가오요顔世에게 흑심을 품고 접근하면서 시작된다. 가오요로부터 자신의 요구가 받아들여지지 않자 모로노는 화풀이로 그의 남편 엔야 한간에게 무례한 행동을 보인다. 불쾌해진 엔야 한간은 언젠가 보복하기로 결심하고 드디어 모로노를 죽이려 하지만 실패하고 바쿠후幕府의 불공정한 판결로 할복자살을 하게 된다. 엔야 한간의 가신 오보시 유라노스케大星由良助는 할복한 주군을 위해 무사들을 이끌고 모로노의 저택을 습격해 마침내 복수에 성공한다.

'주신구라'는 『가나데혼 주신구라』[3]에서 유래한 연극 제목에 지나지 않지만 연극에 관한 이야기뿐만 아니라 역사가들까지도 '주신구라'라는 이름으로 그들의 논지를 펼쳐 나간다. 아코사건赤穂事件 아코낭인赤穂浪人과 같은 제목만으로는 도저히 그 전모를 밝힐 수 없기 때문이다. 사실史實과 풍문, 조루리와 가부키로 시작되는 여러 예능과 드라마, 소설 그리고 후대에 더해진 논論까지 포괄한 전체가 '주신구라'라고 부르는 공동환상共同幻想인 것이다. 지금도 새로운 '주신구라'가 만들어지고 있다. 연극, 소설뿐만 아니라 모든 문화장르에 걸쳐 앞으로도 계속 '주신구라'는 그 형상을 달리하면서 일본사회에 쏟아질 것이다.

2 에도시대를 통해 아코사건을 다룬 가부키와 조루리 작품이 수많이 만들어졌는데 『가나데혼 주신구라』가 각별한 인기를 얻어 후세의 문화에 커다란 영향을 미친 것은 이 작품의 완성도가 높다는 것에 기인한다.

3 제목에서 '가나(仮名)'라는 것은 현재는 '50音', 당시엔 '이로하'를 가리킨다. 그 문자의 합계가 47이다. 묘하게도 '아코 47인의 사무라이'와 일치한다. '47인의 사무라이'를 암시하기 위해 '가나'라는 표현을 사용했다고 하는 것이 정설로 되어 있다. 그렇지만 그와 같은 설명만으로는 부족하다는 이론도 있다. '47'에는 초연이 습격 후 47년째에 공연되었다고 하는 상연측의 의욕과 의사들에 대한 추모의 뜻도 담겨져 있다는 것이다. 또한 '데혼(手本)'은 '인간의 본보기가 되는 의사(忠臣)의 이야기'라고 해석할 수 있다.

'주신구라'는 지금도 여전히 일본인이 가장 좋아하는 드라마이다. 예전만큼은 아니지만 여전히 일본에서는 연말이 되면 '주신구라' 관련 프로그램이 각 미디어를 통해 쏟아져 나온다. '주신구라'는 일본인은 물론이고 외국인에게도 잘 알려져 있다.[4]「일본은 스스로가 가장 믿는 도의道義를 아이들에게 가르치기 위해 이야기나 전설을 들려준다. 그 중, 가장 인기 있는 것은 실화인 47인의 사무라이 이야기이다」(미국),「아코 사무라이는 일본의 국민적 서사시라고 해도 좋다. 그것은 매년 반복해서 텔레비전과 연극에 나타난다」(호주),「일본은 전설이 많고, 역동적이면서 거친 역사를 갖고 있다. 이 역사는 예술과 문학을 크게 고무시켰는데, 일본의 문학과 예술에는 일반적으로 걸출한 인물은 거의 보이지 않는다. 이것은 일본인이 서양사회와 달리 개인을 중시여기지 않았기 때문이다. 이 경향은 개성의 함양보다도 집단으로의 동화를 부추겼다. 불교도 전통도 이 몰개성화를 강화하는 데 크게 기여했다. 가장 유명한 영웅이야기조차 한 사람이 아닌 47인의 영웅을 다루고 있다」(영국). (NHK취재반『어떻게 비치고 있나 일본의 모습』일본방송출판회, 1984)

'주신구라'의 소재가 된 아코사건이 일어난 지 벌써 300년이나 지났지만 그 사이 풍화된 흔적도 없이 오늘날까지 보전 계승되어 온 이유는 무엇일까? 그것은 가부키와 영화에서 인기 배우가 주역을 맡고, 스토리도 회를 거듭할 때마다 관객의 흥미를 끌기 위해 새로 다듬는 노력이 있었기에 가능했으리라 생각한다. 그러나 무엇보다도 사건의 본질이 사람들의 마음에 다가왔기 때문일 것이다. 지금도 수많은 연극과 소설, 그리고 영화, TV드라마로 높은 시청률을 올리고 있어 그와 같은 사실을 증명하고 있다.

4 미국의 여성 인류학자 루스 베네딕트(Ruth Fulton Benedict, 1887.6.5~1948.9.17)는 제2차 세계대전 중에 전시정보국의 의뢰를 받아 일본인 심성에 관한 연구를 수행하여 그 결과를『국화와 칼』로 완성했다. 그 속에서 "일본의 진정한 국민적 서사시라고 할 만한 것은 '47인의 사무라이 이야기'이다. 그것은 세계문학에서 높은 지위에는 있지 않지만 이 이야기만큼 일본인의 마음을 강하게 끄는 것은 없다"고 언급하였다.

이 '주신구라'는 모두 꾸며낸 픽션만으로 짜여진 이야기는 아니다. 1701년에 실제로 일어난 사건의 실록 드라마인 셈이다. 일본 중세의 전국시대 혼란도 도쿠가와가 천하를 통일하고 태평시대가 도래한다. 이렇게 되자 살인업자이기도 한 무사들이 삶의 방향을 잃게 되었다. 그런 시대에 주군의 원수를 갚는 대사건이 일어났던 것이다. 장렬하게 복수를 감행한 47인의 무사들은 뭇사람들의 영웅이 되었다.

주신구라는 복수를 금한 체제에 대한 반역의 드라마이기도 하다. 주군의 원수를 갚는 충성스런 부하들의 드라마이기도 하고 체제에 대한 충성심이 투철한 이야기이기도 하다. 당시의 정부인 도쿠가와 막부는 심사숙고한 끝에 47인의 사무라이에게 할복을 언도한다. 이 무사의 명예라고도 할 만한 아코 낭인들의 복수 대상은 기라 고즈케노스케吉良上野介이다.[5] 이 늙은이 한사람의 목을 치기 위해 47인의 사나이들이 필사적으로 노력한 끝에 바라던 큰일을 성사시키고 할복한다. 냉정히 생각해보면 어찌 이렇게 많은 목숨을 아무렇지도 않게 내놓을 수가 있단 말인가. 주신구라에는 눈 내리는 날에 감행하는 습격장면을 비롯해서 일본인들이 좋아하는 명장면과 흥미를 자아내는 에피소드가 다채롭다. 드라마의 발단이 주군 아사노가 그의 상사인 기라에게 뇌물을 제대로 주지 않았기 때문이라고 하는 것도 매우 일본적이다.

1988년 서울올림픽을 기념하는 서울국제연극제에 일본의 가부키 극단이 참가하여 첫 공연을 가졌다. 서울올림픽 조직위원회가 일본 외무성을 통해 정식으로 초청한 것이다.[6] 당시 일본의 연극, 영화 등에 굳게 빗장을 걸고 있었던 만큼 그에 대한 반향이 주목된 가운데 공연은 대성황을 이루었다. 9월 3일부터 6일까지 국립극장 대극장에서 2편의 작품을 상연한 것이다. 가부키 3대 비극 중의 하나인 『가나데혼 주신구

5 기라는 아시카가 집안(足利家)으로 의전의 총책임자였다. 일본어 직명으로 고케(高家)라고 하는데 『가나데혼주신구라』에서의 등장인물 고노 모로노(高師直)의 고(高)와 통한다.

6 단장 鹿取泰衛, 부단장 永山武臣, 연출 茂木千佳史, 배우 30명, 음악 20명에 조명 무대장치 스태프 등 총 80명이 내한하였다.

라』와 무용극 『미가와리자젠身替座禪』이었다. 이에 앞서, 일본 측은 광복 후 첫 가부키 공연을 기념하여 일본문화원에서는 8월 18일부터 문화원 전시홀에서 「歌舞伎 美展」을 마련하기도 하면서 가부키에 대한 홍보에 각별한 신경을 기울였다. 그도 그럴 것이 이 가부키로 일본문화개방의 물꼬를 트고 싶었을 것이다.

제3막의 칼부림 장면에서 한간 역의 7대 오노에 바이코(1915-1995)와 모로노 역의 17대 이치무라 우자에몬(市村羽左衛門)

"가부키는 일본뿐만 아니라 오늘날 세계에서 인류가 만든 최고의 예술이며 문화의 한 형태로서 계속해서 생생히게 살아 숨쉬고 있다"고, 당시 학예고문으로 내한한 연극학자 가와타케 도시오河竹登志夫 씨가 자랑할 정도로 400년 전통의 독특한 무대장치와 양식화된 연기술을 유감없이 발휘하였다. 『가나데혼 주신구라』에서 주인공 엔야 한간의 역을 맡은 오노에 바이코尾上梅幸 씨는 7대를 이어온 가부키 배우이다. 그는 예술감독을 겸하고 있었던 터라 5월에 무대 사전조사까지 직접 확인하였다. 그는 가부키 배우로서의 자질완성은 칼쓰는 법, 대사발성, 춤을 익히는 데 끊임없는 훈련으로 이루어진다고 말했다. 물론, 일본무용 학자 중에서는「일본무용은 지역적인 특색은 있지만 세계성이 결여되어 있다」고 평가하는 경우도 있다. 가부키에 대한 일본의 자신감, 세계의 평가, 그리고 그에 대해 한국 연극인들은 무척 많은 관심을 기울였다.

가부키 역사상 처음으로 한국공연이 된『가나데혼 주신구라』의 무대는 국립극장 대극장의 무대공간을 충분히 활용하여 하나미치花道,[7] 회전무대, 장치 이동, 무대 좌우의 악사 등, 일본에서와 동일한 가부키 무대공간을 설치하였으며 독특한 소리와 동작, 현란한 의상의 형식적 표현미를 관객들에게 선보였다. 지금까지 계승 발전되어 오면서 일본 국내외에서의 인기와 반응 등을 볼 때 연극인의 입장에서는 부러운 점들이 많았으리라고 생각된다. 브레히트Bertolt Brecht(1898.2.10~1956.8.4) 등이 현대 서양연극의 새로운 돌파구를 동양의 전통연극 속에서 찾으려고 했을 때부터 가부키는 중국의 경극 등과 함께 서양연극의 여러 가지 실험에 그 방법과 미학이 이용된 바 있다.

『가나데혼 주신구라』 전작의 총 상연시간은 8시간에 이르는 대작이나 서울공연에서는「신사 앞 투구감식 장면」「아시카가 저택문전의 진상 장면」「성 안의 칼부림 장면」「한간 할복 장면」 등을 상연한 2시간 반 동안의 축소판이었다. 그 중에서「한간 할복 장면」은 공연이 끝나기가 무섭게 다양한 반응을 보였다.

문제는 제4막의「한간 할복 장면」이다. 서울의 한 주부는 "극의 내용에 관해서는 잘 모르지만 할복하는 장면은 좋은 감정을 가지고 볼 수 없었다. 한국에서는 그와 같은 방법으로 죽지도 않으며, 아무리 일본문화라고는 하지만 이해하기가 어렵다"고 고개를 갸웃거렸다. 나이 서른 살의 회사원도 "일본의 의리 감각도 중요하겠지만 왠지 사람의 목숨을 가볍게 여기는 경향이 있는 것 같다"면서 일본문화를 받아들이기 어렵다는 모습을 보였다.

7 가부키 극장에서, 보통 무대 왼쪽에서 배우가 객석을 관통하여 무대에 드나드는 통로이나 무대의 연장으로서 여기서도 연기를 한다.

한국 정부 당국은 1945년 이후 일본문화의 유입을 엄격히 제안해 왔기 때문에, 청년층을 중심으로 일본문화에 대한 이해가 좀 부족한 것도 사실이지만, 세계적으로도 이름이 잘 알려진 '하라키리腹切'가 일본의 군국주의를 연상시켜 한국인의 잠재적인 반일감정을 불러일으켰을지 모른다.

그러나 일본문화와 연극 등의 사정에 밝은 전문가들은 비교적 긍정적인 견해를 보였다. 『가나데혼 주신구라』와 『춘향전』을 비교 연구한 바 있는 이어령 씨는 "한국문화는 푸는 문화로 긍정적 사고를 바탕으로 하고 있는 반면에 일본문화는 조이는 문화로 긴장과 부정적 사고를 바탕으로 하고 있다. 다만, 최근엔 사고가 뒤바뀐 듯한 느낌이 든다. 주신구라의 할복 장면을 본 한국인은 자신들의 현재의 생각과 일치해서 환호할지도 모르겠다"고 밝혔고, 연극 연구가 서연호 교수도 "할복이 한국인에게 이해할 수 없는 풍속이라도 전통연극의 원작 그대로를 보여주었던 점은 의미가 있다. 그것으로부터 민간의 문화외교도 출발한다"고 가부키의 예술성을 중시하는 입장이었다.[8] 또한 춘향전 연구가인 설성경 교수는 "『가나데혼 주신구라』는 기리義理를 주축으로 한 '복수' 이야기 속에서 '닌조人情의 문제'를 내포하고 있는 반면, 『춘향전』은 절의節義를 주축으로 한 '해한解恨'의 이야기 속에서 '인정人情의 문제'를 다루고 있다는 동질성"을 비교 연구하였다.[9]

한편, 가부키 공연으로 적어도 공적으로, 제도적으로 일본문화에 대한 막음이 일단은 헐린 셈이라고 내다본 국문학자인 김열규 교수는 "하지만 심리적 정신적, 그리고 감정적 막음이 덩달아 쉽게 풀릴지 어떨지 쉽게 장담하고 싶지 않다. 아직도 망설이게 된다. 가부키로 공연된 주신구라의 주제를 곱씹게 되면 망설임은 더욱 짙어지게 된다"면

8 永山武臣 監修·茂木千佳史 編集『歌舞伎海外公演の記錄』(松竹株式会社, 1992年)의「韓国公演」참고.

9 「『仮名手本忠臣蔵』と『春香伝』の比較研究」『文化継承学論集』(明治大学大学院文学研究科, 2009.6)

서 "주신구라는 부당한 압제에 대한 항거, 그리고 억울하게 당한 원한의 풀이, 말하자면 이유있는 복수를 일본식으로 최대한으로 미화하고 있고 또 찬양하고 있다"고 전제한 뒤 "일본인들은 그들이 압제한 남들의 항거, 남들의 복수를 제대로 수용할 태세를 세계대전 이후 오늘날까지 어떻게 가다듬어 온 것일까 그들의 가슴에 꽂히는 칼을 받아들이라는 얘기는 아니다. 칼을 꽂고 싶은 그 마음을, 그 복수심을 어떻게 이해하고, 어떻게 그것에 대처했는가 하는 물음 때문에 필자는 망설임을 다스리기 어려운 것이다"[10]라고 붓을 들고 칼의 문화를 향해 일격을 가한 듯한 발언을 했다.

'주신구라'는 곧잘 아코사건과 혼동하는 경우가 많은데 이는 사건 자체가 이미 문학화된 것이라 할 수 있다. '주신구라'의 소재가 된 겐로쿠元禄(1688~1703) 시대의 아코사건 자체는 사소하고도 우발적인 역사의 사상事象이다. 도쿠가와 바쿠후徳川幕府의 전성기인 18세기 초, 일본 중부의 작은 지방 아코의 젊은 영주 아사노 다쿠미노카미浅野内匠頭가 거물급 영주인 기라 고즈케노스케로부터 따돌림을 당하자 분에 못 이겨 장소도 가리지 않고 젊은 혈기에 칼을 빼드는 사건이 터진다. 무사가 칼을 뽑은 이상 행동으로 옮기는 것은 당연한 이치. 그러나 이마에 상처를 입혔을 뿐 미수에 그치고 만다. 그런데 사건이 발생한 곳이 당시의 절대자인 쇼군將軍의 성 안이었으며 부상을 입은 기라는 쇼군의 절대적인 총애를 받던 인물이라 아사노만 할복으로 죄값을 치르라는 명을 받는다. 뿐만 아니라 영지도 몰수되고 그에 따라 가신들은 갈 곳 잃은 처량한 신세로 전락하고 만다.

아사노의 일등가신 오이시 구라노스케大石内蔵助는, 영지 몰수에 응하지 말고 반란을 일으키자는 다른 사무라이들의 주장에 대하여 「지금 봉기를 해봐야 헛되이 목숨만 잃을 뿐이며, 이는 바로 기라가 원하는 바」라며 후일을 도모하자고 동료들을 설득한다. 이후 오이시는 기라

10 「88문화칼럼」『경향신문』(1988년 9월 8일)

측의 감시의 눈을 흐리게 할 목적으로 때로는 주색에 빠진 난봉꾼 행세도 해가며 복수의 계획을 하나씩 꾸며나간다.

12월 14일 만반의 준비가 완료되고 복수의 칼날을 갈던 47인의 사무라이들은 거사를 감행, 주군의 원수 기라와 그의 식솔 20명을 살해한다. 하지만 이 역시 명백한 실정법 위반이므로 다시 할복을 명받고 모두 장엄한 최후를 맞는다. 역사의 흐름을 바꿀만한 큰 사건이 아니었음에도 불구하고 『가나데혼 주신구라』가 후대의 사람들에게 미친 영향은 실로 대단하다.

'주신구라'는 아코낭인들이 기라의 저택에 습격한 1701년으로부터 47년째인 1748년에 오사카의 다케모토좌竹本座라는 극장에서 인형극으로 초연되었다. 대단한 인기였다고 한다. 그러자 곧 가부키로 상연되어 에도, 오사카, 교토는 물론이며 각지에서 돌풍을 일으켰고, 에도시대 말기까지 타의 추종을 불허하는 상연횟수 기록을 보유하고 있다. 물론 근대 이후에도 변함없는 인기를 모아 지금도 연말이 되면 반드시 어디에선가 '주신구라' 흥행이 이루어진다. 뿐만 아니라, 1986년에는 금세기 최고의 안무가 모리스 베자르Maurice Bejart(1927.1.1~2007.11.22)가 '주신구라'를 선정해 연출한 『더 가부키The Kabuki』를 도쿄발레단이 공연하여 호평을 얻은 바 있으며, 또한 유럽 각지를 순연하여 대단한 반향을 불러 일으켰다. 또한 최근에는 오페라로도 상연된 적도 있다. 과연 '주신구라'는 왜 이처럼 인기와 생명력을 지니고 있는 것일까?

그것은 아코낭인들이 죽음을 불사하고 주군의 원수를 끝까지 갚는다는 것, 즉 권력정치의 불공평함을 당당히 규탄한 집단행동을 통쾌하게 완수한 점을 지카마쓰 몬자에몬近松門左衛門(1655~1724)을 비롯하여 많은 작가들이 이를 칭송하여 각색, 상연했고 회를 거듭함에 따라 오랫동안 많은 작가와 명배우들에 의해 더더욱 세련미를 더하여 결국은 전 11막으로 구성된 완결판 『가나데혼 주신구라』가 역사, 풍속, 비극, 익살 등의 다채롭고 짜임새 있는 연극으로 손질되어졌기 때문이라고 볼 수 있다.

47인의 사무라이들이 주군의 원수를 갚는 『가나데혼 주신구라』를 좋아하는 사람은, 오이시를 필두로 한 사무라이들이 모든 공적公的, 사적私的 갈등에 괴로워하면서 마지막에는 권력의 횡포에 필사적으로 맞서는 용감한 모습에 감동하는 것이다.

성 안에서 있었던 칼부림 사건의 동기가 불분명하기 때문에, 주군의 유언을 받들어 모신 아코 사무라이들이 기라를 습격한 의의도 분명치 않고, 사건이 안고 있는 많은 수수께끼는 결정적인 해답을 얻지 못한 채 연구자와 작가 그리고 지식인의 추측에 의해 『가나데혼 주신구라』의 이미지가 계속적으로 증폭되어 왔다. 따라서 47인의 복수극에 대한 해석의 폭도 충의에서 반항에 이르기까지 십인십색이라 해도 좋을 만큼 다양하다.

이는 아코낭인의 기라습격이라는 사실史實 자체가 갖는 다의적 성격에 유래하지만, 보다 본질적으로는 아코 사건을 근대의 천황제 국가의 발전에 공헌하는 이야기로 꾸미려고 하는 측과, 그에 반대로 아코낭인의 행위를 비판, 해체하려고 하는 측의 사상적 대립을 나타내고 있다. 즉 '주신구라'라는 일본의 국민적 낭만을 둘러싸고 연구자, 작가, 지식인들 사이에 의미의 쟁탈전이 격하게 벌이져 온 것이다.

'주신구라'는 근대 일본의 사장 투쟁의 장과 같은 면모를 보이고 있다. 그렇지만 전체적 이미지는 복수라고 하는 인간의 지우기 어려운 정념과 칼부림, 습격, 할복으로 전개되는 탄탄한 서사적 구조로 짜여져 조금도 흐트러짐이 없기에, 오히려 그러한 다양한 의론과 새로운 해석을 거듭하면서 발전되어 왔다고 볼 수 있다. 근대 일본에서의 '주신구라'의 변용은 역사의 변동과 더불어 크게 변하는 정치상황과 사람들의 가치관을 예리하게 반영하는 역사적 표상으로서의 역할을 다하여 왔던 것이다.

그리고 이러한 거대한 '주신구라' 문화를 지탱하고 있는 것은 아무래도 아코 사건의 사실에 대한 관심과 뭔가 이질적인 일본인의 정신이라고 생각된다. 아코 사건은 단순한 하나의 역사사상歷史事象을 넘어 사람들의 상상력을 자극하는 상징적인 다의성을 지닌 일본인의 정서에 부합하는 요소를 상당히 많이 지니고 있을 것이다.

'주신구라'가 일본인의 정신 형성에 끼친 영향력은 근대에 들어와서도 이어진다. 근대 일본의 '주신구라'는 메이지유신 이래의 국민국가 형성과 밀접한 관계를 유지하면서 특히 전쟁이나 반란이 일어났을 때에 집단적으로 상기되어 마치 하나의 행동강령과 같은 성격을 지녔기 때문이다. 그런 의미에서 근대의 '주신구라'는 단지 민중이 애호한 문예물이었던 것뿐만 아니라 근대 일본의 중요한 정치문화로서의 기능도 담당했다고 볼 수 있다.

근대의 '주신구라'는 근세와 같이 개인과 집단의 정체성에 관계될 뿐만 아니라 국민의 아이덴티티를 형성하여 내셔널리즘의 일환으로 군림하는 정치 사회적 특색을 보이는데, 그것은 크게 말해서 두 가지의 입장으로 나눠볼 수 있다. 하나는 1868년 11월에 메이지 천황이 센가쿠지泉岳寺에 칙사를 파견해 오이시를 비롯한 아코낭인의 행동을 칭송한 것을 받아들여 그들을 의사義士로 찬미하는 국수주의 입장이다. 근대의 '주신구라'에서 압도적으로 많은 부분이 바로 의사전義士伝과 같은 것이다.

'주신구라'는 무엇보다도 오랫동안 무사도의 맥락에서 읽혀왔다. 메이지유신 이후 무사도 정신은 국민도덕의 골격을 형성했으며, 국가 이데올로기의 중심을 차지했다. 자기규율을 통해 인내하고 주군을 위해 목숨을 아끼지 않는 '주신구라' 이야기는 교육현장에서 충군애국忠君愛国이라는 이데올로기를 강화하는 데 더할 나위 없이 적합한 텍스트였다. '꽃은 사쿠라 사람은 사무라이'라는 말을 남기고, 명예와 충성을 위해 장렬하게 산화한 47인의 사무라이 이야기는 일본적 죽음의 미학의 한 전형이기도 하다.

다른 하나는 1873년 2월에 복수를 국가공권을 범하는 중대한 범죄행위로 금지한 복수금지령에 의거해 의사로 인정하지 않는 계몽주의의 입장이다. 물론 이 양극의 '주신구라' 사이에 다양한 뉘앙스를 지닌 의

사 찬미와 의사 비판이 존재하며 또한 양자는 서로 복잡하게 교착하면서 전개된다. 요컨대, 근대의 다양한 '주신구라'는 메이지 정부의 칙사파견과 복수금지령이라고 하는 서로 모순되는 정책을 개개의 연구자가 어떻게 받아들여 아코 사건에 어떠한 의미를 부여하느냐에 따라 그 위상이 정해지는 것이다. 이러한 문제의식을 갖고 '주신구라'의 전체상을 파악하기 위해 개개의 문화영역의 텍스트를 몇 종류로 유형화하여 상호 관련성에 유의하면서 각 유형의 '주신구라'가 시대의 흐름 속에서 어떻게 변화해갔는지를 살펴보는 것도 의의가 있다고 하겠다.

Ⅱ. 아코사건

忠臣蔵

II. 아코사건

사건은 교토에서 천황의 칙사가 쇼군을 찾아뵈러 가면서 시작된다. 도쿠가와 5대 쇼군 쓰나요시가 히가시야마 천황에게 새해 연하인사를 한 것에 대한 답례로 파견된 것이다. 도쿠가와 쇼군 측은 신경이 날카롭고 긴장되는 중요한 날이었다. 당시는 쇼군가에서 천황이 사는 교토 조정에 정기적으로 예를 올리는 것이 관례화되어 있었다. 이에 조정 측에서는 답례의 의미로 매년 연초에 쇼군이 거처하는 에도성으로 대개 2월 하순에서 3월 중순에 걸친 시기에 사흘 정도의 일정으로 칙사를 보내는 관행이 있었다. 칙사의 알현은 공식 행사 전날부터 에도성에 입성하는 것으로 시작되는데, 그 일정은 다음과 같다.

1701년 3월 11일에 도착해 칙사의 숙소로 사용되는 '덴소야시키伝奏屋敷'에 짐을 풀고(다쿠미노카미도 이미 전날에 덴소야시키에 와 있다), 둘째 날 3월 12일에는 에도성에 등성하여 쓰나요시에게 천황의 문서를 전달하고, 셋째 날 3월 13일에는 칙사에 대한 답례로 노能 공연이 개최되었다.

이 중, 셋째 날의 답례 때에는, 매년 쇼군이 전국의 다이묘 중에서 두 사람을 뽑아 칙사 접대역의 소임을 맡겼다. 이 역할은 다이묘의 자유의사에 따라 거절할 수 있는 것이 아니었다. 이 접대역으로 뽑히게 되면, 가신들을 독려하여 만반의 준비에 차질이 없도록 이 일에만 신경을 써야 했다. 또한 여기에 드는 비용은 전부 해당 번에서 부담을 해야 할 뿐만 아니라, 모든 과정이 엄격하고 까다로운 의례에 따라 진행되어야 하는 막중한 임무였다.

행사를 지휘하는 최고책임자를 고케高家라고 하는데, 그 해에는 고케의 우두머리인 기라 고즈케노스케가 그 자리를 맡았다. 바로 그가 이

사건의 양대 핵심인물 중의 한 사람이다. 고케란 에도 막부와 교토 조정 간의 의식과 전례를 주관하는, 격식에 정통하기로 이름난 집안을 이르는데, 당시에는 26가의 고케가 정해져 집안 대대로 세습되었다.

막부와 조정 간의 의식은 귀족생활의 전통에 따라 이루어지므로 여러 규칙과 관행에 정통한 기라와 같은 26개의 고케의 의견을 수렴하지 않고 이 의식을 집행하기는 불가능한 것이다. 고케는 영지나 권력 면에서는 대단한 지위는 아니었으나 가문에 있어서는 일반 다이묘보다 격이 높은 것으로 쇼군으로부터 인정받아, 의식을 집행할 때만큼은 직접 다이묘를 지도할 수 있었다.

아사노는 약 20년 전 17세 때에도 이 접대역을 지낸 경험이 있었으며, 그 때도 기라에게 지도를 받아 무사히 임무를 완수했다. 이 접대역을 두 번이나 한다는 것은 극히 드문 일인데 만약 다시 선발되지 않았더라면 '아코사건'은 일어나지 않았을 것이고 '주신구라'의 탄생도 있을 수 없는 것이다.

아코사건의 전말

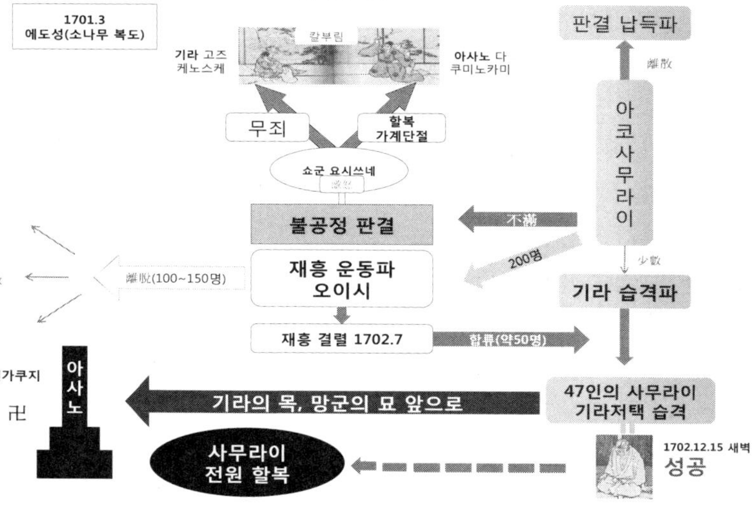

기라 습격사건은 아코의 영주 아사노 다쿠미노카미가 때와 장소도 구별하지 않고 성안에서 마구 칼을 휘두른 사건이 원인이 되어 일어난 것이다. 성안에서의 칼부림 사건은 아사노와 기라의 충돌사건 전에도 일어났던 것으로 그렇게 별난 사건이 아니다. 그리고 그와 같은 사건은 그때마다 처벌을 받아 일회성으로 끝나버리면 나중에 후유증도 없이 잊혀진다. 아사노와 기라의 싸움도 이듬해의 습격사건이 없었더라면 역사 속에 묻혀버렸을지도 모른다. 또한 한 두 사람에 의한 복수도 아니고 47명이나 되는 집단이 단결해서 행동한 것이 세간의 이목을 집중시킨 것이다.

아코사건은 성안의 칼부림사건과 기라습격사건이 한 세트가 되어 세인의 커다란 관심과 흥미를 불러일으켜 얼마 안 되어 연극으로 상연되었다.[11] 그 연극이 여러 취향으로 상연되더니 1748년에 조루리 인형극 『가나데혼 주신구라』로 집대성되어 그 후로 소위 『가나데혼 주신구라』라는 일류 브랜드로서 일본 문화계에서 부동의 자리를 지켜오고 있는 것이다. 연극으로서 완성되었다는 것은 역사적 사건이 아니라 문화적 사건이라고 말할 수 있다. 어쨌든 1701년의 칼부림사건, 다음해의 습격사건, 그리고 47년 후의 『가나데혼 주신구라』 상연이 한 세트가 되어 『가나데혼 주신구라』는 도쿠가와 시대를 통한 역사적 문화적 사건으로서 세상 사람들의 기억에 남게 되는 것이다.

11 조루리로는 사건이 끝나고 난지 3년째인 1706년 9월에 오사카 다케모토자에서 상연된 지카마쓰 몬자에몬의 『겐코법사 모노미구루마(兼好法師物見車)』가 가장 빠르다. 등장인물 엔야한간은 아사노 다쿠미노카미, 모로노는 기라 고즈케노스케를 암시하고 있었으며 엔야의 가신인 야하타 로쿠로(八幡六郎)가 주군의 원수를 갚는다는 내용이다. 이 공연은 당국으로부터 상연금지 처분도 없었으며 지카마쓰는 이 연극의 속편을 후일담 형식으로 『고반(碁盤) 다이헤이키(太平記)』를 발표하게 된다. 내용을 보면 시대는 아시카가 시대의 『다이헤이키』로 설정되어 있는데 각색도 상당히 사실적이고 관객은 허구의 세계를 통해 현실의 사건을 볼 수 있었던 것이다. 이 작품은 前作의 속편이라고 하는 형식을 취하고 있어 야하타 로쿠로가 오보시 유라노스케로, 그 밖의 배역도 리키야, 데라오카 헤이몬, 겐고에몬 등으로 모두 실제 이름의 음을 흉내내어 改名하여 假名과 時代를 달리하여 상연되었던 것이다.

도쿠가와 막부는 당시의 사건, 특히 무사사회의 사건을 그대로 상연하는 것을 금했다.[12] 아코 사건은 쇼군 쓰나요시의 조치로 아사노 측에만 처벌이 내려졌기 때문에 이 사건의 극화는 막부 당국을 비판하는 측면으로도 이어져 막부가 특히 신경을 곤두세운 것은 당연하였다. 그래서 『가나데혼 주신구라』에서는 시대배경을 『다이헤이키太平記』[13]로 하였고 무대를 가마쿠라鎌倉로 했던 것이다. 또한 시대를 『다이헤이키』의 세계로 적용시킨 또 다른 이유는 『다이헤이키』라는 작품이 서민을 상대로 하는 『다이헤이키 요미』에 의해 널리 유포되어 세상 사람들에게 이미 친근하다는 점이었다. 『다이헤이키 요미』는 이윽고 군담, 고샤쿠講釋, 고단講談으로 발전해 갔다. 『다이헤이키』의 이야기는 지금 현대인이 생각하는 것 이상으로 에도시대의 서민에게는 없어서는 안 되는 오락이고 교양이었다. 지카마쓰 몬자에몬이 『가나데혼 주신구라』에 앞서 『고반碁盤 다이헤이키』라는 제목으로 아코 사건을 작품화한 이유도 같은 맥락일 것이다.

47인의 습격에 대한 찬반의 격론이 벌어졌다. 무로 규소室鳩巣는 『赤穗義人錄』에서, 하야시 노부아쓰林信篤는 『復讐論』에서, 각각 47인의 사무라이를 義士로 칭송하고, 이에 반해 사토 나오카타佐藤直方, 오규 소라이荻生徂徠, 다자이 슌다이太宰春台 등은, 기라는 아사노의 원수가 아니며 습격사건은 의로운 행동으로 볼 수 없는 범죄행위로 47인의 사무라이를 비판했다. 일련의 주장들을 표로 나타내면 다음과 같다.

12 무가사회에 대한 이야기를 각색할 때에는 실제의 인명을 사용해서는 안 되는 법령이 에도 초기인 1644년에 발포되었다. 아코 사건 후인 1703년에는 시사와 관련된 소설이며 연극 상연을 금지했다. 그러나 민중의 일대관심사이기도 하고 극적이기도 한 이 사건은 여러 가지 수단을 강구하여 관헌의 눈치를 살펴가며 무대화는 진행되었다. 그러더니 47년째가 되던 해에 『다이헤이키』의 세계를 빌려 사건을 극화한 『가나데혼 주신구라』가 탄생된 것이다. 선행 작품들의 집대성인 『가나데혼 주신구라』를 바탕으로 이후에는 소위 『주신구라물』이라는 작품군이 형성되었다.

13 일본 남북조시대 50여 년간의 전란의 모습을 화려한 日漢혼용문으로 묘사한 군담소설.

讚/反	論 者	著 書	内 容
讚	林信篤 (1644-1732)	『復讐論』1703년	· 亡主의 원수를 갚은 47인의 사무라이는 무사도의 실천자라고 칭찬했다. · 公法의 입장에서 보면, 천하의 법을 무시한 행동이며 사형에 해당한다.
讚	室鳩巣 (1658-1734)	『赤穂義人録』1703년	· 사건발단부터 습격에 이르기까지의 사건개요를 서술했다. · 47인을 義人으로 칭했다.
反	佐藤直方 (1650-1719)	『四十六人之筆記』 1705년 이전	· 기라는 원수가 아니다. · 公法에 어긋나는 47인의 행동은 義에 해당하지 않는다.
反	荻生徂徠 (1666-1728)	『論四十七人之事』 1705년경	· 기라는 원수가 아니다. · 따라서 기라를 친 47인의 행동은 暴擧이다.
讚	淺見絅齋 (1652-1711)	『赤穂四十六士論』 1706년 이후	· 佐藤直方에 반론. · 아사노는 기라에 처형당한 것과 같으며 주군의 원수를 처단한 것은 忠義이다.
讚	三宅觀瀾 (1674-1718)	『烈士報讐録』 1713년 이후	· 47인을 烈士로 칭했다.
讚	三宅尙齋 (1662-1741)	『重固問目, 佐藤直方朱批』 1718년	· 佐藤直方를 비판. · 46인은 君臣의 義理를 아는 義士이다.
反	太宰春台 (1680-1747)	『赤穂四十六士論』 1732년경	· 아코성에서 죽지도 않고, 원수도 아닌 기라를 죽이고 또, 습격 직후 자결하지 않은 것은 義를 모르는 것이다.
讚	松宮觀山 (1686-1780)	『讀四十六士論』 1730년대	· 太宰春台의 論은 推論에 불과하며 事實, 時勢의 조사가 충분하지 않다고 반론했다.
讚	五井蘭洲 (1697-1762)	『駁太宰純四十六士論』 1730년대	· 太宰春台를 비판. · 46인의 행동은 公法에 반하여 범죄에 해당하지만, 義에 들어맞는 一道가 있는 것이다.
讚	赤松滄洲 (1721-1801)	『赤穂四十六士論評』	· 太宰春台를 論駁.

이 논쟁의 뿌리에는 46인의 심정과 죽은 주군과의 군신관계에서 보면, 그들의 행동은 일반적으로 義에 해당하고, 무사도를 실행한 거사라고 할 수 있다. 막부의 법에 위반했다고 해서 처형당한 모순이 문제였던 것으로 판단했던 것이다.

아사노가 사적인 원한으로 勅使饗應이라는 공식의례에 지장을 주어 그것이 막부의 공법에 저촉됨에 따라 할복과 家系斷絶이라는 처분을 받는 것은 당연했을 것이다. 아사노 자신도 공적인 규범이 사적인 동기보다 우선한다는 것을 자각하면서 그 죄에 굴복했을 것이다. 당시의 통념으로 보면, 아코 사무라이들도 그 처분에 복종했어야 했다. 그럼에도 불구하고 아코의 가신들이 처음에는 농성하면서 막부의 使者와 한판 겨룰 셈도 있었고 최종적으로는 기라 고즈케노스케를 무력으로 공격한, 이례적인 행동을 취했던 점은 이 사건의 특질을 해명해 주는 열쇠가 될 것이다.

당시 고위층 무사계급大名들은 새로운 세력의 어용상인들로부터 재정적으로 곤란을 겪고 있었으며, 하급 무사들은 적빈여세赤貧如洗의 생활을 하고 있었다. 신세를 망친 다이묘도 많았고 떠돌이 낭인무사들이 거리에 넘쳐 유곽에도 무사들의 부인이나 딸들이 눈에 띄게 늘어나기 시작했다. 전쟁이 없어지게 되자 무사의 존재가치도 당연히 하락하고 말았지만, 사회체제는 변함없이 무사계급을 중심으로 움직이고 있었다. 경제정책의 실패에 의한 인플레의 진행도 생활고를 점점 가중시켰다.

아코 가신들의 습격은 당시의 幕府裁定에 異議를 주장하여 상부의 처분을 實力으로 파기한 반역행위로 볼 수 있다. 그럼에도 불구하고 막부가 아코 가신들을 죄인으로 벌하지 않고 義士로서 할복하게 한 것은 추락한 武士의 가치를 회복하려고 하는 정치적 선전이었을 것이다.

Ⅲ.

『가나데혼 주신구라』와 그 시대

忠

臣

蔵

III. 『가나데혼 주신구라』와 그 시대

『가나데혼 주신구라』는 초연 상연이 끝난 직후인 1748년 12월 1일부터 일찌감치 오사카 도톤보리에 있는 아라시산고로좌嵐三五郎座에서 가부키로 각색되어 공연되었다. 가부키로서 초연이다. 인형이 아닌 실재 배우가 연기하는 연극의 대본으로서 이야기 낭독 예능인 조루리가 전용轉用된 것이다. 에도에서도 이듬해 정월 히젠좌肥前座의 조루리 공연에서 큰 인기를 끌었다. 이어서 2월 모리타좌森田座에서 에도 가부키로 처음 공연되었다. 같은 해 3월에는 교토의 하야구모초다유좌早雲長太夫座에서 공연되었고, 5, 6월은 에도의 대극장 에도삼좌江戸三座가 모두 이 연극으로 흥행을 겨루었다. 가을에는 이세伊勢의 지장 연극地蔵芝居과 후루이치古市의 연극에서 모두 『가나데혼 주신구라』로 막을 열었다. 에도시대에 에도 · 교토 · 오사카의 3대 도시를 특히 '三都'라 칭하였는데 어디에서나 서로 경쟁하듯 『가나데혼 주신구라』를 공연했던 것이다. 그 열기가 금세 지방 도시로 옮아가 이 한 때의 가부키 세계는 정말 '주신구라 붐'으로 가득찼다. 이러한 사실로도 당시의 대중 사이에서 『가나데혼 주신구라』의 인기가 얼마나 대단하였고 과열되었는지 상상할 수 있을 것이다.

에도시대 오사카의 도톤보리에는 가부키 소극장이 다섯 군데와 조루리 인형극장이 두 군데가 공연하고 있었다. 그런데 현란했던 겐로쿠 가부키 시대가 끝나자 가미가타의 가부키 흥행이 갑자기 저조해지더니 1748년에는 두 곳(나카노시바이中の芝居, 가도노시바이角の芝居)의 큰 극장에서만 흥행하고 있었다. 한편, 조루리 인형극의 흥행은 대성황을 이루어 황금시대를 맞이하고 있었다. . "가부키는 있지만 없는 것과 같다"라

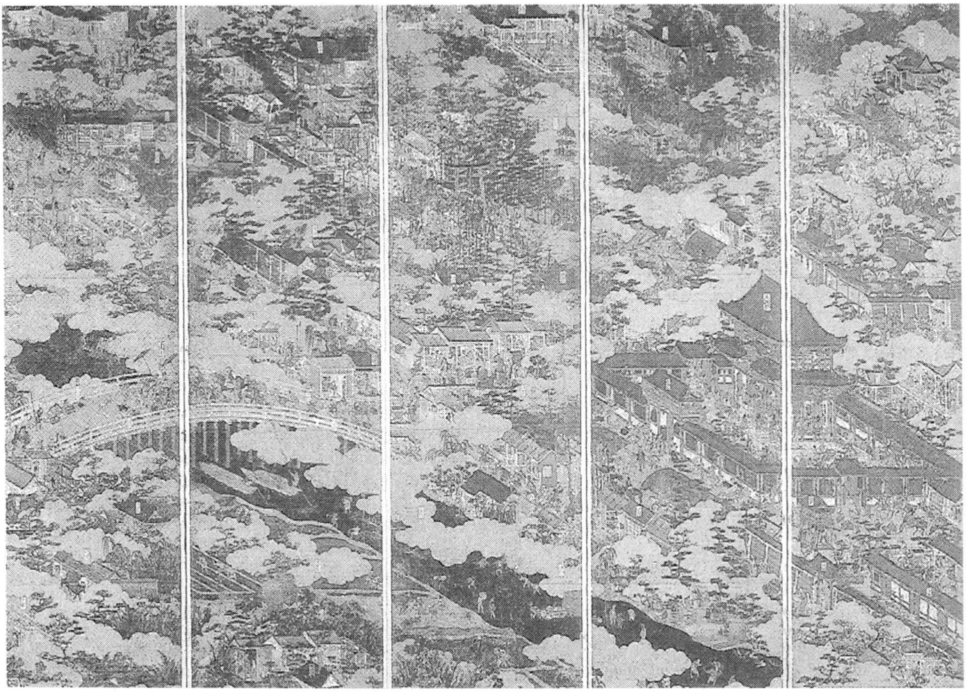

1614년 이후 교토의 경관이다. 가모가와(鴨川)의 고조바시(五条橋)에는 많은 사람의 약동하는 모습이 그려져 있으며 동쪽의 다릿목에 가부키 소극장이 보인다. 시조바시(四条橋) 주변에도 유녀 가부키와 조루리 인형극장이 늘어서 있다.(東京国立博物館蔵)

는 소문이 돌고 있었던 시대였다.

가부키와 조루리 인형극은 거의 같은 시기에 성립하여 병행, 전개해 온 근세 도시의 2대 연극이다. 그런데 두 연극의 성쇠를 살펴보면 가부키가 약간 먼저 완성기를 맞이했다는 것을 알 수 있다. 다름 아닌 겐로쿠 가부키의 시대인 것이다.[14] 이즈모노오쿠니出雲のお国가 지방에서 상경하여 고조 가와라五条河原와 기타노北野신사 경내에서 '가부키 오도리' 춤을 추기 시작했다고 기록에 남아있는 것은 공교롭게도 에도 막부 개설

14 에도·교토·오사카의 삼도의 비약적인 경제발전을 배경으로 겐로쿠 시기의 가부키는 실로 화려한 전개를 보였다. 초대 이치카와 단주로(市川團十郎)를 중심으로 하는 에도의 아라고토(荒事), 사카타 도주로(坂田藤十郎)로 대표되는 가미가타의 와고토(和事) 등, 지역의 특수성을 배경으로 한 극작법도 세련되었다.

과 같은 해인 1603년이다. 일본 연극사에서는 이렇게 해서 가부키가 탄생되었다고 알려져 있다.

한편, 조선일보 논설위원실장을 역임한 이규태 씨는 "가부키는 노래와 춤과 대사를 섞어 꾸리는 일본의 전통적 서민 뮤지컬"이라고 인정하면서 "가부키는 동해안 출운(出雲: 이즈모)지방에 살던 아국(阿国: 오쿠니)라는 무당의 무당춤에서 비롯했다 한다. 출운지방은 우리나라 경상도지방에서 사람이나 배가 표류하면 으레 와닿는 표착지로 신라시대 이래 문화교류가 많았던 곳이다. 그래선지 가부키에는 한국의 전통예능이 적지 않게 배합되기도 했다. 이를테면 원효대사의 '念佛踊'이 가부키의 기본무용이 된 것이며, 재주 부리는 대목을 '高麗放下'라 한 것이며, '風流'라는 춤사위가 한국의 사자춤과 흡사한 것 등이 그것"이라며 가부키의 한국 기원설을 내비치기도 했다.[15]

처음의 백년간은 가부키가 생겨난 탄생의 시대이다. 이즈모의 오쿠니에 이어서 유녀들에 의한 온나 가부키女歌舞伎, 소년을 스타로 한 와카슈 가부키若衆歌舞伎가 생겨났다. 그리고 마지막으로 등장한 것이 성인 남성을 중심으로 한 야로 가부키野郎歌舞伎였다. 야로 가부키의 시대가 되어서야 가부키는 비로소 남성만으로 연출되었다. 와카슈 가부키부터 야로 가부키로 바뀌어가면서 온나가타女形라는 독특한 배역도 생겨났다. 남자역의 다치야쿠立役와 여자를 연기하는 온나가타와의 사랑을 그려 가부키에 드라마의 골격이 생겨난 시대이기도 하다.

다음의 백년간은 가부키가 연극으로서 대성한 시대이다. 이 무렵, 극장은 관객석 위에 하늘이 보이는 야외극장에서 실내극장으로 바뀐다. 극장 전체가 하나의 지붕으로 덮혀 있고 무대와 관객석이 하나가 되어 일체감을 이룬다. 그와 함께 하나미치의 연출도 확립되어 관객석의 뒤쪽에서 배우가 등장하여 객석 사이를 가로질러 빠져나가는 가부키만의 독특한 스타일이 생겨났다. 무용과 음악의 표현도 풍부해져 닌교죠

15 『웃음의 韓国學(이규태코너5)』(기린원, 1988. 8, pp.196-197)

루리와의 교류가 활발해진 것도 이 시기이다.[16] 이 때『가나데혼 주신구라』와 더불어『무스메도조지娘道成寺』『스케로쿠助六』등의 대표적 가부키 작품이 초연되었다.

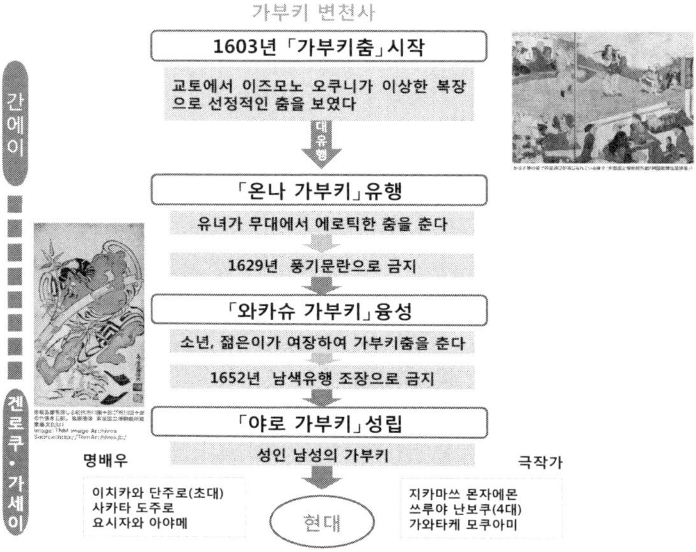

한편, 조루리 인형극은 중세 말에 성립한 가타리모노語り物로서의 조루리, 일본에 새로 건너온 샤미센, 에비스마와시夷回し라는 길거리 예능인大道芸人의 장기인 인형 조정의 각각 독립된 세 분야의 예능이 통합하여

16 가부키와 닌교조루리는 에도시대에 생성되어 같은 연극촌에서 자란 형제 같은 사이다. 조루리 인형극은 가부키처럼 생기 넘치는 인간이 되고자 거듭된 궁리를 한다. 한편, 가부키는 인형으로부터 인간으로서는 표현하기 어려운 연기를 배우고자 한다. 교류를 통해 풍성한 결실을 얻게 되었다. 지카마쓰 몬자에몬은 가부키 대본도 닌교조루리의 작품도 썼다. 지카마쓰가 인형에 대해서 다음과 같이 언급한 바 있다. "인형에는 영혼이 없다. 때문에 인형에 영혼을 불어 넣는 것은 조루리의 다유가 감정을 불어 넣어 읊지 않으면 안 된다." 지카마쓰는 그것을 "인형에 의지한다"라고 말하였다. 슬픈 기분, 기쁜 기분의 인간 감정을 인형을 향해서 발산해 주세요, 지카마쓰의 주장은 거기에 있었다.

규모가 큰 흥행 형태가 되어 성립되었다. 그 예능으로서의 성립과 발전의 시기는 온나 가부키의 전성기와 겹친다. 그래서 에도시대 초기에 제작된 교토시가지 지도와 풍속화에는 유녀 가부키 소극장과 인형극장이 나란히 흥행 경쟁을 하고 있는 모습이 그려져 있다. 평화의 도래와 함께 세상을 구가하게 된 도시의 대중은 기뻐하며 이 새로운 예능에 도취되었다.

막부의 금지에도 불구하고 그 후에도 수많은 '주신구라' 문예물이 시대를 바꿔가며 허구의 세계를 그려왔지만 서민들은 주군의 할복, 고난 끝에 이룩한 복수, 그리고 죽어간 주군의 뒤를 따른 할복이라는 일련의 사건을 충군의사忠臣義士라는, 명분 이상으로 자기가 마음먹은 일을 끝까지 관철하려는 의리에 살아온 47인과 강력한 주종의 심정적 결합에 감동했던 것이다.

조루리로는 사건이 끝나고 난지 3년째인 1706년 9월에 오사카 다케모토자에서 상연된 지카마쓰 몬자에몬의 『겐코법사 모노미구루마兼好法師物見車』가 가장 빠르다. 등장인물 엔야 한간은 아사노 다쿠미노카미, 모로노는 기라 고즈케노스케를 암시하고 있었으며 엔야의 가신인 야하타 로쿠로八幡六郎가 주군의 원수를 갚는다는 내용이다. 이 공연은 당국으로부터 상연금지 처분도 없었으며 지카마쓰는 이 연극의 속편을 후일담 형식으로 『고반다이헤이키碁盤太平記』를 발표하게 된다. 내용을 보면 시대는 아시카가 시대의 『다이헤이키』로 설정되어 있는데 각색도 상당히 사실적이고 관객은 허구의 세계를 통해 현실의 사건을 볼 수 있었던 것이다. 이 작품은 전작의 속편이라고 하는 형식을 취하고 있어 야하타 로쿠로가 오보시 유라노스케로, 그 밖의 배역도 리키야, 데라오카 헤이몬, 겐 고에몬 등으로 모두 실제 이름의 음을 흉내내어 개명하여 가명과 시대를 달리하여 상연되었다.[17]

17 다케다 이즈모(竹田出雲), 미요시 쇼라쿠(三好松洛), 나미키 센류(竝木千柳) 합작의 『가나데혼 주신구라』는 이때까지의 조루리, 가부키 각본의 집대성이며 결정판이다. 이후의 수많은 작품들은 이『가나데혼 주신구라』를 모태로 내용 또는 무대구성

'주신구라'에 관한 가부키, 조루리의 상연을 연대순으로 살펴보면 아코 사무라이를 소재로 한 연극은 시대와 인물을 바꿨다고 하더라도 제목이 <いろは>, <仮名>으로 되어 있는 것으로 보면 47인의 사무라이의 수에서 따온 착상이다. 막부 당국도 사건 후 거의 50년이 지난 寶延 年間(1748-1750) 이후에는 「忠臣義士」라고 세간에서 야단법석을 떨어도 금지와 억압을 가하지 않았다. 享保年間의 『葉隱』와 『武道初心集』에서의 주종관계도 「죽기를 각오한다」라고 늘 다짐하면서 살았던 무사들에게 私義로 자결한 아코낭인의 행동은 새삼 무사 본연의 자세를 묻는 사건이었다. 주신구라 이야기가 생기고나서부터 계속해서 나타나는 忠臣藏物을 보면 어디든지 에도서민이 등장해 낭인의 행동에 동정을 보내고 있다. 얼마만큼 그것이 진실인지 모르지만 여러 가지 허구의 인물을 만들기까지 하면서 사건에 대한 평가를 했던 것이다.

『가나데혼 주신구라』 드라마는 세 가지의 특징을 들 수 있다. 첫째는 소위 가부키 3대 명작 중의 하나이면서 다른 두 작품과는 달리 내용 속의 사건이 당시 즉 에도 시대에 실제로 일어났던 사건을 다룬 점이다. 두 번째는 이 작품이 대중으로부터 압도적인 인기를 얻고 있다는 것이다. 셋째는 이 작품이 시대에 따라서 여러 가지 모습으로 변화함과 동시에 또한 여러 가지의 변형을 낳는다는 것이다. 지카마쓰의 『고반 다이헤이키』가 후대의 주신구라 문예물과 다른 점은 『硝後太平記』와 같이 주군의 가문을 재건하려는 떠돌이 무사가 할복한다고 하는 결말을 취하고 있는 것이다. 막부의 할복이라는 처벌은 幕藩制의 질서와 무사의 충의가 타협을 짓는 유일한 해결책이라 해도 과언이 아닌 대응이다. 그렇지만 그래도 충효를 장려해온 막부가 전대 미문의 충신을 처벌하는 것이기 때문에 義士論爭에서도 문제가 되었듯이 幕藩制 질서의 모

을 개작, 신작한 것인데 그 중에서도 1934년 2월 도쿄 가부키좌(歌舞伎座)에서 상연된 마야마 세에카(眞山青果)의 『겐로쿠 주신구라』는 새로운 시점에서 겐로쿠(元祿) 시대의 복잡한 현실과 인간관계 속에서 情理를 다해 살려고 했던 인간상을 사회적 시야를 통해 극화한 점에 특색이 있다.

순을 드러내는 것은 불가피하였다. 『고반 다이헤이키』는 목적을 이루고 할복한 오보시 이하 45인의 동지를 호소카와 쓰나토시細川網利와 같이 무사의 수호신으로 받들어 모시기는 하지만, 그 할복 장면은 용서받기를 원하는 많은 사람들에게 새삼 지배의 과혹함을 통감하게 하였으며 주인을 잃은 무사들에 대한 애처로운 마음을 한층 더 강하게 갖게 하였다. 낭인의 처형 직후부터 에도를 엄습한 강풍을 「46인 망혼의 재앙」이라고 하는 소문이 떠돌고, 더욱이 쇼군 쓰나요시의 죽음과 더불어 정치비판의 낙서가 나도는 상황에서는, 할복 장면이 생생하게 재현되는 것은 막부 입장에서는 결코 바람직한 일이 아닐 것이다. 주신구라 연극에서 할복 장면이 금방 사라지게 된 것은 이러한 막부에 대한 조심성이 있었기 때문이 아닐까 생각한다. 그리고 그와 동시에 아코사건을 극화해서 서민들의 꿈이나 모험심을 품은 낭만을 이루어 주는 오락물로서 주신구라 이야기를 엮어내기 위해서는, 아코낭인 전원이 할복하는 장면은, 사건의 비참함을 잊고 관객을 카타르시스로 몰고가는 데에 오히려 장해가 되었기 때문일 것이다. 『가나데혼 주신구라』는 이렇게 해서 비로소 시대와 계층을 초월하여 사람들로부터 사랑받고 친숙한 국민적 서사시가 됐는지 모르겠다.

1710년 寶永七, 아코낭인물의 붐을 타고 등장한 작품에는 장르를 뛰어넘어 어떤 공통된 특색이 있다. 그것은 사람들이 사건에 대해서 매우 많은 관심을 갖고 있기 때문에 생생한 뉴스성을 중시하여 묘사하고 있다는 것이다. 지카마쓰의 『고반 다이헤이키』의 습격장면은 그 전형인데, 사건을 그대로 각색했다고 해도 과언이 아니다. 이러한 것이 호에이寶永의 낭인물 붐이 지나가고 아코사건에 대한 직접적인 관심이 점점 더해감에 따라서 연극계에서는 새로운 경향이 생겨난다. 하나는, 교호(享保; 1716~1735)期 이후 무사도의 체계화와 더불어 충의의 정신이 강조되어 가는 것이다. 가부키나 조루리의 연극제목에 『忠臣いろは軍記』(1717)라든지 『忠臣金短冊』(1732)라고 「忠臣」이라는 제목이 많이 보이는 것은 그 때문이다. 또 하나는 色과 금전에 얽힌 조닌의 생활패턴에 깊이 관

련되어 있는 이야기가 나타나는 것이다.

『가나데혼 주신구라』는 이러한 무사적 요소와 조닌町人적 요소를 적절하게 조화시켜 선행작품의 다양한 취향과 수법을 채용하면서 이들을 18세기 중엽의 현대풍에 맞게 재구성하고 집대성한 작품이라고 평가받고 있다. 당시의 다양한 버전 업의 결과이다. 그리고 유라노스케와 오카루·간페이 등의 매력적인 인물을 조형하여 幕藩制의 사회 속에서 살아가는 인간의 사랑과 고뇌를 사실적으로 그린 대서사시로 자리잡은 것이다. 사랑, 여자, 돈이 얽힌 점은 현대의 문예물이나 드라마와 마찬가지이다. 이와 같은 요소들이 이 작품이 후대에 이르기까지 압도적인 영향력을 갖게 하는 근본적이고도 보편적 이유라고 생각된다.

Ⅳ. 가부키 『가나데혼 주신구라』

忠
臣
蔵

IV. 가부키『가나데혼 주신구라』

1. 주요 등장인물

등장인물	등장하는 막	역할
오보시 유라노스케	4·7·9·(10)[18]·11	엔야 집안의 가로家老
엔야 한간	1·3·4	하쿠슈伯州의 성주·의전담당관
고노 모로노	1·3·4·11	막부 집사·의전담당 최고책임자
아시카가 다다요시	1	쇼군 아시카가 다카우지의 동생
가오요 고젠	1·4	엔야 한간의 부인
오이시	9	유라노스케의 부인
오보시 리키야	2·4·7·9·(10)·11	유라노스케의 장남
모모노이 와카사노스케	1·2·3·(11)	모모노이 하리마노카미의 동생·의전담당관
가코가와 혼조	2·3·9	모모노이 집안의 가로
도나세	2·8·9	가코가와 혼조의 후처로 고나미의 계모
고나미	2·8·9	혼조의 딸이며 리키야의 약혼녀
오노 구다유	4·7	엔야 집안의 가로
오노 사다쿠로	4·5	구다유의 아들
사기사카 반나이	3·7·(11)	모로노의 가신
하야노 간페이	3·5·6	엔야의 가신
오카루	3·6·7	농부 요이치베의 딸·간페이의 아내·유녀
데라오카 헤이에몬	7·11	오카루의 오빠· 엔야의 하급무사
요이치베	5	헤이에몬과 오카루 오누이의 아버지
오카야	6	헤이에몬과 오카루 오누이의 어머니
이치몬지야 오사이	6	이치몬지야 여주인
아마가와야 기헤	10	엔야 집안과 거래하는 상인
야쿠시지 지로자에몬	4	한간 할복의 사자
이시도 우마노조	4	한간에 동정적인 할복의 사자

2. 제1막, 다이조大序

『가나데혼 주신구라』의 서막은 특히 다이조大序라 한다. 무대는 가마쿠라의 쓰루가오카 하치만궁 신사. 통칭 '신사 앞 투구감식 장면'이다. 호화로우면서 시원스런 스펙터클한 배경이다. 인간 냄새가 나고 피 비린내 나는 드라마에 어울릴 듯한 현란한 무대 인상이다. 여기에서 악역의 주인공인 모로노가 엔야 한간의 부인 가오요 고젠에게 말을 걸며 접근하는 장면 등등이 전개되는 가운데 대하드라마가 시작되는 것이다. 칼부림의 발단은 욕정이다. 가오요는 여색이 출중하여 모로노가 남의 여자를 넘보았던 것이다. 『가나데혼 주신구라』의 비극은 호색으로 시작된 셈이다.

투구는 고다이고 왕御醍醐天皇이 예전에 애용했던 것으로 닛타 요시사다新田義貞에게 하사한 것을 전승한 아시카가 다카우지足利尊氏가 신사에 봉납하려고 한다.[19] 천하를 평정한 다카우지가 조정에 충성심을 표할

18 이하, ( ) 표시 부분은 조루리 원본에는 등장하지만 가부키 공연 시에는 등장하지 않는 경우도 있다.

19 『가나데혼 주신구라』의 시대배경은 아시카가 다카우지의 시대(중세), 장소는 가마

요량으로 동생 다다요시直義에게 47개나 되는 투구 전리품 중에서 가려내라고 명한다. 그 감정鑑定 명령을 받은 사람이 고다이고 왕을 모셨던 궁녀女官 출신인 가오요 고젠이다. 그녀는 왕이 투구를 하사할 당시 그것을 전달하는 중개역을 했었다. 다다요시, 모로노, 칙사향응역의 모모노이 와카사노스케桃井若狭之助와 엔야 한간을 비롯한 다이묘大名 무사들이 늘어앉아 있는 가운데 가오요는 중책을 맡아 솜씨좋게 그 일을 해냈다. 전에부터 가오요에게 흑심을 품고 있었던 모로노는 그녀에게 연애편지를 몰래 보냈다. 비열하게도 협박공갈을 섞어가며 구애했던 것이다. 물론 보기좋게 가오요에게 퇴짜를 맞는다. 모로노는 화를 가라앉히지 못한다.

이때 기름에 불을 붙이는 훼방꾼이 나타난다. 와카사노스케이다. 원래 투구를 감식할 때 와카사노스케가 말참견한 것 때문에 모로노는 사람들 앞에서 개망신을 주었다. 크게 화난 와카사노스케는 엉겁결에 칼자루에 손을 갖다댄다. 한간의 칼부림에 앞서 또 다른 칼부림 사건이 일어났을 뻔했던 것이다. 색정으로 시작하여 피를 암시하는 대목에서 서막은 끝이 난다.

> (♪"맛있는 음식이 있다고 해도 먹어보지 않으면 그 맛을 알지 못한다" 라는 옛말도 있듯이 나라가 태평하면 좋은 무사의 충성심도 무용도 드러나지 않는 법이다. 예를 들어 별이 낮에는 보이지 않다가 밤이 되면 흐드러지게 나타나 보이는 것과 같은 이치다. 그 예를 여기에 가나 혼용문으로 알기 쉽게 풀어 써 보고자 한다.
>
> 세상은 태평성대한 랴쿠오歴応 원년[20] 2월 하순. 아시카가足利장군 다카우지尊氏공은 닛타 요시사다新田義貞를 토벌하고 교토에 거처를 정하니 그 덕이 사방에 널리 퍼져 백성은 바람부는 대로 풀이 흔들리듯이 그를 따르는 위세였다.

쿠라로 되어 있지만 史實은 5대 쇼군 도쿠가와 쓰나요시(德川綱吉)의 시대(근세)이고 에도의 사건임은 두말할 나위 없다.

20 1338년. 北朝의 연호. 또한 닛다 요시사다가 패주했을 때는 이 해 7월이었다. 따라서 그 다음의 음력 2월 하순은 허구임을 알 수 있다.

온 나라에 세력을 떨치는 장군의 모습처럼 날개를 펼친 학의 이름을 딴 쓰루가오카 하치만궁鶴が岡八幡宮의 공사를 완성하자 그 대리인으로 동생인 아시카가 사효에노카미足利左兵衛督 다다요시直義공이 가마쿠라鎌倉에 도착하셔서 이곳의 집사인 고노무사시노카미高武藏守 모로노師直가 사람을 앞에 두고 업신여기는 거만한 눈빛을 하고 있고, 의전담당은 모모노이 하리마노카미桃井播磨守의 동생 와카사노스케 야스치카若狭之助安近, 하쿠슈伯州의 성주인 엔야 한간 다카사다塩冶判官高定이다. 그들은 말이 도착하는 곳에서 예의 바르게 나란히 서서 손님 맞을 준비를 하고 있다. 이때 다다요시 공께서 분부하시기를)

다다요시 : 이보게, 모로노.

모로노 : 예에.

(장중한 음악소리가 들리고)

다다요시 : 이 당풍의 궤짝 안에 들어있는 것은 형인 다카우지에게 패한 닛타 요시사다가 고다이고後醍醐천황으로부터 하사 받아 착용하던 투구일세. 비록 적군이기는 하지만, 요시사다는 세이와겐지清和源氏의 혈통이니라. 전사해서 버려진 투구이지만 그대로 내버려 둘 수 없기에 이 신사의 창고에 보관하라는 엄명이 있으셨네.

(♪모로노가 이를 듣고)

모로노 : 이것은 생각지도 못했던 일이옵니다. 닛타가 세이와의 자손이라고 해서 그가 쓴 투구를 공경하다니요. 그 깃발 아래 쓰러진 여러 무사들 중에 세이와겐지의 자손들은 얼마든지 있사옵니다. 그렇기 때문에 신사의 창고에 모시는 것은 마땅치 않다고 생각되옵니다.

(♪서슴없이 말씀을 올린다.)

와카사노스케 : 그렇지 않사옵니다. 제 생각으로는 이것은 전적으로 다카우지공의 계략일 것이옵니다. 도망쳐서 살아남은 닛타 쪽의 무리들이 이 일을 듣고서 다카우지공의 인덕에 감동하여 공격해 오지 않고 항복해 오도록 하는 방편이라고 생각되기 때문에 쓸데없다고 하신 그 말씀은 경솔하다고 생각하지 않으시옵니까?

(♪이 말이 채 끝나기도 전에)

모로노 : 가만히 있지 못할까, 와카사노스케! 조정의 어른인 나에게 감히 경솔하다고 말하다니. 무례하구나! 요시사다가 죽을 때에는 머리가 흐트러져 있었고, 게다가 그 시체 옆에 떨어져 흩어져 있던 투구의 수는 47개나 됐다. 어느 것이 누구의 것인지 알 수 없는 투구를 아마 이것이 요시사다의 투구겠지 하고 어림짐작하여 봉납한 다음에, 그것이 아니라면 얼마나 큰 수치겠는가! 애송이 주제에 감히 묻지도 않은 말에 이러쿵 저러쿵 의견을 늘어놓다니, 썩 물러나 있거라!

(♪주군의 총애만 믿고서 제멋대로 굴며 큰 소리로 호되게 야단을 친다. 마치 말뚝이 큰 망치에 얻어맞은 것처럼 와카사노스케는 성난 눈빛을 지었고 이것을 본 엔야한간이 중재하여 말한다.)

엔야 : 너무나도 지당하신 말씀이지만 모모노이 님의 말씀도 평화로운 시대의 군법으로서 이것 또한 무시할 수 없사옵니다. 양쪽의 중간 입장에서 다다요시 공의 현명한 판단을 기대하겠사옵니다.

(♪이렇게 말씀드리자, 다다요시는 기분좋게 말씀하신다.)

다다요시 : 허허, 나는 이런 논의가 벌어지겠거니 하고 미리 짐작하였기에, 생각한 바가 있어 엔야의 부인을 모셔오도록 말해 두었다네.

다이묘 롯카쿠 : 예. 주인님의 뜻대로 일찌감치 모셔오라고 말해 두었사옵니다.

다이묘 오토모 : 부하들에게 대기하라고 일러두어라.

하급 무사 : 예.

(부하들이 앞으로 나와 맞은편으로 향해 간다.)

가오요 님, 주인 나리께서 모셔오라는 명이시옵니다. 서둘러 주시옵소서.

가오요 : 뭐요.

(♪예라고 대답할 틈도 없이 금새 바바사키 마당의 흰모래 위를 맨 발로 옷자락을

끌면서 걸어오는 모습이, 정원을 옥으로 만든 빗자루로 쓰는 듯한 발걸음이며, 엷게 화장 한 모습의 그녀의 얼굴은 옥구슬도 무색하게 할 정도로 아름답다. 엔야한 간의 부인인 가오요는 멀치감치 떨어져 앉아서 인사를 올린다.)

(♪여자를 밝히는 호색가인 모로노는 즉시 말을 건넨다.)

모로노: 엔야 님의 부인인 가오요 님이신가요? 아까부터 오래 기다리신다고 고생이 많으셨습니다. 다다요시 공께서 부르십니다. 좀 더 가까이 오시지요.

(♪모로노가 둘 사이를 중재하는 듯한 얼굴을 하고 다다요시가 가오요를 본다.)

다다요시: 내가 부른 것은 다름이 아니라, 지난 겐코元弘의 전란 때 고다이고 천황이 교토에서 착용하셨던 투구를 요시사다에게 하사하셨는데 그가 죽을 때에도 그 투구를 쓰고 있었을 것이라는 건 의심할 여지가 없지만, 그 투구를 가려낼 수 있는 사람이 없소이다. 그런데 그 때 그대가 병기를 관장하는 관청에서 일하고 있었다고 들었소. 아마도 틀림없이 투구를 보면 알 수 있을 것이오. 기억을 되살려 요시사다가 쓰고 있었던 투구를 감별해 주기 바라오.

(♪부드러운 어조로 엄명하시고, 명을 받은 사람도 온화한 모습을 하고 있다.)

가오요: 분에 넘치는 황송한 분부이시옵니다. 그것이야말로 제가 밤낮으로 받들어 손에 익은 천황께서 착용하신 투구로, 요시사다 공께서 천황으로부터 투구를 받으셨을 때 란자타이蘭奢待라고 하는 명품 향료도 함께 하사받으셨습니다. 그 때 중간에서 전달한 사람이 바로 저였사옵니다. 당시 요시사다 공께서 말씀하시기를 "인간의 목숨은 일생으로 끝나지만 그 이름은 오래 동안 후세에 전해져 남는 법. 전사할 때는 이 란자타이 향을 투구 안에 듬뿍 배게 하여 착용할 터이니, 귀밑머리카락에 좋은 향이 나는 머리를 쳤다고 하는 사람이 있다면, 그것이 이 요시사다의 마지막 가는 길이라 생각하십시오"라고 하셨사옵니다. 그 말씀대로라 사려되옵니다.

(♪이렇게 말하고 있는 가오요의 입매를 바라보며 뭔가 흑심이 있는 듯한 모로노는 콧방울을 벌렁거리며 듣고 있다. 다다요시는 가오요의 이야기를 자세히 듣고 나서)

다다요시 : 허, 소상하게도 대답해주는구려. 나도 그런 거라고 짐작하여 흩어져 있던 47개의 투구를 모두 이 궤 안에 집어 넣어 두었던 게지. 그것들을 보고 가려내 보도록 하시오.

다이묘 롯카쿠 : 예, 방금 분부대로 가오요 앞에 대령했사옵니다.

다이묘 오토모 : 투구의 진위를 조사해 보도록 하여라.

잡역 2인 : 예.

(♪관가의 잡역부가 허리를 새우등 모양으로 굽혀 자물쇠를 연다. 이 사이에 가오요가 무대로 나와 궤 아래에 앉는다. 잡역부 두 명이 위 아래서 달려들어 자물쇠를 열고 안에서 여러 투구를 꺼내 보이면서 즐거워하고 있다. 꺼내온 투구를 가오요가 조금도 두려워하거나 주눅도 들지 않고 다가가 차분히 살펴보더니 이름에도 걸맞는 유명한 가마쿠라산의 별과 달을 연상시키는 별모양의 투구, 모밀잣밤나무의 열매모양의 끝이 뾰족한 모양의 투구, 사자머리 투구 등이 있었고, 갑옷 뒤에 꽂은 장식물은 투구 주인 각자의 가문의 표식에 따른 것들이었다. 혹은 투구의 머리부분이 평평한 투구, 투구 드림이 없는 것은 화살을 맞았기 때문일 것이다. 제각기 주인들이 좋아하는 취향을 드러내는 수많은 투구들 가운데서도 투구 드림이 다섯 장으로 앞부분에 용이 장식 되어진 투구가 있으니 이것이라고 말하지 않아도 먼저 명품 향료의 향기가 확 풍겨온다.)

(그 투구를 안고 상에 올린다.)

가오요 : 이것이야말로 밤낮으로 늘 손에 익은 요시사다 공의 투구가 틀림없사옵니다.

(이렇게 말한 후 투구를 다다요시 앞에 두고 가오요는 물러난다.)

다다요시 : 허, 과연. 틀림없이 요시사다의 투구이구나. 엔야와 모모노이 두 사람은 이 투구를 보물창고에 봉납하도록 하여라. 가오요, 이쪽으로 오너라.

(이렇게 말씀하시며 자리에서 일어나신다. 가오요에게 돌아가 쉬어라고 하고는 중앙에 한 단 높게 만든 참배 길을 지나가시니 엔야와 모모노이 두 사람도 동행한다. 음악이 흐르고 다다요시 앞으로 전에 등장한 다이묘, 관청의 잡역부들이 하나 둘씩 무대 오른쪽으로 들어간다. 엔야도 투구를 상에 올리고 모로노에게 인사하러 무대 오른쪽에 자리잡는다. 모모노이는 모로노에게 인사도 하지 않고 화를 내며 무대 오른쪽으로 들어간다. 모로노와 단 둘이 남은 가오요는 어찌할 바 모르

며 어색해 한다.)

가오요 : 모로노 님은 잠시 더 수고스럽겠지만, 퇴청의 명을 받은 저 가오요는 오래 있으면 실례가 될 것 같사옵니다. 그럼.

(♪가오요가 인사를 하고 일어선다. 모로노가 나가려고 하는 가오요의 소매를 살며시 잡아당긴다.)

모로노 : 잠시 기다려보시오, 가오요. 오늘 임무가 끝난 다음 당신을 만나서 보여 주려고 하던 것이 있소이다. 그러던 차에 마침 당신이 여기에 불려 온 것이오. 이렇게 되면 다다요시 공은 나와 당신을 연결시켜 주는 신과 같은 셈이오. 익히 잘 알고 계신 바와 같이 요새 나는 와카 노래에 빠져 있어 요시다 겐코吉田兼好를 스승으로 모시고 매일 편지를 주고 받고 있소이다. 겐코가 당신에게 전해달라고 부탁해서 갖고 온 편지에 대한 회답은 지금 말로 전하셔도 상관없소이다.

모로노(1대 반도 가메조)가 가오요(3대 사와무라 다노스케)에게 치근덕거린다.
1862년 에도 나카무라좌에서의 공연. 그림은 3대 도요쿠니(豊國).

(♪자신의 소매에서 반듯하게 접힌 편지를 꺼내 가오요의 소매에 넣는다. 거기에는 근엄하게 차린 얼굴과는 어울리지 않게 '가오요 님에게 바친다. 무사시 아부미武藏鐙로부터'라고 적혀 있다. 가오요는 그것을 보고 깜짝 놀랐지만 '노골적으로 수치를 주면 오히려 남편에게 영향을 미치게 될 것 같아, 그대로 참고 가지고 가서 남편에게 보여줄까? 아니야, 그러면 남편 엔야 님이 모로노를 증오해 뜻하지 않은 싸움으로 번질 수도 있어' 라고 생각해 아무 말도 하지 않고 편지를 되돌려 준다. 모로노는 이것을 남에게 보이지 않으려고 곧 손으로 집어 올린다.)

모로노 : '돌려주는 것조차 당신 손에 닿았다고 생각하니 비록 내가 쓴 글이지만 내 버려 둘 수 없구나'라고 노래하듯이 말하고 장황하게는 말하지 않겠소이다. 좋은 답변을 들을 때까지 끝까지 당신을 설득하겠소이다. 천하를 일으킬지 천하를 멸할지는 이 모로노의 마음먹기에 달려 있소이다. 엔야 가문이 살고 죽는 것은 모두 가오요 당신의 마음에 달렸소. 참으로 그렇지 않소?

(♪모로노의 말을 듣고 있는 가오요는 대답도 못한 채 눈물만 흘릴 뿐이다. 그 때 마침 그 곳에 들어온 와카사노스케가 도리에 어긋난 모로노의 행동을 눈치챈다.)

와카사노스케 : 으흠.

(무대 오른쪽에서 헛기침을 하며 나오면서 모로노와 헤어지려 한다.)

가오요 님, 아직 돌아가시지 않으셨습니까? 퇴청의 명을 받고서도 오래 머무르는 것은 오히려 주군께 실례되는 일이옵니다. 빨리 돌아가시지요.

가오요 : 그렇다면 이만 물러가겠사옵니다.

(♪모로노는 와카사노스케를 쫓아내듯이 한다. '이놈이 눈치를 챘구나'. 모로노는 그에게 약점을 잡히지 않으려 한다.)

모로노 : 야아, 또 다시 쓸데없는 참견이구나. 돌아가도 좋다면 내가 알아서 보낸다. 엔야가 이번의 임무를 무사히 마치게 해 달라고 부인이 지금 부탁하고 계시는 중이셨다. 다들 그렇게 하는 것이다. 다이묘조차도 이런 식으로 한다. 너와 같이 전혀 도움이 안 되는 하급 무사에게 버리는 듯이 주는 녹미는 누구 덕으로 받는 줄 아느냐. 이 모로노가 한 마디만 하면 곧 거지 신세가 될 지도 모르는 하찮은 신분인데

도 무사라고 할 수 있는가? 이 바보 같은 녀석아.

(♪방해받은 화풀이의 독설을 듣자 와카사노스케는 칼자루가 부서질 정도로 칼을 꽉 쥐고 있었지만, 장소가 신전神前이고 주군도 가까이 계셔서 일단은 참을 수 밖에 없었다. 지금 말 한마디에 생사가 결정나기 때문이다. 그 때 뒤에서 "쉬이! 물렀거라"라는 소리가 들린다.)

모로노 : 다다요시 공이 돌아오신다.

와카사노스케 : 예.

(♪"환궁이요"라는 행렬의 선도 지휘 소리에 하는 수 없이 뒤로 물러섰지만, 그 분함을 잊을 수가 없었다. 나쁜 짓만 하고 있어도 오히려 운이 좋아 승승장구하기만 하고 감히 벨 수 없는 모로노를 내일 자신이 모로노의 적이 되는 운명이라는 걸 모르는 엔야가 호위하면서 따라온다. 음악이 흐르고, 모로노는 무대 오른쪽, 와카사노스케는 무대 왼쪽으로 헤어져 대기한다. 이 동안에 무대 오른쪽에서 다다요시가 앞으로 긴 우산을 쓰고 다이묘들이 뒤 따른다. 엔야가 나오다가 이 모습을 보고 뒤로 물러나 기다리고 있다. 많은 잡역부들이 모두 뒤 따라 맞은 편으로 들어간다. 유유히 걸어오는 다다요시의 위세는 훌륭했고 요시사다의 용머리 투구를 합쳐 창고에 넣어둔 투구는 '이로하 가나仮名'의 글자 수와 똑 같이 47개이다. 지금은 이런 투구가 필요없고 소방용 두건을 쓰는 태평한 시기이다. 와카사노스케가 칼에 손을 올리고 모로노에게 다가온다. 가오요는 와카사노스케와 인사를 한다. 엔야는 두 사람 사이로 헤치고 들어간다.)[21]

3. 제2막, 모모노이의 저택

2막이 공연될 확률은 낮다. 보통 전막을 공연할 경우 1막이 끝나면 곧 3막으로 넘어가는 수가 많다. 전체 중에 주변 이야깃거리에 해당할 뿐만 아니라 그다지 흥미를 끄는 부분이 없기 때문일 것이다. 장면이 가지런하지 않고 들쭉날쭉한 것은 합작의 폐단이다. 그렇지만 이 장면에서 가코가와 혼조라는 인물을 예의주시해 두면 3막을 지나 9막에서

21 가부키 『가나데혼 주신구라』의 부분 번역은 服部幸雄編著 『仮名手本忠臣蔵』(白水社, 1994)을 이용했다.

그가 오보시 집으로 찾아들어가 자진하여 죽으려고 한 심리를 잘 알 수 있다.

2막의 장소는 와카사노스케의 저택이다. 1막에서 모로노와 주인과의 말다툼 소문을 들은 혼조는 가슴 아파해 한다. 집으로 돌아온 와카사노스케는 신사에서 당한 굴욕의 응어리를 없애려고 모로노를 죽일 결심을 한다. 가문의 대가 끊긴다는 것은 알고 있지만 칼을 찬 무사의 몸으로 무용武勇의 신을 대할 면목이 없으니 전장에서 죽지 못한다 해도 모로노 한 놈을 베어버리는 것만으로 천하를 위하는 일이라며 그의 속마음을 가신인 가코가와 혼조加古川本蔵에게 털어놓는다.

혼조는 외곬으로 생각하는 주군의 고지식한 성질을 익히 알고 있는 터라 마당의 솔가지를 꺾으며 '자, 주군님. 이렇게 싹둑 베어버리십시오!'라고 힘을 돋구어 말한다. 그래서 보통 제2막을 '솔가지치기 장면'이라고도 한다. 충의를 다하는 것 같지만 교활할 정도로 경험이 많은 혼조가 주군에게 결행하라고 넌지시 주마가편 역할을 하고는 있는데, 실은 다른 꿍꿍이속이 있었던 것이다. 혼조는 급히 말을 대령시키고 모로노에게 달려가서는 자신의 주군을 잘 봐달라고 뇌물공세[22]를 한 것이다.

에도시대 특히 다누마 오키쓰구田沼意次가 권력을 쥐락펴락했을 때는 뇌물정권이었다. 에도시대를 통해 부패한 정치가의 대표라 할 수 있다. 그러나 오늘날의 그에 대한 평가는 일방적으로 부정적이지만은 않다. 그의 경기부양책은 높이 평가받고 있다. "정치와 도덕은 별개의 문제"라고 말한 사람은 아라이 하쿠세키新井白石인데, 다누마의 경우도 미묘하다. 자주 덥석덥석 뇌물을 받았던 다누마는 뇌물철학을 갖고 있었다. 한마디로 말하면 뇌물은 나쁜 것이 아니라는 것이다. 잠시 그의 뇌물철학론을 들어보자.

22 오늘날도 일본 정가에서는 이따금씩 정치인 뇌물 스캔들로 매스컴이 술렁거리기도 한다. 정치인의 자녀들 결혼식 축하 선물로 수백만엔 짜리의 그림을 선물한다든지, 때에 따라서는 요정, 골프, 온천순례, 해외관광에 이르기까지 그 수법도 다양하다.

금전은 사람의 목숨과도 바꾸기 어려울 만큼 소중한 보물이다. 그 보물을 주고도 봉공奉公하기를 바라는 사람이라면 틀림없이 윗사람에게 충성을 다할 것이다. 의지가 강하고 그렇지 못한 것은 금품의 적고 많음에 나타난다. 나는 매일 등청하여 나라를 위해 힘쓰며 한시라도 편히 쉬는 적이 없다. 그저 귀가했을 때 집안의 복도에 여러 곳으로부터 받은 선물이 굉장히 많이 쌓여있는 것을 보면 잠시 위안을 받는다.

기가 막힐 노릇이다. 그러나 다누마가 한 말 속에는 여러 의미가 함축되어 있다. 그것은 도쿠가와 막부의 제도와 정치문제 그 자체와 깊은 관계를 지닌 발언이 도처에 발견되기 때문이다. 이 발언을 문자 그대로 해석하면, 그에게는 뇌물이라는 것은 정당한 것이고 그에 보답하기 위해 청탁을 받는 것은 당연한 일이다.

위의 수뇌부 정치가 한 두 사람이 바뀐다고 해서 지금까지의 정책이 일순간에 바뀌지는 않는다. 정치와 행정에는 계속성과 연속성이 있는 법이다. 다누마의 정치에도 전 정권으로부터의 연속성이 있을 것이다. 지당한 말이다. 260여년의 도쿠가와 시대를 통해 막부의 권좌에 오른 사람은 모두 집안 대대로 도쿠가와를 섬겨온 무사와 도쿠가와 가문의 직속 무사들이었다. 예전에 오다 노부나가織田信長와 도요토미 히데요시豊臣秀吉의 가신이었던 자가 세키가하라關ヶ原 전투와 오사카 전투大坂の陣 이후 도쿠가와에게 충성을 다하겠다고 했지만 그렇다고 해서 도쿠가와 쪽이 이 무사들을 믿지는 않았다. 정책 실행자인 관료의 포스트 자리에는 에도성 내에 그 어떤 낮은 자리에라도 그들을 앉히지 않았다. 이들은 만년 야당이었던 셈이다. 막부 창시자인 도쿠가와는 이 두 그룹에 대하여 재미있는 처우를 강구한다. 권력을 쥐고 있는 무사의 녹봉은 낮게, 권력이 없는 무사의 녹봉은 높게 책정한다.[23] 그러다보니 녹봉이 그다지 높지 않은 다누마는 뇌물로 허전한 지갑을 채운 꼴이 된다. 이처럼 뇌물에 관해서 역사가 있다. 그래서인지 와이로賄賂라는 일본어도 우리의 귀에 낯익다.

23 童門冬二『江戸のワイロ』(ネスコ, 1995) 87~92쪽 참조.

『가나데혼 주신구라』 이야기의 발단은 모로노의 이루지 못한 색정에서 시작된다. 한편 아코 사건은 뇌물이 발단이다.[24] 경험이 많고 노련한 가신의 와이로 덕분에 한 사람은 목숨을 건졌지만, 또 한 사람은 기라에게 뇌물을 제대로 주지 않아 그 때문에 미움을 사 결국은 사고를 치고 만다. 뇌물로 한 사람(와카사노스케)은 살고 또 한 사람(아사노)은 죽는 것이다. 뇌물이 사람을 죽이고 살리는 형국이었다. 아코 사건은 뇌물수수 행위는 해서는 안 된다는 것을 선전하기 위한 것이라는 설도 있다. 막부 권력이 강력한 시기였기 때문에 뇌물 금지를 강조했다는 것이다.[25]

와카사노스케: 혼조. 지금 이 와카사노스케가 내뱉는 한 마디, 어떤 일이 있어도 되묻지 말고 무조건 따르겠다고 맹세하게.

혼조: 이 무슨 새삼스러운 명령이십니까, 분부대로 받들어 모시겠습니다. 그렇기는 하지만…

와카사노스케: 무사의 맹세가 아니라는 것인가?

혼조: 아닙니다. 그런 뜻이 아니라 우선은 자세한 얘기를 충분히 듣고나서…

와카사노스케: 다 듣고 난 후에 결정을 하겠다는 건가?

혼조: 아니 그런 뜻이 아닙니다.

24 아코 낭인의 복수극 발단설 중의 하나로 아사노가 기라에게 선사한 뇌물이 그다지 변변치 못했기 때문이라는 것을 들기도 한다. 봉록이 적은 기라의 입장에서는 총수입의 일부를 뇌물로 충당하려 했던 것이다. 그러한 관례를 이해하지 못한 아사노에게 너무나도 노골적인 모욕을 가한 것이 소나무 복도에서 칼부림을 야기시킨 것이다.

25 마르셀 모스는 그의 『증여론』에서 인간관계는 주고 받는 것이라 했다. 돈을 줄 테니 그 대가를 내놔라는 식의 증답은 부정한 반대급부를 막연하나마 기대하게 된다. 뇌물은 확정반대급부를 권력에 요구하는 것이라고 볼 수 있다. 위에서 무력과 권력으로 냉큼 손아귀에 넣는 것은 증답과는 별개의 원리이다. 권력은 세금을 징수한다. 그리고 권력의 수하들이 뇌물을 받아 챙기기 시작하면 권력의 몫이 그만큼 줄어든다. 그래서 정부의 권력이 강한 나라일수록 뇌물수수는 불가능한 것이다.

와카사노스케: 뜻을 거역하겠다는 것인가? 그런가? 그래?

혼조: 아닙니다.

(♪잠시 머리를 숙이고 말이 없더니 마음에 결심을 굳히고 허리에 찬 작은 칼과 한 손에 큰 칼을 뽑아들고 쨍, 쨍, 쨍 서로 맞부딪쳐 소리를 내며 무사의 맹세를 한다.)

혼조의 속마음은 다음과 같사옵니다. 주인님이 하시는 일을 말리지도 다른 사람에게 하지도 않겠습니다. 먼저 주인님이 생각하시고 계신 것을 서두르지 마시고 천천히 차분히 이 혼조가 충분히 납득할 수 있도록 말씀해 주십시오.

와카사노스케: 음. 그럼 일의 대략을 얘기 해주지.

(연출상 특별히 주문하여 그 장면에 맞게 맞도록 만들어진 악기, 샤미센을 중심으로 한 연주가 시작된다.)

이번에 다다요시 공께서 쓰루가오카의 조영을 맡아 이 가마쿠라로 내려오시게 되어 접대역으로 엔야 한간 님, 그리고 나, 이렇게 두 사람이 명을 받았는데 다카우지尊氏장군의 명령으로 모로노가 후견인이 되더니 모든 일을 자기의 명령에 따라 접대를 하라는 게야. 나이가 많기도 하지만 모든 것에 익숙하고 장군의 총애를 받고 있다고 우쭐대면서 평소보다 열 배는 더 건방지게 굴고 있어. 교토의 무사들이 정렬해 있는 가운데, 젊은 나를 얕잡아보고 험담과 무례한 말들을 늘어놓더군. 두 동강이를 내고 싶은 마음은 굴뚝같았지만 주군의 명이라 몇 번이나 가슴을 억누르며 참았네. 내일은 이제 더 이상 참을 수 없네. 주군의 앞에서 망신 당했으니 무사의 의지로 본때 좋게 베어버릴 작정이네. 무슨 일이 있어도 막지 말게. 평소에 내 성미가 급하다고 아내는 물론이고 자네도 걱정하는 것은 나도 잘 알고 있네. 하지만 분통함을 거듭해 참아야 하는 무사의 근성으로서도 더 이상은 참을 수가 없네. 그로 인해 가문이 망하고 아내가 한탄할 것을 모르는 바 아니지만 칼을 차고 있는 무사로서 무용신을 뵐 면목이 없네. 전쟁터에서 죽지는 못 할지언정 모로노 한 놈이라도 베어버리면 그것이 천하를 위하는 길이니 가문의 치욕과는 바꿀 수 없지 않은가.

아마도 반드시 성질이 급해 일신을 망친 와카사노스케, 앞 뒤 구분도 못한 망나니 무사, 사리 분별없는 경박한 놈이라고 세상 사람들의 입에 오르내릴 것이 뻔해 자네에게 미리 모두 다 밝혀놓는 것이다.

(♪와카사노스케의 결의에 찬 무념의 눈물을 보는 아픔은 오장육부를 뒤트는 듯했다. 혼조는 주인의 뜻에 깊이 감명 받아 자신도 모르게 손뼉을 친다.)

혼조: 잘 하셨습니다. 잘 말씀해 주셨습니다. 여태껏 잘 참으셨습니다. 이 혼조 같으면 지금까지 참지도 못했을 겁니다.

와카사노스케 : 뭣이? 혼조. 지금 뭐라 했느냐? 지금까지 잘 견뎠다, 잘 참았다니…이 와카사노스케를 경멸하는 게냐?

혼조: 그건 당치도 않은 말씀이십니다. 그것이 주군의 일이라고는 알지 못하였습니다. 겨울에는 따뜻하게 빛이 드는 곳을 피해 추운 그늘로 다니고 여름에는 시원한 그늘을 피해 뜨거운 태양이 내리쬐는 곳을 다니는 것은 문의 중앙을 걷는 것과 같이 사람들과 함께 살아가기 위해 생기는 문제를 일으키지 않고 소극적으로 무사안일하게 있는 것은 저자거리의 조닌들에게나 해당하는 일이지 무사의 가문에는 가당치 않는 일이지요. 피해 다니면 상대는 계속 기어오르는 법이지요. 저의 말이 틀렸습니까? 제 진심을 보여 드리겠습니다.

(혼조, 칼을 뽑아 짚신을 반으로 접은 곳에 넣어 칼날을 간 다음, 정원에 서있는 소나무의 가지를 자르고는 재빨리 칼집에 넣는다.)

자, 주인님. 이렇게 베어버리십시오.

4. 제3막, 성내에서의 칼부림

3막은 세 장면으로 나눌 수 있다.

먼저 아시카가가 거처하는 곳의 서문 쪽으로 등장하는 모로노가 탄 가마 앞에 혼조가 달려와 사기사카 반나이를 통해 뇌물을 전달하는 장면. 이 장면을 보통 가부키에서는 뇌물을 주는 장면이라는 뜻으로 '신

모쓰바進物場'라 부른다. 와카사노스케에 반감을 갖고 있던 모로노는 뇌물을 먹고 급변한다. 혼조가 자시키 거실로 안내받은 후, 간페이를 대동한 엔야 한간이 등성해 문 안으로 들어서자 오카루가 가오요의 편지를 전해주러 간페이에게 건네고 돌아가려는데 반나이가 귀찮게 뒤쫓아 오는 것을 간페이가 구해준다. 두 사람이 밀회를 즐기는 장소는 가부키에서는 생략되어 있으며 혼조가 반나이의 안내를 받아 문을 빠져나가려는 장면에서 무대가 회전한다.

다음은 실화 그대로의 성내를 꾸민 무대이다. 와카사노스케가 모로노를 칼로 베어낼 작정으로 등성하는데 앞의 1막과는 전혀 다른 모습으로 모로노가 돌변하여 거듭 사과하는 바람에 기가 막힐 지경이다. 그때 한간이 나타난다. 모로노는 지각했다고 꾸짖는데 가오요로부터 편지가 왔다는 소리에 혹시 자기한테 온 답장이 아닌가 하고 생각해 받아 읽으니 완곡하게 거절한다는 내용이 신코킨와카슈의 노래와 함께 적혀있다는 것을 알고 한간에게 욕지거리를 해대면서 분풀이를 한다. 처음엔 주흥으로 그런가 하고 생각했던 한간도 화를 내기 시작하더니 끝내는 칼을 꺼내 죽여버리려고 하는데 칸막이 뒤에서 혼조가 뛰어나와 껴안아 말린다. 곧이어 다이묘도 나와 말리는 장면에서 막이 닫힌다. '칼부림 장면喧嘩場'이라고 불리는 주신구라의 대표적 장면의 하나다.

이 다음은, 같은 장소의 뒷문에서 소란을 듣게 된 간페이가 달려오는데 이미 한간은 죄인이 타는 가마에 실려 나갔고, 사건이 터진 줄도 모른 채 애인을 만나느라 정신 없는 간페이가 중요한 자리에 있지 못했던 책임을 통감하여 할복하려고 하는데 오카루의 말을 듣고 일단 그녀의 고향에 가 있기로 하는 장면이다.

혼조: 황송하오나 모로노 나으리께 한 말씀 올리겠습니다. 이번에 주인 와카사노스케가 다카우지 장군으로부터 중대한 직책을 맡게 된 것은 무사로서 크나큰 영광이며 분에 넘치는 행운입니다만, 나이가 어리

고 미숙한 와카사노스케가 예법에 대해 잘 알지 못하여 불안해하고 있었습니다. 어떻게 하면 좋을까 하고 있던 차에 모로노 나으리께서 모든 일을 주관하시며 모범을 보여주시고 지도해 주셔서 지금 현재 매우 순조롭게 업무에 임하고 있습니다. 이 모든 것이 주인의 공적이 아니라 모로노 나으리께서 잘 보살펴 주셨기 때문입니다. 그래서 주인은 물론이며 안방마님을 비롯한 온 집안사람들, 저희들까지도 이보다 더 좋은 경우가 어디 있겠냐며 무척 기쁘게 생각하고 있습니다. 그래서 약소하나마 감사의 뜻으로 선물을 준비했습니다. 받아주신다면 이 세상의 더 없는 명예가 될 것입니다. 부디 목록을 전달해 주시길 바랍니다. 반나이 님, 반나이 님

(목록을 반나이에게 건네자 의아한 표정이 된다. 혼조는 믿음이 가는 몸짓으로 품속에서 돈을 싼 꾸러미를 꺼내어 반나이의 소매 안쪽으로 살짝 집어넣는다. 이때 반나이, 소매를 당긴다. 그리고나서 반나이는 돌연 소매를 흔들어 그 무게를 어림짐작해보고 간사스럽게 대꾸한다.)

반나이: 아, 아이구 이게 누구이신가 했더니 모모노이 님의 가신 혼조 님이시지 않습니까? 이거야말로 실례를 하였습니다. 오늘은 남쪽에서 바람이 불어 의외로 심신이 정상이 아닌 까닭인지 귀가 잘 들리지 않아 방금 전까지 당신께서 말씀하시는 것이 멍하게 들렸습니다. 멀찌감치 떨어져 있어 무슨 말씀을 하시는지 모르겠습니다만, 이 선물들을 주인이신 모로노 님께 보여드려 달라는 것입니까? 잘 알겠습니다. 지금 바로 보고해 올리겠습니다. 어서 말씀 드리는 것이 좋겠군요. 아무 염려 마십시오.

(목록을 받는다. 이때 동료무사가 칼을 빼려고 하는 것을 제지한다.)

그러니까 이것이 목록입니까? 예의도 바르시지.

(가마 옆으로 가서 목록을 읽는다. 이때 동료무사가 칼을 뽑으려는 것을 몇 번이고 제지한다.)

(♪반나이에게 건네진 목록을 의심을 품고 주욱 훑어본다.)

목록...피륙 30두루마리, 금화 30개, 와카사노스케 주인마님 금화 20개, 수석 사무라이 같은 것으로 10개, 수석경호원 같은 것으로 10개,

사무라이들. 앞과 동일.

(목록을 읽고 모로노는 벌어진 입을 다물지 못하고 혼이 빠진 듯 보인다. 넋을 잃은 듯 흘끔거리는 모습이 마치 기다리고 기다리던 6월말의 여름 축제가 연기되어 맥이 풀려 힘이 빠진 것처럼 보인다. 게다가 모로노는 갑자기 말투까지 바꾸어 정중하게 말한다.)

모로노: 이런! 이런! 이것은 정말 황송하기 이를 데 없지 않은가. 반나이 이것을 어떻게 하면 좋겠는가?

반나이: 아니, 거절하시면 호의를 저버리는 것이 되며 도리어 대단한 무례가 아니겠습니까? 주인님께서는 예법을 가르치는 사람으로서 이런 일은 정말 난감한 일이라고 하십니다.

모로노: 평소에 사람들에게 예법을 가르치고 있는데 이러한 경우에는 어찌하면 좋을고? 정말 난감하다. 아니 혼조 님은 조금도 가르칠 것이 없군. 어쨌든 와카사노스케 님은 재치 있게 처신하는 모습에 나로서는 감당해내지 못하겠군! 이 모든 선물을 받아 놓아라. 너희들은 이 선물들을 정리하여라.

(⋮)

(때를 알리는 북소리가 나고 그다지 고급스럽지 않은 가마, 감색간판의 한 무리, 매의 깃털의 문양을 한 초롱을 가지고, 두 사람이 앞서고 가마의 뒤로부터 간페이 쇠퇴한 작은 나뭇잎 문양의 무사들이 좌우로 다가서거나 본무대에 와서 가마에 넣는 대신 윗문쪽으로 간다.)

간페이: 엔야 한간 님 납시오.

사무라이: 모모노이 님께서 벌써 납시어 계십니다. 조금 전에도 모로노 님이 아직 안 왔느냐고 물으셨습니다. 자, 어서 안으로 드십시오.

간페이: 벌써 모두들 와 계신 모양이네. 늦어서 죄송스럽군.

(♪간페이 옆으로 급히 다가간다. 저택 안에서는 이미 손님 접대를 위한 노 공연이 시작되고 있었고 지우타地謠의 노래 한 구절을 소리 높여 읊고 있다. 그 소리를 담

은 바람이 버드나무 그늘에 이르고 그 버드나무 그늘 사이로 나타난 것은 꽃만큼이나 아름다운 여인으로 18, 19세의 나이로 보인다. 소나무의 푸른 눈썹이라고 하면 아름답고 요염함을 말하지만 엄한 집안에서 일하고 있기 때문에 두건의 띠를 둘러 묶고 있다. 함께 온 하인의 등불에는 엔야 가문의 문장이 새겨져 있었고 문 앞에 와서 멈추어 선다.)

오카루: 조금 있으면 날도 새고 당신들은 안 들어와도 되니 이젠 돌아가 쉬세요.

하인: 예, 알겠습니다.

(간페이는 지금 뭘 하고 있을까, 어떻게든 만나야 하는데 하며 주위를 살피고 있는 그때 간페이가 오카루의 뒷모습을 재빠르게 알아본다.)

간페이: 오카루 아닌가?

오카루: 간페이, 보고 싶었어요. 잘 와 주셨어요.

간페이: 이상하군. 한밤중에 일행도 없이 혼자서 어쩐 일이지?

오카루: 네, 여기까지 데려다 준 사람을 먼저 돌려보내고 나 혼자 남은 것은 주인마님의 심부름 때문입니다. 마님께서는 어떻게든 간페이 님을 만나서 이 서찰을 전하고, 무례하지만 그 답신을 한간 님의 손으로 모로노 님께 직접 전해주시도록 부탁드리라고 하시다가, 혹여 바쁠 시에는 실수 할 수가 있으니 역시 오늘밤은 그만 두어야겠다고 말씀하셨는데, 저는 당신을 만나고 싶어 이 노래 한 두수 전하지 못할 정도로 여유가 없다고는 생각되지 않는다고 말씀을 올리고 서찰을 가지고 달리고 또 달려 왔어요. 아, 힘들다.

︵
·
·
︶

엔야: 조금 전 제 부하가 귀공에게 전해 드리라고 했습니다. 바로 제 아내 가요오로부터 온 것입니다.

모로노: 그러하신가. 과연 당신 부인은 참 교양있으신 분이네. 내가 와카和歌에 관심이 많다는 것을 알고 첨삭을 부탁하는 것일걸세. 틀림없이

그 일일게요.

(편지를 읽어내려간다.)

“그렇지 않아도 잠옷이 무거운데 내 섶 아닌 섶까지 겹치는구나” 음. 이것은 신코킨와카新古今和歌로구나. 이런 옛 노래에 첨삭이라니...음...

(♪잠시 생각하다가 자신의 사랑이 이루어지지 못할 것이라고 판단하고 또 그렇다면 남편에게 털어놓았을 것이라고 생각하자 화가 났지만 짐짓 아무렇지도 않은 얼굴을 한다.)

모로노: 한간 공도 이 노래를 보셨겠지요?

엔야: 아닙니다. 지금 처음 보았습니다.

모로노: 음, 내가 읽는 것을? 아, 귀공의 부인은 참 정숙하시구먼. 잠깐 들려 주신 노래가 이 정도니.. ‘다른 사람의 옷까지 겹친다’ 아, 정숙하기도 하셔라. 당신은 남들이 부러워할 정도로 행복한 사람이오. 등성이 늦어지는 것도 알만하군. 집밖에 모르고 집에만 있느라, 행사 일을 소홀히 해서야...

(♪모로노는 빈정거리며 엔야의 비위를 거스르는 말들만 해댄다. 와카사노스케와의 싸움의 불똥이 왜 자신에게 튀었는지 엔야는 이해할 수 없어 불끈 화가 치밀었으나 화를 억누른다.)

엔야: 하하하, 이거 공께서 취하신 것 같습니다. 약주라도 드셨습니까?

모로노: 언제 내게 술을 주셨소? 언제 내가 마셨다는 것이오? 술을 마셨건 마시지 않았건 나는 일해야 할 때는 반드시 일을 하오. 그런데 공께서는 왜 늦었소? 공이야말로 술이라도 드셨소? 아니면 집에 눌러 붙어 있었소? 공에 비하면 와카사노스케 공 쪽이 훨씬 더 힘쓰고 있지. 공의 부인께서는 정숙한 여인인 것뿐이겠소? 용모도 단정하고 필체도 뛰어나지요. 한번 자랑 좀 해보시오. 내 말이 맞지 않소? 오늘은 행사준비로 바쁘오. 나도 그러하오. 그런 때에 공께서는 집에 눌러 붙어 여자 품에 빠져 있다니...‘이것은 제 아내의 노래입니다’라니...그 정도로 집이 대단하다면 나오실 필요 없소. 대체로 공과 같은 사람을 두고 우물 안 붕어라는 말이 있지요. 들어보시오. 이 붕어라는 놈

은 불과 3, 4척에 지나지 않는 우물 안을 세상의 전부라 생각하지. 보통은 밖을 보는 일이 없으니...그런데 우물 청소를 하는 날 두레박으로 건져 올려 강에 놓아두게 되면 여하튼 우물 속에서만 있던 놈이라 기뻐 날뛰다가 어찌할 바 몰라 허둥거리다가 교각에 코를 받아 그 자리에서 죽어버리지. 공도 딱 붕어와 같은 신세구려. 하하하!

(모로노는 입에서 나오는 대로 지껄여댄다.)

엔야: 너무 말이 많다. 이 엔야를 물고기에 비유하는 것은 미친 짓이 아닌가.

모로노: 닥치시오 엔야. 감히 이 모로노가 미쳤다니 그게 무슨 말이오.

엔야: 지금의 욕은 진심으로 하는 소린가.

모로노: 본심이다. 본심이라면 어쩔 테냐?

엔야: 본심이라면.

(칼 근처로 손을 갖다대면서 호흡을 가다듬는다.)

모로노: 쇼군이 계시는 성 안이다.

(쉴부채로 손바닥을 친다.)

엔야: 핫.

(원 위치로 물러나 엎드린다.)

모로노: 너는 내 목을 칠 참인가. 재밌군. 나를 베어라. 자.

(점점 모로노가 엔야 가까이에 다가온다.)

자 어쩔 셈인가. 엔야.

(한간은 주체스러워 한다.)

엔야: 아니, 전혀 그럴 생각이 없습니다. 화내시게 한 점, 거듭 사과드리겠습니다.

(모로노를 일으켜세운다.)

아무쪼록 오늘 잔치가 순조롭게 진행될 수 있도록 많은 지도편달을...

(엔야의 말이 끝나기도 전에 모로노가 대답한다.)

모로노: 아니, 모른다 몰라. 시끄럽다. 귀찮다.

(모로노는 큰 소리를 지르고 엔야는 분한 표정을 짓는다.)

엔야: 쳇

(양손을 주먹쥐고 아무생각 없이)

모로노: 이 손은 무엇이냐?

엔야: 이 손은...

모로노: 이 손은?

엔야: 이 손으로 용서를 구합니다.

(분한 감정으로 사의를 표한다.)

모로노: 하하하하. 그렇구나. 어디 오늘 의전행사 준비는 잘 되어가는지 둘러볼까?

엔야: 그건 저에게 맡겨 주십시오.

모로노: 아니요, 와카사노스케에게 부탁할 거요. 당신은 뭐냐, 집이 그렇게 좋다면 돌아가시오. 와카사노스케 한 사람으로 충분하오. 당신은 할 일이 없으니 사퇴하고 그냥 집에 돌아가시오. 모로노가 다리를 놓아 드리리다.

(모로노가 자리에서 일어선다.)

어디 와카사노스케에게 전수하러나 갈까.

(모로노 가려고 하는데 이때 한간 엄한 표정으로 모로노의 예복 옷자락을 밟고 칼을 손에 든다.)

엔야: 무사시노카미, 기다려라.

모로노: 아직 볼일이 남아 있나?

(뒤를 돌아본다.)

엔야: 오, 그 볼일은, 이렇게.

(엔야는 모로노의 목을 치려고 덤빈다. 이때 안쪽에서 혼조가 나와 한간을 끌어안는다. 이전의 다이묘, 차 대접하던 사람, 반나이 남아있지 않고 모두 나와, 모로노를 부축하여 무대 오른쪽으로 데리고 들어간다.)

⁝

(간페이가 당혹스러운 모습으로 어슬렁거린다. 여기에 뒤쳐져 있던 오카루가 쫓아와 간페이를 보고 매달린다.)

오카루: 간페이 님, 모두 들었어요. 이게 무슨 일이에요! 어떻게 하면 좋아요!

(♪매달려서 슬퍼하는 것을 밀어내고)

(오카루는 엎드려 우는 것을, 밀쳐내며)

간페이: 훌짝훌짝 울기는 왜 울어. 이봐, 이 간페이도 무사로서는 이제 끝장 나버렸어! 이제 끝장이야~!

(♪칼집에 손을 갖다 대자, 오카루가 당황해서 이를 말리면서)

(간페이가 칼을 빼서 할복하려고 하는 것을, 오카루가 말린다.)

오카루: 잠깐만요, 잠깐만 기다려 주세요! 당황하고 계시군요.

간페이: 그래 당황하고 있다. 당황하지 않고 있을 수 있겠는가. 주군의 목숨이 걸린 중대한 순간에 그 곁에 없었다니...게다가 주군은 죄수처럼 그물이 쳐진 가마에 실려 가고 댁은 폐문이라 하지 않는가. 이런 때에 그 가신은 색에 빠져 곁에 있을 수 없었다. 이래가지고서는 사람들 앞에 무사로서 칼을 차고 나설 수 있겠는가. 나는 내 목숨을 버려 할복함으로써 이 죄를 씻겠다. 놔라~!

오카루: 잠깐 기다려요! 그래요. 당신 말이 도리에 맞아요. 그렇지만 누가 당신을 이렇게 허둥대게 만들었나요? 모두 제가 한 거예요. 죽어야

한다면 당신보다 제가 먼저 죽어야 마땅해요. 지금 당신이 목숨을 버렸다고 하여 누가 당신을 훌륭한 무사라고 칭찬하겠어요? 지금 제가 하는 말을 듣고 잘 생각해 보세요. 우선, 제 시골집으로 가요. 시골사람이라고는 하나 , 우리 아버지도 어머니도 믿음직한 분들이에요. 일이 이렇게 된 것도 어떤 운명이라고 생각하여 제가 하는 말을 들어주세요. 네~?

(♪와락 울음을 터트린다)

(오카루, 엎드려 흐느끼며 운다. 간페이도 일리가 있다고 생각해서)

간페이: 과연 그렇군. 당신은 주군 댁에 온 지 얼마 안 되어서 자세한 것은 모르겠군. 가로家老인 오보시 유라노스케 님이 아직 영지에서 돌아오지 않으셨다지. 돌아오시는 걸 보고 사죄하기로 하지. 자, 조금이라도 빨리 서두르는게 좋겠다.

5. 제4막, 한간의 할복

가마쿠라 오기가야쓰의 자택에 집거중인 한간을 가오요와 리키야가 꽃꽂이를 헌상하며 위로해본다. 아시카가에서 파견된 상사 이시도 우마노조와 부사 야쿠시지 지로자에몬이 한간에게 할복과 가계단절, 영지몰수의 명령을 하달한다.

한간이 복부에 단도를 들이대자 영지인 하쿠슈로부터 가신 오보시 유라노스케가 뛰어들어온다. 한간은 “이 단도는 자네에게 주는 유품일세. 이 단도로 내 숨은 뜻을”이라면서 유언을 남기고 죽는다.

유라노스케는 오노구다유, 하라고에몬 외의 중진 가신들과 선후책을 강구한다.

성을 명도한 후, 혼자 앞문에 남은 유라노스케는 피묻은 단도(구슨고부)를 핥으며 복수를 다짐하고 성을 계속 뒤돌아보면서 하나미치로

향해 들어간다.[26]

(리키야, 무대 오른쪽에서 9촌 5부(28.5센티)의 단검을 들고 나와 사자에게 보이고, 한간 앞에 둔다. 리키야가 한간의 얼굴을 보고 석별을 아쉬워하며 들어가지 않자 한간이 혼을 낸다. 그러자 리키야가 일어서서 아래쪽으로 가서 대기한다.)

(♪조용히 무사의 예복을 벗어 앞을 풀어헤치고 느긋한 태도로)

한간: 리키야, 리키야

리키야: 네.

한간: 유라노스케는 아직이냐?

리키야: 아직 당도하지 않았사옵니다.

한간: 아~

(♪단검을 들어 찔러 놓고)

리키야, 리키야

리키야: 네, 네.

한간: 유라노스케는 아직이냐?

리키야: 아직 당도하지 않았사옵니다.

한간: 아~, 목숨이 붙어 있는 동안에 만날 수 없다는 것인가. 정말 유감이도다. 사자님들, 잘 지켜보십시오.

---

26 4막은 사실상의 다쿠미노카미의 할복과 아코성 명도의 두 사건을 합쳐 각색한 것이다. 부사 야쿠시지는 쇼다 시모후사노카미가, 상사 이시도는 오카도 덴파치로가 각각의 모델이다. 사실에서는 쇼다가 정사이고 오카도는 부사로 입장이 바뀌었다. 다쿠미노카미 할복시에 오이시는 그 자리에 없었고 아직 아코에 있으면서 사건에 대해 알지 못하고 있었다. 사건통보를 받은 아코성에서는 3월 27일부터 3일간의 평의회가 있었다. 아코한 무사들 중에 최후까지 농성을 결의하고 성을 베개삼아 전사할 것을 주장하고 맹약한 사람은 308명 가운데 56명(각설 있음)이었다. 하라고에몬은 하라소에몬이 모델이고 대회의에서는 사실상으로도 중요한 역할을 담당한 인물이다. 오보시 유라노스케는 물론 오이시 구라노스케가 모델이다. 4월 19일 아코성은 명도된다.

(♪칼을 거꾸로 잡고, 왼쪽 배에 찔러 꽂고 잡아당겨 돌린다. 가오요는 차마 눈을 뜨고 볼 수 없어서 입으로 염불을 외우고 눈에서는 눈물이 흘러 내린다. 그때 복도의 장지문이 열린다.)

(한간은 단검을 배에 찔러 넣는다. 건너편에서 유라노스케가 뛰어 들어오며, 하나미치에 엎드려 절을 한다. 이때, 무대 왼쪽의 장지문이 열리고, 나가 있던 무사들이 모두 엎드려 절한다. 우마노조가 이를 본다.)

이시도: 자네가 가로 유라노스케인가?

유라: 예.

(엎드려 절한다)

이시도: 불편해 할 것 없소. 이리 가까이. .

유라: 네.

(유라노스케는 큰 칼과 작은 칼을 하나미치에 두고, 무대에 있는 한간 옆으로 온다.)

오보시 유라노스케 요시카네大星由良助良金, 지금 도착했사옵니다.

한간: 유라노스케인가?

유라: 네.

한간: 기다리고 있었네!!

유라: 네. 살아계시는 동안에 존안을 뵐 수 있어서 기쁘옵니다.

한간: 오, 나도 기쁘구나. 이 사태에 대해서는 들었겠지.

유라: 모두 다 알고 있사옵니다.

한간: 아~원통하고 분하구나!

유라: 아~! 지금 이 시점에서 뭐라 드릴 말씀이 없사옵니다. 다만 이렇게 된 이상 최후를 훌륭하게 맞이하시길 바라옵니다.

한간: 그거야 말할 것도 없지.

(♪양손으로 칼을 잡아 쭉 당겨 돌리고, 괴로운 숨을 내쉰다.)

이 9척 5분의 단도를 너에게 남기마. 나의 울분을 씻어다오!

유라: 아, 영주님~

6. 제5막, 야마자키 가도

비내리는 밤의 야마자키 가도. 오카루 집에 머물며 사냥을 하고 있는 간페이는 지나가는 사나이에게 총불을 빌리려고 상대를 안심시키기 위해 총을 건넨다. 그 사나이는 옛 동료인 센자키 야고로였다. 간페이는 한패에 끼기 위해 백량을 조달하기로 약속한다.

오카루의 부친 요이치베는 오노 구다유의 아들로 낭인 신세가 된 사다쿠로에게 참살당한다. 사다쿠로는 요이치베의 품에서 오카루를 기온에 팔고 받은 몸값의 반인 50량을 줄무늬 지갑채로 강탈당한다. 그런데 멧돼지로 착각한 사다쿠로를 간페이가 총으로 쓰러뜨린다. 피를 토하며 어둠 속에서 죽어간다.

사람을 오살한 것에 놀란 간페이는 약을 찾으려고 시체의 품속을 뒤지는데 50량을 발견한다. 하늘이 내려주신 것이라고 뛸 듯이 기뻐해하면서 하나미치로 달려 들어간다.[27]

5막과 6막에 이르러서는 지금까지의 시대극 분위기와는 사뭇 다르다. 배경도 무사저택에서 농가로 바뀌고 등장인물도 무사들에서 일반 농부로 바뀐다.

(여전히 내리는 세찬 빗줄기 소리, 저벅저벅 거리는 사람의 발걸음 소리. 길은 어

27 5막은 사실과 전혀 상관없는 픽션이다. 센자키 야고로의 모델은 간자키 요고로, 오노 사다쿠로는 오노 구로베의 아들 군에몬이다. 하야노 간페이의 모델 일부가 가야노 산페이다. 칼부림 사건을 아코에 처음으로 알린 사자였는데 그 후 아버지로부터 관직에 오를 것을 강하게 설득받고 복수에 가담할 각오를 갖고 있던 산페이는 어찌할 바를 몰라 할복한다. 1702년 정월 14일의 일이었다. 향년 28세로, 간페이처럼 '30이 될까말까'한 생애였다.

둠에도 헤매지 않으나 마음은 자식 걱정으로 어두우나, 짚고 가는 지팡이만큼 올곧은 마음씨를 가진 노인이다. 하나미치에서부터 요이치베가 지팡이를 짚으면서 등불을 들고 나와서 본무대로 나온다. 그는 각반을 차고 짚신을 신고 있으며 거적을 두르고 도롱이 갓을 쓴 차림이다.)

요이치베: 아, 이제 천둥소리를 들으니 비도 좀 잠잠해졌나보군. 급히 온 탓인지 생각보다 힘드네. 여기에선 집까진 10리도 안 되니 좀 쉬어갈까.

(대사에 맞춰 샤미센 가락이 울리고 볏가리 앞에 놓인 돌에 앉아 심정을 표현한다.)

필경, 지금쯤 여편네와 딸내미가 이제나 저제나 하면서 목을 빼고 기다리고 있겠지. 당장 돌아가서 기쁘게 해 줘야겠구먼. 내 자식 자랑이라 좀 뭣하지만, 가난한 농부의 딸로 태어난 오카루. 사위는 또 누군가, 엔야 한간 님의 가신으로 하야노 간페이라는 훌륭한 무사가 아

우타가와 히로시게(歌川広重)의 우키요에 주신구라 5막

니던가. 그 간페이의 실책이라는 것도 기실 알고 보면 딸의 잘못, 어떻게든 다시 무사로 되돌아가게 해주고 싶던 차에 사위에게 듣자니 돈 백량이 있으면 원래대로 무사가 될 수 있다고 하니, 야마자키에서 2반28인가 3반, 그것도 비옥하지도 않은 땅때기를 가진 가난한 농사꾼이 돈을 마련할 방법이 없을까 하여 부모 자식 셋이 머리를 맞대니 셋이 모이면 문수보살의 지혜가 나온다고, 딸이 말하기를 기온의 유곽에 몸을 팔아 그 돈으로 사위를 세상에 내보내게 해 달라고 간청해, 얼마 전부터 사위 모르게 기온유곽의 이치몬지야의 주인님에게 사정을 말했더니, 백량에 딸을 사겠다고 하셔, 오십량은 오늘 날짜로 받고 나머지 오십량은 내일 마련해 데리러 오겠다고 하는데, 사위에게 미리 말하지 않아도, 자신을 세상에 내보내기 위한 일이니, 오카루를 왜 유곽에 팔았느냐고 원망하지는 않겠지. 그 돈만 마련되면, 딸도 사위도 소원을 이룰 수 있어 분명 기뻐들 하겠지. 하지만, 그 기쁨 뒤에 오랜 이별이 기다리고 있어 그 슬픔에 눈물 흘리겠지.

(이러면서, 제등을 밑으로 내려놓고 고개를 갸웃거리면서 돈주머니를 꺼내본다. 상념에 잠긴 표정을 짓는다.)

아, 내가, 묻지도 않은 돈 이야기를 잘도 늘어놓았네. 듣는 사람이 없는 게 천만다행이지. 좀 전에 돌다리에서 마주쳤던 무사, 검은 옷에 매서운 눈초리, 어쩐지 꺼림직해서 말이야, 그런 사람이 이 말을 들었다면 어떤 봉변을 당할지도 모르지. 어이쿠 끔찍하다, 끔찍해. 한시라도 빨리 집으로 돌아가서 세 사람이 기뻐하는 얼굴을 보고 싶구나. 이 돈이라는 게 진짜 고맙다 고마워.

(요이치베, 돈주머니를 집어넣는 동작을 한다. 이 때, 볏가리 사이에서 손이 나와 주머니를 획 낚아챈다. 요이치베, 깜짝 놀란다.)

어, 이 내 주머니를.

(이 때, 하얀 칼이 나와 요이치베를 찌른다. 요이치베 괴로워한다. 시각을 알리는 종소리, 컴컴한 어둠에 어울릴 만한 곡조가 흐르고 볏단 더미를 헤치고 시커먼 옷을 걸친 사다쿠로가 나타나 제대로 칼을 휘두른다. 요이치베 푹 쓰러진다. 사다쿠

28 反: 토지 면적의 단위, 에도시대에는 方六尺을 1步로 해서 3百步를 1反으로 했다.

로, 주머니를 차지하고서 피 묻은 칼을 입에 대고 쓱 닦고는 허리춤에 다시 집어 넣더니 예의 그 돈을 센다.)

사다쿠로: 오십량, 고마우이.

(시체를 바로 아래 골짜기로 차 밀어 넣자 불길한 일을 암시라도 하는 듯 흙탕물이 자신의 몸에 튀는 것도 알지 못하고 서 있다. 빠른 곡조의 피리 소리가 들린다. 통로에서 멧돼지가 나와 사다쿠로는 깜짝 놀라 볏가리 뒤로 숨는다. 멧돼지는 무대를 돌아다니다가 무대 오른쪽으로 들어간다. 사다쿠로가 무대로 나와 말없이 동작을 표현한다. 하마터면 큰일날 뻔했다며 바라보는 사다쿠로. 이 때 등골을 뚫고 둔탁하게 갈빗대로 빠져 나가는 두 개의 총알. 비명 지를 사이도 없이 새카맣게 타버린 그 꼬락서니가 통쾌하게 보인다. 사다쿠로, 무대 왼쪽으로 가고 있다. 이 때, 총소리가 나는 동시에 사다쿠로의 몸에서 피가 흐른다. 피를 토하면서 괴로워하다가 푹 고꾸라진다. 시각을 알리는 종소리, 곡조가 흐르고, 통로에서 간페이, 화승총을 들고 나온다. 멧돼지를 잡았다고 생각한 간페이는 총을 손에 들고 여기저기 살피더니 사다쿠로의 품 속에서 돈주머니를 꺼내려다 주머니 끈이 사다쿠로의 목에 걸려 있는 걸 보고 사다쿠로를 일으킨다. 간페이, 이 끈을 잡고 지니고 있던 칼로 자른다. 이로써 사다쿠로, 다시 털썩 하고 쓰러진다. 간페이는 총을 움켜쥐고 잰걸음으로 통로로 향한다. 멧돼지보다도 빠르게 쏜살같이 마치 나는 듯하다.)

7. 제6막, 간페이의 할복

하룻밤 지나고 요이치베 집으로 돌아온 간페이는 오카루를 데리러 온 기온 이치몬지야의 오사이와 마주친다. 요이치베가 자나고 있던 50량은 실은 간페이를 복수단 일행에 넣어주고 싶은 마음에 오카루를 기온에 판 몸값의 일부분이다.

상황을 들어보니 어제저녁 어둠 속에서 돈을 뺏은 죽은 사람이 요이치베라고 생각이 든 간페이는 오카루를 교토에 보내고 난 후 불의의 돈은 받을 수 없다고 50량을 돌려주러 온 센자키 야고로와 하라고에몬의 두 무사 앞에서 자기의 잘못을 해결하기 위해 할복한다.

그러나, 요이치베이의 상처가 총맞은 자국이 아니라 칼자국이었고, 사다쿠로가 죽은 것 등으로 봐서 간페이의 무고가 확실시되었다. 이로써 연판장에 이름을 올릴 수 있게 되어 간페이는 이에 만족하고 죽어간다.[29]

(저쪽에서 사냥복 차림을 한 사냥꾼 세 사람이 요이치베의 시체에 도롱이를 씌워 문짝에 싣고 안으로 들어와 무대 왼쪽에 시체를 둔다.)

야하치: 자, 밤사냥을 끝내고 돌아오는 길에 이 집의 주인이 죽어 있어서....

세사람: 우리 사냥꾼 친구들이 데려왔습니다.

오카야: 모두들 또 여느 때처럼 술 마시고 업고 온 거겠지. 그러면 그렇다고 얘기를 하지. 내가 걱정이 돼서 말이지. 농담도 적당히 하는 게 좋아.

세사람: 아니오. 농담이 아니에요. 돌아가셨어요.

오카야: 아니, 아직도 농담하는 건가.

(간페이, 어찌할 바를 몰라 괴로워한다. 세 사람 즉흥적으로 대사를 주고받으며 오카야를 시체 곁으로 데려간다. 오카야는 별다른 생각 없이 시체를 덮고 있는 도롱이를 벗겨보고 놀란다.)

이런 누가 한 짓이냐. 사위야. 죽인 놈이 누구야. 어떤 놈이 그랬는지 알아내라.

(여보오 요이치베, 하고 소리쳐 불러봐도 소용없고 울기만 한다.)

야하치: 아주머니, 슬프시겠지요. 아주머니가 슬퍼서 우는 것도 당연해요.

29 가야노 산페이와 하야노 간페이와의 공통점은 할복한다는 것이다. 산페이가 자결했을 무렵, 오이시는 야마시나에 있었고 2월에는 '야마시나 회의'를 열고 지난 11월에는 에도로 하경하는 등, 동지들과 밀접한 연락을 취하면서 급진파인 호리베야스베이의 폭주를 막는 한편 아사노 가문의 재흥에 힘쓴다. 『가나데혼 주신구라』는 죽음의 이야기라고 해도 좋고 죽기 위한 드라마이기도 하다. 모두 죽음을 향해 진행된다. 간페이의 픽션은 『가나데혼 주신구라』라는 연극을 상징하고 있다고도 말할 수 있겠다.

아주머니 사위도 원래는 버젓한 무사 낭인이 아닙니까.

로쿠: 그러면 이쪽도 강한 만큼 뭐든지 大官所에 청해서 적을 조사해서 밝히세요.

가쿠베: 만약 그런 일이 있었다면, 우리들도 가세하여 총을 쏘겠습니다.

야하치: 동료들 중 많은 사람들이, 평소 때도 늘 내세의 행복을 기원하는 이 요이치베 님이 뜻밖의 일을 당하셨어요.

로쿠: 평상시 믿음이 깊기로 소문나도 이러한 때에는 전혀 도움이 되지 않잖아. 다만 가엾은 분은 어머니야.

가쿠베: 저런저런, 요이치베 님이 돌아가셨으니 초 없는 초롱이야.

두사람: 그건 또 무슨 말이야.

가쿠베: 불을 밝힐 수 없다는 거지.

두사람: 뭐! 뭐라고.

세사람: 딱하기도 하지.

(세 사람이 오카야를 동정하며 저쪽으로 들어간다.)

오카야: 이봐 이봐, 남편이 살해당했어. 누가 죽였나. 남편을...

(오카야가 눈물을 멈추자 간페이가 곁에 다가온다.)

사위, 설마설마 하고 생각해도 납득이 안 되네. 아무리 자네가 전에 무사였다고 하더라도 장인어른의 죽음을 봤다면 놀라는 것이 당연하거늘 어쩜 이리도 침착하단 말인가, 자네가 길에서 만났을 때 돈은 받지 않았는가. 아냐, 영감이 뭐라고 하던가. 자 말해주게. 그래 뭐라고 하던가. 아무 것도 대답할 수 없겠지. 대답할 수 없는 증거는 바로 이걸세.

(오카야, 간페이의 품 안에 손을 넣어 돈 주머니를 꺼낸다.)

아까 슬쩍 봐둔 이 돈 주머니, 여기에 피가 묻어 있는데 자네가 장인어른을 죽인거지?

(간페이의 멱살을 잡고 쿡쿡 지르거나 밀치며)

간페이: 아니예요. 그렇지 않아요.

오카야: '그렇지 않다'니 무슨 소리 하는 거야. 말도 꺼내지마. 자네, 자네 말이야, 태양신이 다 봐서 숨겨도 숨길 수 없어. 장인어른을 죽여서 얻은 이 돈은 누구에게 줄 셈인가. 아, 알았다. 가난한 장인, 딸을 판 그 돈을 도중에 반을 숨겨두고 모두 줄 리가 없다고 생각해 훔쳤구나. 여태껏 정직하고 의리 있다고 생각했는데 속았구나. 화가 난다. 화가 나. 이런 인간 같지도 않은 사람이....너무 기가 막혀서 눈물도 안 나온다.

(♪불쌍한 요이치베 님)

짐승과 같은 사위인 줄도 모르고 어떻게든 원래의 사무라이로 해주려고 늙은 몸으로 잠도 자지 않고 교토 변방까지 달려가 가산을 아낌없이 내놓고 돌봐주려 한 것도, 오히려 이 사람의 원수가 되어 돌아오다니. 기르던 개에게 손을 물려 이렇게 이렇게 처참하게 죽게 되었구나. 이 괴물 같은 놈아! 뱀 같은 놈아! 장인을 살려내라.

(♪가차없이 다 큰 남자의 상투를 잡아끌고는 세게 내리친다.)

갈기갈기 찢어서 혼내주더라도 이 마음이 진정되지 않을 것이야.

(♪원망을 늘어놓으며 푹 엎드려 울고 있다. 자신의 실수에 간페이도 온몸에 뜨거운 땀을 흘리며 다타미에 바싹 엎드려 천벌의 두려움을 가슴속 깊이 새기고 있었다.) (이때 문밖에 운두가 깊은 삿갓을 쓴 두 명의 무사 하라 고에몬原郷右衛門, 센자키 야고로千崎弥五郎가 나타난다.)

(두 사람이 문간에 와서)

고에몬: 하야노 간페이, 집에 계신가? 하라 고에몬이요.

야고로: 센자키 야고로올시다.

두사람: 만나고 싶습니다.

(♪상황이 좋지 않지만 간페이는)

간페이: 장모님, 바깥에 누군가 왔네요.

오카야: 이 자식, 도망가려고..

(간페이에게 격렬한 기세로 무턱대고 물고 늘어져서)

간페이: 도망은 안 가요. 도망은 안 가요. 확실히 안 도망갑니다. (장모님에게 무정하다라는기분을 넣어 표현)

(♪허리에 보잘 것 없는 칼을 차고 나가 맞이한다.)

(간페이, 오카야를 가마 옆에 두고, 칼을 가지고 문을 열어 두 사람을 보고)

이것 참, 두 분을 이 누추한 곳까지 오시게 하다니 황송합니다.

고에몬: 보니까 집에 무슨 일이 있는 것 같은데...

간페이: 아닙니다. 지극히 사소한 집안 문제로 좀...괘념치마시고 우선 안으로 들어오시지요.

두사람: 그럼 그러지요.

(♪현관은 없지만 밖에서 안내를 받아 인사를 하고 집 안으로 들어오는 것은 무사의 예의로 알려져 있다. 두 사람의 앞에 두 손을 바닥에 짚고)

간페이: 이번 영주님의 사건때 그 자리에 없었던 것은 저의 큰 잘못으로 변명할 여지가 없습니다. 제발 저의 죄를 용서하시고 돌아가신 주군의 일주기 공양 제사를 여러 가신 여러분과 함께할 수 있도록 두 분께서 주선해주시기를 진심으로 부탁드리옵니다.

(♪몸을 굽혀 말하니 고에몬은 우선)

고에몬: 먼저 자네가 모아둔 돈도 없는 낭인의 신분인데도 거액의 돈을 영주님의 비석 값으로 마련하였다고 하여 유라노스케 님도 진심으로 감탄하고 계신다네. 하지만 비석을 세우는 뜻은 돌아가신 주군의 극락왕생을 빌기 위한 것이므로 주군에게 충실하지 못했던 그대의 돈을 비석값으로 쓰는 것은 저승에 계신 주군이 흡족해하시지 않으리라 생각하여 돈은 봉인한 채로 그대로 돌려주겠네. 야고로, 그것 좀.

야고로: 알겠습니다.

(♪말하는 중에 야고로가 품 속에서 돈을 꺼내 간페이 앞에 내놓는다.)

간페이: 그럼 이 돈은 쓰지 않는 것입니까. 저, 쓰일 데는...아...아아..

(♪간페이는 깜짝 놀라서 당황하고, 어머니는 눈물과 함께)

오카야: 이런 사악한 놈아. 이제야 부모를 해친 벌이 무엇인지를 알았느냐. 두 분, 제 말 좀 들어보시오. 장인이 나이 먹었어도 죽은 뒤의 일은 생각지도 않고 사위를 위해 딸을 팔아 돈을 마련하여 돌아오는 길을, 숨어서 기다렸다가 죽이고 빼앗은 돈입니다. 하느님이 없다면 모를까, 어떻게 그런 돈이 도움이 되겠습니까. 네네, 당신들이 맡아서 이런 놈에게 벌을 내려 제발 고통을 주면서 죽여주십시오. 저는 울화가 치밀어서 더는 있을 수가 없어요.

(♪몸을 던져 엎드려 운다. 그것을 듣고 놀란 두 사람은 칼을 쥐고 좌우로 다가간다. 야고로는 거친 목소리로)

야고로: 간페이, 도의에 어긋난 돈을 가지고 와 속죄하라고 이 야고로가 말하지는 않았네. 자네처럼 사람 같지도 않은 놈이 무사의 도리를 알 리가 없지. 부모와 같은 장인을 죽이고 돈을 빼앗은 죄인은 큰 창으로 찔러 죽여 마땅하다. 내 창 맛을 보여주겠다.

(♪갑자기 매섭게 쏘아보는 고에몬)

고에몬: 야고로, 기다려봐. 간페이도 할 말이 있을 테니까 거기 좀 앉아 진정해. 이봐 간페이, 아무리 목이 말라도 남의 집 샘물을 훔쳐 마시지 않는 것이 올바른 삶의 길이네. 장인을 죽이고 얻은 돈이 돌아가신 주군을 위한 공금이 될 성싶겠소? 불충불의한 너의 타고난 근성에서 비롯된 돈일 거라고 판단하고 돌려준 유라노스케 님의 통찰력은 역시 대단하네.

(♪경탄하고 몹시 기막혀하면서)

다만 비참한 일은 이 일이 세상에 유포되어, 엔야 한간의 가신인 하야노 간페이가 도리에 벗어난 나쁜 짓을 했다고 전해지면 너만의 수치가 아니라 돌아가신 주군께도 치욕이 될 줄은 몰랐느냐. 이 어리석은 놈아! 그 정도도 모를 네가 아니었을 텐데 무슨 귀신이 씌었느냐? 한심한 영혼아. 야고로, 이렇게 말하면 소귀에 경 읽기, 말을 주고받는 것만으로도 우리의 수치다. 숙소로 돌아가자.

야고로: 그렇게 하죠. 자, 고에몬.

(두 사람이 일어나 가려는 것을 간페이가 두 사람을 멈추게 하고)

간페이: 두 분, 잠시 잠시만, 돌아가신 주군의 치욕이 된다면 한차례 변명하겠습니다. 우선 두 분 앉아서 진정하시고, 제 얘기를 들어주세요. 어젯밤 야고로 님을 뵌 후 헤어져 돌아오는 길에 돈을 모으려고 이래저래 궁리해봐도 좋은 방도가 떠오르지 않아 마음이 침울하고 주위는 완전히 어두운 상태에서 있었던 일입니다. 산을 넘어서 달려오는 멧돼지가 있어서, 총 두발을 쏘아 넘어뜨렸습니다. 달려가 손으로 더듬어보니 이게 어찌 된 일인지 멧돼지가 아니라 나그네였습니다. 이것 참 큰 실수를 하였구나. 약은 없을까. 하고 품 속을 뒤져보다 손에 이 돈 주머니가 닿았습니다. 좋은 일이 아닌 줄은 알고 있었지만 하늘이 나에게 내려준 돈이라 생각하고 그걸 가지고 곧장 뛰어가 야고로 님께 전해드리고 무사들 사이에 낄 수 있게 되자 기뻐 신바람이 나 집에 돌아왔는데 상황을 들어보니 이런 한심한 일이 있나, 돈은 아내를 판 돈! 제가 쏴 죽인 것은.

두사람: 쏴죽인 것은.

(간페이, 칼을 빼어 배를 찌른다.)

간페이: 장인어른.

두사람: 뭐라고?

(피리 연주 소리가 흐른다)

간페이: 어찌하여 간페이는 산자에몬의 아들로 태어나 15살 때부터 주군을 곁에서 섬기고 백오십 섬도 받지 못하고 대대로 엔야 님의 도움을 받아 정말 짧은 시간에 은혜를 잊고, 오카루와 사랑에 빠져 중요한 장소에도 있지 못하여 그 천벌로 노심초사하고 복수의 연판에 가

담하려고 조달한 이 돈도 오히려 쓸모없이 되어 하는 일마다 어긋나 버렸는지. 변명할 여지없이 간페이가 할복할 것이니 두 분께서 부디 헤아려주십시오.

(♪핏발선 눈에 원통한 눈물, 상세한 얘기를 듣고 야고로는 곧장 일어나 시체를 끌어당겨 뒤집어서 상처자리를 확인하고)

야고로: 이것 보시오. 총포 자국과 닮아있지만 이건 칼에 찔린 자국이요.

고에몬: 어디

(고에몬 벌떡 일어나 다가와 시체를 본다.)

이런, 센자키 님 짚이는 데가 있소. 당신도 보았듯이 여기에 오는 도중에 길가에 총을 맞은 나그네의 시체가 있어서 다가가보니 오노 사다쿠로였지요. 욕심쟁이 애비인 오노 구다유조차 정나미가 떨어져 부자의 연을 끊은 무뢰한. 살아갈 방도가 없어서 산적질을 하고 있다고 들었는데, 간페이의 장인을 죽인 놈은 틀림없이 그놈일 것이요. 간페이 성급했구나.

(♪라고 말하니 간페이도 보고 놀라고 장모도 몹시 놀란다.)

오카야: 그러면 우리 영감을 죽인 것이 사위가 아니었다는 겁니까.

두사람: 말씀 드린 대로입니다.

오카야: 이보게 사위. 두 손 모아 빌겠네. 늙은이의 어리석은 마음 때문에 원망을 한 것은 모두 내 잘못이야. 용서해주게. 제발 죽어서는 안 되네.

(♪울음소리에 간페이는 얼굴을 들어)

간페이: 장모님 의심이 풀렸습니까. 두 분도 의심이 풀렸나요.

두사람: 모두 풀렸네

간페이: 감사합니다. 제 소원이 이루어졌습니다. 장모님 한탄하지 마십시오. 장인어른의 최후도 아내의 몸값도 헛되지 않게 된 이 돈을 동료들의 자금으로 빨리...

(♪라고 말하는데, 어머니도 눈물 흘리면서, 돈주머니와 함께 또 한 꾸러미를 두 사람 앞에 내어놓고)

오카야: 간페이의 혼이 들어간 이 돈주머니를 사위라 생각하고 원수 갚는 데 같이 지참해주시면 고맙겠습니다.

(아까 돌려준 돈을 함께 내어놓는다.)

고에몬: 생각해 보면 이 줄무늬 돈 주머니는 불상을 장식하는 황금과도 같네.

야고로: 사위와 장인의 칠칠일, 49재와 50냥.

고에몬: 합쳐 백냥 백일간의 추선공양하고 진심을 담아서 명복을 비는 것이 노모의 역할입니다. 부디 성불하시게.

두사람: 하야노 간페이.

간페이: 성불하라니요 당치도 않은 말씀입니다. 죽지 않아요. 혼백이 이 땅에 머물러 원수 갚으러 따라 가겠습니다.

(말소리는 고통 속에 섞여있다. 어머니는 슬픔에 빠져)

오카야: 간페이, 이것을 딸에게 알리고 적어도 죽기 전에 단 한번이라도 만나게 해주고 싶네...

간페이: 아니, 아닙니다. 장인어른의 죽음은 말하고, 간페이가 죽은 것은 알려서는 안 됩니다. 주군을 위해 판 아내, 이것을 듣고 일하지 못하면 주군께 더 불충한 것과 같으니 오해가 풀린 이상 장인어른의 뒤를 좇아 저세상의 길동무가 되겠습니다.

(♪찔렀던 칼을 끌어 당겨 돌리니)

고에몬: 돌리지 말아. 간페이, 숨이 붙어 있는 동안에 할 일이 있네. 야고로, 저것 좀.

(야고로, 문을 열고 근처에 와서)

(♪품속에서 두루마리를 하나 꺼내 술술 펴고는)

이번에 돌아가신 주군의 원수 모로노를 처단하겠다고 신에게 피로써 서약한 맹세문을 교환한 동지들의 연판장이네.

(♪읽는 도중에)

간페이: 그 이름은 누구누구입니까?

야고로: 오보시 님을 비롯하여 동지들의 수는 마흔다섯 명.

고에몬: 지금 자네를 첨가하면 일단의 동지는 마흔여섯 명, 이걸 죽어가는 사람에게 주는 명예로 선물한다.

간페이: 음..

(♪품 속에서 필기구를 꺼내 이름을 적고)

두 사람: 간페이, 혈판을.

간페이: 알겠소.

(♪알았다 하고 배를 열십자로 갈라 오장육부를 부여잡고 단단히 눌러 찍는다.)

고에몬: 혈판했다. 확실히.

두 사람: 접수했다.

8. 제7막, 기온의 유곽

유라노스케는 적의 눈을 속일 셈으로 기온의 이치리키차야에 들락거리면서 '까막잡기'등에 흥겨워한다. 모로노 측의 첩자가 된 구다유가 나타나 주연이 열리고 문어를 먹게 한다. 그것을 먹는 유라노스케는 자신이 차고 다니는 칼이 녹슬어 있다고 알리는 등 복수할 생각이 없다고 안심시킨다.

리키야가 지참한 밀서를, 2층에서는 오카루가 마루 밑에서는 구다유가 훔쳐본다. 유라노스케가 오카루를 기적에서 빼내어 주겠다고 하며 퇴장한 후 헤이에몬이 나타나 오카루한테 아버지와 남편의 죽음을 알린다. 낙적의 이야기를 들은 헤이에몬은 유라노스케의 본심을 알아차리고 자신이 오카루를 직접 죽이려 한다. 그 때 유라노스케가 나타나 오카루 손에 칼을 쥐어주고 마루 밑에 숨어있는 구다유를 찔러죽이고 헤이에몬에게는 복수단의 일원으로 참가하는 것을 허락한다.[30]

1749년 5월 에도 이치무라좌(市村座) 상연. 이 해,『가나데혼 주신구라』는 에도 3대 극장에서 경연되었다. 온나가타의 사노가와 이치마쓰(佐野川市松, 1722–62)가 오카루 역, 머리엔 나게즈킨(投頭巾)을 쓰고 무릎을 세운 남자가 유라노스케 역의 초대 반도 히코사부로(坂東彦三郎, 1693–1751)이다. 도리이 기요타다(鳥居清忠)의 육필화. (神戸市立博物館蔵)

30 실재했던 오이시 구라노스케라는 인물은 유곽에서 놀기 좋아하고 노래도 짓고 글씨와 그림도 잘 그리는 한량으로 오로지 충의에만 매진하는 이미지는 아니었다. 오이시는 후시미의 슈모쿠마치 유곽에 자주 왕래했는데『가나데혼 주신구라』의 세계에서는 그와 같은 일련의 행동은 기라 쪽의 눈을 속이기 위해 일부러 한 것으로 되어 있다. 야마시나 시절에는 '오카루'라는 애첩도 있었다. 오노 구다유의 모델은 아코 번의 차석 정무가신 오오노 구로베이다. 사건 후 오오노는 생전부터 평판이 나빴던 인물이다. 데라오카 헤이에몬은 데라사카 기치에몬을 모델로 해서 오카루의 오라버니로 각색되었다.

유라노스케: 아니, 리키야 아닌가. 칼집 소리를 낸 것은 급한 용무 때문인가. 조용히 말해 보거라.

리키야: 방금 가오요 마님으로부터 급한 파발로 은밀히 서찰이 왔습니다.

유라노스케: 그 밖에 구두로 뭔가 말씀은 없으셨냐?

리키야: 원수, 고우노 모로노.

유라노스케: 쉿.

(♪'八島'의 한 구절을 부른다. 적으로 보이는 것은 무리 지어 있는 갈매기)

리키야: 모로노가 영지로 돌아가겠다고 희망했는데 바란 대로 곧 가마쿠라를 벗어나 영지로 돌아갈 것 같다는 소식. 자세한 것은 서찰에 적혀 있다는 말씀이셨습니다.

(편지통을 꺼낸다. 유라노스케는 그것을 받고 안의 편지를 꺼내어)

유라노스케: 너는 숙소로 돌아가서 오늘 밤 안으로 나를 마중할 가마를 보내도록 조처하여라. 자, 가거라. 어서.

리키야: 네.

(조금도 주저하지 않고 즉시 야마시나로 되돌아 간다.)

유라노스케: 기온거리를 벗어나고부터는 서둘러라. 서둘러.

(리키야를 돌려보내고나서 유라노스케가 무대에 나와 편지의 봉합을 뜯으려고 하는 찰라에 안에서부터)

구다유: 오보시 님. 유라노스케 님. 유라노스케 님.(감정이 담긴 몸짓을 하며)

(이 목소리로 인해 유라노스케는 편지를 자기 품 안으로 감춘다. 그곳으로 구다유가 나온다.)

오노 구다유입니다. 뵙고 싶습니다.

유라노스케: 이런 오래간만이군. 일년동안 만나지 못한 사이에 주름이 많이 생겼군. 어디, 이마의 주름을 펴려고 유곽에 놀러 온 건가? 이 사람, 다 늙어서 색을 밝히기는. (구다유를 가볍게 친다.)

구다유: 아니, 유라노스케 님. 큰 공을 세우려는 사람은 사소한 일은 상관하지 않는다고 하던데, 남에게 욕을 먹으면서도 태연히 유곽에 놀러 다니는 것은 머지않아 큰 공을 세우려는 것이 아닙니까? 정말 훌륭하고 믿음직스러운 일이군요.

유라노스케: 이런 이런. 처음부터 원 딱딱하게 대포 쏘듯 쏘기는. 적당히 하지 그래.

구다유: 아니, 유라노스케 님. 딴청 부리지 마십시오. 사실 귀공의 방탕함은.

유라노스케: 원수를 갚기 위한 계략으로 보였나?

구다유: 물론이죠.

유라노스케: 고마운 일이군. 나이 사십이 넘어서 여자에게 빠진 바보 같은 놈이다, 미친놈이다 하며 웃음거리가 될까 생각했었는데 적을 치기 위한 술수라니, 구다유 님. 이것 참 기쁜 일이군. 기쁜 일이야.

구다유: 그렇다면 당신께선 주군 엔야의 원수를 갚을 생각이 없다는 말씀이신가요?

유라노스케: 암, 조금도 없지. 조금도 없어. 가택을 국가에 명도했을 때부터 성을 베개 삼아 싸워 죽자고 당신은 말했는데, 나 혼자 미리 돈을 배분해 달라고 했던 건, 이렇게 즐기는 일이 하고 싶었기 때문. 그 때, 아시카가를 체포하는 임무를 맡아, 성을 베개 삼아, 싸워 죽을지, 아니면, 주군의 뒤를 따라 순사해 보일지. 당신도 술과 여자로 한을 풀게 될 것이야. 그래서 미리 계략을 세워, 유라노스케가 돈을 배분해 달라고 했던 것은 지혜가 담긴 일이 아니겠소. 가택과 영지를 몰수당했을 때부터 성을 베개 삼아 싸우다 죽자고 했던 것은 마님에 대한 아첨이었네. 그때 자네가 그런 일을 하면 바쿠후에 대한 반역과 다름없다고 하며 그곳을 떠나갔었지. 우리는 그 후에 짐짓 엄숙하게 앉아 있었으나, 생각해 보면 정말 바보 같은 짓이었네. 어떻게 하면 좋을지 몰라서, 주군의 무덤에 참배한 뒤 할복하자고 말하고는 뒷문으로 몰래 도망쳐 나왔지. 지금 이렇게 편안히 즐겁게 즐길 수 있는

것도 다 귀공의 덕분일세. 옛 우정은 절대로 잊지 않겠네. 그러니 딱딱한 소리는 그만두고 우리 즐겨보세나, 한번 망가져보세.

구다유: 그러고 보니 그렇군요. 이 구다유도 옛 일을 생각하면 시노다의 여우처럼 사람을 속이고 있었는데 그 정체가 드러나 보이도록 한번 마셔볼까요.

유라노스케: 마십시다. 앉으시오.

두사람: 얘기가 잘 통하는데요.

유라노스케: 자, 자. 술병을 가지고 와라. 모두 이쪽으로 와라. 어서 와.

모두들: 예. 예.

(안에서 주인, 접대부 여성, 분위기를 띄우는 남자 게이샤, 모두가 술과 안주를 들고 나온다.)

⁝

구다유: 이것으로 마침내 본심을 알았으니 안심입니다. 안심이오.

(무대 왼쪽에서 가마꾼이 나와)

가마꾼: 가마를 준비해 두었습니다.

(가마를 적당한 위치에 둔다.)

구다유: 자, 반나이 님. 어서 타시지요.

반나이: 당신이 연장자이시니 먼저 오르시지요. 어서.

구다유: 그럼 실례하겠습니다.

(가마 안에 들어가 발로 엮은 문을 내린다)

반나이: 근데 구다유 님. 들은 바에 의하면 이 유곽에 간페이의 마누라가 일하고 있다는데 구다유 님도 알고 계십니까? 구다유 님? 구다유 님.

(대답이 없어 가마의 발을 올린다. 안에는 사람의 무게만큼 징검돌이 들어 있어 깜짝 놀란다.)

이게 어찌 된 일이야. 구다유가 마쓰우라 사요히메松浦佐夜姫[31]의 전설처럼 그대로 돌이 되어 버린 것 같군.

(이 때, 툇마루 밑에서 구다유가 얼굴을 내밀며)

구다유: 반나이 님, 반나이 님.

반나이: 구다유 님.

구다유: 쉿.

(서로 조심스런 몸짓으로 주변을 주시하며)

반나이 님, 내가 갑자기 몰래 가마를 빠져 나올 생각을 한 것은 조금 전 리키야가 가져온 편지가 마음에 걸려서입니다. 상황을 살펴보고 나중에 알려드리지요. 우리가 돌아간 것처럼 보이도록 귀공은 가마를 따라서 돌아가시오.

반나이: 과연. (표정 연기를 하며) 돌을 주게.

(♪가마 안에는 사람이 있는 것처럼 위장하여 조용히 돌아간다.)

(음악이 흐르고 반나이는 가마를 따라 안으로 들어 간다.)

(♪그때 2층으로 간페이의 아내 오카루가 취기를 깨러 나왔다. 어느새 유곽 분위기에 익숙해진 자태로 바람을 쐬며 근심을 떨치고 있었다.)

(2층의 장지문을 연다. 안에서는 오카루가 띠로 옷을 치켜올리고 부채를 들고 난간에 기대고 있다. 안에서는 유라노스케가 나와서)

유라노스케: 잠시 다녀 오마. 이 정도의 유라노스케 사무라이가 칼을 두고 왔다. 금방 가져 올 동안에 마루의 족자를 바로 잡고 화로의 숯도 보

31 『万葉集』『肥前国風土記』에 나오는 전설. 사요히메의 남편 오토모 사데히코(大伴狭手比古)가 大将軍에 임명받아 미마나(任那)를 평정하기 위해 출정하게 된다. 사요히메는 사랑하는 남편과의 이별을 슬퍼하며 高山의 정상에 올라 배가 보이지 않을 때까지 목도리(領巾)를 흔들더니 그대로 돌이 되었다고 한다. 여기서는, 잘 알려진 전설을 살려 구다유가 돌로 둔갑했다고 반나이가 말하는 장면이다.

충해 두어라. 아, 거기 거기. 이쪽에 있는 샤미센을 밟아 망가뜨리지 않도록 조심해라. 이거 도대체 어찌된 일이지. 구다유, 구다유는 벌써 가버린 모양이군.

(딱딱이 소리가 나자 긴 포렴을 잘라 떨어뜨린다. 무대 왼쪽 게좌(下座)에서 혼자 노래한다.)

(♪아버지, 어머니 하고 우는 소리를 들으니, 아내에게 앵무새처럼 따라하듯 하는 말. 아아, 어쩌나)

(♪주변을 둘러본 유라노스케, 처마에 매달린 등불 아래에서 서찰을 펼쳤다. 장문의 편지에는 마님의 필체로 원수 모로노에 관한 사항이 꼼꼼히 적혀 있지만, 여자가 쓴 것이어서 앞뒤가 맞지 않고 말투가 하옵나이다 뿐이라 읽기가 어려워 시간이 걸린다.)

(유라노스케는 바가지로 물을 떠 손을 씻고, 다시 한 번 앞의 편지를 꺼내어 선 채로 읽는다.)

(♪오카루는 유라노스케가 어떤 여인으로부터 연문이라도 받은 것인가 하는 생각이 들어 위에서 내용을 엿보려고 하였으나 밤인 데다가 멀어서 글씨가 또렷이 보이지 않는다. 문득 호기심이 생겨서 거울을 꺼내 거기에 비친 글씨를 어렵게 읽어간다.)

(오카루는 거울을 꺼내 본다. 툇마루 밑에서는 구다유가 나오려고 하고 있다. 유라노스케는 긴 편지를 말아가며 읽고 있다.)

(♪툇마루 밑에서는 유라노스케가 읽고나서 차례로 내려뜨리는 긴 편지를 구다유가 달빛의 도움으로 읽고 있으리라고는 귀신도 예측 못할 일이다. 그때 헐거워진 오카루의 비녀가 툭 하고 떨어지자, 아래에 있던 유라노스케는 앗 하고 올려다보고는 편지를 뒤로 숨긴다. 툇마루 밑에서는 구다유가 히죽히죽 웃고 있다.)

(오카루가 비녀를 떨어뜨린다. 유라노스케는 깜짝 놀라 뒤로 편지를 감춘다. 구다유는 그 편지를 조금 찢어 툇마루 밑으로 들어 간다. 세 사람은 동시에 각자 표정연기를 하고 오카루는 아래층 쪽을 본다.)

오카루: 유라노스케 님이세요?

유라노스케: 오카루인가, 거기서 뭘 하고 있는 거지?

오카루: 당신과 술을 무리하게 마셔서 너무 힘들어 술 좀 깨려고 잠깐 바람 쐬고 있는 중이에요.

유라노스케: 흠, 그런가. 바람은 잘 쐬었는가. 이봐 오카루, 좀 하고 싶은 이야기가 있는데 여기 와, 거기는 지붕을 넘어선 은하수가 있는 것처럼 너무 멀어져 있으니, 내가 제대로 말할 수가 없어. 잠깐 내려와 주지 않겠나.

오카루: 얘기하고 싶으신 거라면 저에게 부탁하실 일이라도?

유라노스케: 뭐 그런거야.

오카루: 그러면 저쪽으로 돌아서 내려가겠어요.

유라노스케: 안돼, 안돼. 계단으로 내려 왔다간 접대부들의 눈에 띄어 또 술을 마시게 될걸. 아, 이거 어떻게 하면 좋지.

(2층 아래에 있는 아홉 단짜리 사다리를 잡고는)

이봐, 다행히 여기에 아홉 단짜리 사다리가 있으니까 이걸 밟고 내려오게.

(♪차양 지붕에 걸치면)

(사다리를 2층에 걸친다. 오카루 내려가며)

오카루: 이 사다리는 좀 특이하네요, 왠지 위험한 것 같아요.

유라노스케: 걱정하지 말거라. 이런 일에 위험하다느니, 무섭다느니 하는 건 어릴 때나 하는 짓이지, 세 칸씩 넘는다한들 가랑이가 찢어져 약을 발라야 하는 어린 나이도 아니지 않느냐.

오카루: 농담 마세요. 배에 타고 있는 것처럼 무서워요.

유라노스케: 그래서 아래 거시기가 보이는군.[32]

32 현대 영화의 히트작「원초적 본능」「쇼걸」「스타쉽 트루퍼스」「토탈 리콜」등이 관객을 모으는 흡인력은 작품의 폭력성과 에로성이라 해도 무방할 것이다.『가나데혼 주신구라』도 당시의 관객들에게 여러 볼거리를 제공했다. 화려한 무대의상, 가부키의 샤미센 음악, 긴칼을 치켜들고 난투하는 장면인 다치마와리, 그리고 이따금씩 보여주는 선정적 장면, 에로틱한 대사 등등. 제7막의 이치리키(一力) 유곽에서, 가오요의 밀서를 읽던 유라노스케가 2층에 있던 오카루에게 들켰다고 생각해 할 말이 있다면서 아래로 내려오라고 하자 9단 짜리 사다리를 타고 요염하게 내려오는 대목이 있다. 그런데, 배처럼 흔들려 사다리 타고 내려오는 게 좀 무섭다고 하자

오카루: 훔쳐보지 마세요.

유라노스케: 동정洞庭 호수처럼 경치가 볼만한대.

오카루: 자꾸 그러시면 안 내려갈 거예요.

유라노스케: 안내려오고 있으면 내가 내려주지. 방향이 거꾸로 됐지만.

(♪뒤에서 끌어안아 안아서 내리고)

오카루, 자네 뭘 보았는가?

오카루: 네. 아니...

유라노스케: 봤지 봤어.

오카루: 뭔가 재밌어 보이는 편지를.

유라노스케: 다 보았는가?

오카루: 아이 참. 끈질기시네요.

유라노스케: 아. 내 신상에 아주 중요한 일이니라.

오카루: 무슨 말씀이실까.

유라노스케: 무슨 말씀이냐 하면, 오카루 흔해빠진 얘기지만, 네게 반했어. 마누라가 되어주지 않겠나?

오카루: 그만두세요. 거짓말이시죠?

유라노스케: 흠. 거짓에서 나온 진실이 아니라면 영원하지 못하는 법이지. 그렇게 해 준다고 말해다오.

오카루: 싫어요. 더 이상 말씀하지 마세요.

유라노스케: 아니, 왜 그러느냐?

사다리를 잡아 주며 오카루의 음부(船玉様)를 본다. 「원초적 본능」에서 가장 선정적인 것은 샤론 스톤의 심문장면이다. 여배우가 연기하기에 무척 망설여지는 대목이다. 치부를 보여주기 때문이다. 상대 배우와의 열정적인 섹스신에서도 화면은 그녀의 체모를 적나라하게 보여준다. 예나 지금이나 관객의 눈은 변함이 없는 모양이다.

오카루: 당신의 말씀은 거짓에서 나온 진심이 아니세요. 진심에서 나온 거짓말이시니까요.

유라노스케: 오카루, 기적妓籍에서 빼내어주마.

오카루: 네?

유라노스케: 거짓부렁한 것이 아니라는 증거로, 돈을 주고 기적에서 빼내주마.

⁝

헤이에몬: 이보게 오카루, 여자는 문벌이 없고 가정환경이 미천하여도 외모가 출중하고 운만 따르면 귀한 신분을 얻을 수 있으니, 양민의 딸로 태어난 자네가 엔야 한간 님의 가신이라는 중책을 맡은 하야노 산자에몬 님의 자제분이신 간페이 님과 부부의 인연을 맺은 것은 우리 집안의 가문의 영광이었다. 너 뿐만 아니라 나 역시도 네 덕에 경솔하게도 이 헤이에몬이 입을 함부로 놀려, 야이 간페이, 이봐 간페이 하며 이름만 불렀으니 죄스럽구나. 이런 일들도 다 너의 덕이었다. 그 대신 다른 일반 농부들과는 달리 사무라이의 아내가 되면 사무라이란 주군을 위해서는 언제 어느 때에 말 앞에서 전사할지 모르는 것이다. 언제 어느 때라고 할 것 없이, 영영 이별하게 될지도 모르는 것이니라. 그 때에 미련을 보이지 않는 것이 무사의 아내로서의 각오. 너는 그것을 잘 알고 있을 터이다.

(오카루 생각에 잠긴다.)

오카루: 잘 알고는 있지만. 그래서 어머님께서는요?

헤이에몬: 상황을 자세히 설명하자니 얘기가 너무 길구나. 가엾으신 우리 어머니. 입만 열면 눈물이 나고 생각을 하자면 울고 마니, 오카루에게 얘기를 들려주면 울다 죽을지도 모른다고 말하지 말라고 했는데 말하지 않으려고 해도 도저히 빠져나갈 수 없는 것이 네 목숨이

다. 그 이유는 충의 일편단심으로 똘똘 뭉쳐진 유라노스케 님이 간페이의 아내라는 것을 모르니 낙적해내 줄 이유도 없고 원래 여색에는 더욱이 관심이 없으시니, 너에게 들켜버린 편지가 너무나 중대한 것이라, 낙적해 내어 죽여버리려는 저의가 있으신 듯하다. 만약 그게 아니라 하여도 벽에도 귀가 있다하니, 다른 데서 비밀이 새어나간다 하여도 그 죄는 네가 뒤집어쓰게 된다. 밀서를 훔쳐본 죄로 죽이지 않으면 안 된다. 다른 사람이 죽이느니 차라리 내 손으로, 거사를 알아버린 이 여자, 동생이라 하여 봐줄 수 없다 하고 그것을 공적으로 하여 연판장에 오르는 동지가 되려 한다.

9. 제8막, 모녀의 여로

8막은 혼조의 딸 고나미는 어머니 도나세에 이끌려 야마시나에 한거 중인 약혼자 리키야를 찾아 길을 나선다. 한간의 할복으로 또 다른 상처를 입은 것은 리키야와 고나미의 사랑이다. 고나미의 아버지 가코가와 혼조가 한간이 모로노를 죽이려고 했을 때 말린 것이 허사가 되었다. 한간을 위한답시고 저지한 것이 오히려 화근이 되어 혼사가 깨진 것이다. 칼부림 사건에 휘말리면서 가족들의 시련이 시작된 것이다. 2막에서는 '매화와 벚꽃이 서로 뽐내는' 사이로 비유될 만큼 젊고 아름다운 리키야와 고나미의 사랑스런 모습이 그려져 있고, 8막은 2막에 조응하는 미치유키道行의 장면이다. 도나세가 고나미를 데리고 야마시나로 향하는 여행길을 무용극으로 꾸민 8막은 고나미를 시집보내려고 하는 여로를 그린 한 막이다.

(♪뒤돌아보니 연기처럼 자욱한 후지산이 하늘로 사라져 어디로 갔는지도 모르듯, 신부를 환송하는 축혼 예화禮火의 연기가 걷힌다. 하례 삼배의 뜻이 담긴 삼보三保 땅의 솔밭에 계속 이어지는 소나뭇길 사이로 좁은 듯 부딪히며 가는 행렬은 누구

(무대 뒤로 멀리 행렬이 무대 오른쪽에서 왼쪽으로 지나간다.)

(♪아, 부러워라. 시대를 잘 타고 났더라면 저 사람들처럼 일생에 한번뿐인 혼례이니 꽃장식 꽂고 한껏 멋을 부려 스루가의 후추를 지나 성을 지날 수 있다면 이 울적한 기분도 달랠 수 있으려만)

(♪어머니의 마음도 들떠서)

(♪내세에도 변치 말자고 언약의 잔을 비우고서 베갯머리에서 소곤소곤 정다운 이야기, 천길 낭떠러지, 좁은 길도 부부가 함께 하며)

(♪소나무 둥지에 담쟁이 올라붙듯, 합쳐진 두 몸 떼어낼 틈 없는 신방의 초야)

(♪부부 금슬이 푸릇푸릇한 잎줄기 감싸안은 침송 천년 지나도 변치 않듯 변치 말자는 약속, 기쁘지 아니한가 하고 어머니가 귓전에 속삭이니)

(♪이런 어머니의 남우세스런 밀담, 화제를 돌려 마리코鞠子 강줄기야. 우쓰宇津산 어귀라는 옛 노래처럼, 꿈에서도 세차구나 오오이강大井川아. 천길 물 속은 알아도 한길 사람 속은 모르는 법. 도시 미녀에게 마음을 돌리신다면, 세상에 빛 보지 못하

는 단풍 같은 내 님. 가을이 오면 끝내 그 잎이 물들 듯, 마음이 변하는 숫사슴 지아비이라 그렇다면 이렇게 조석으로 마음 고생하는 것도 대수롭지 않으나 이 앞뒤가 꼭 닮은 데가시와 잎사귀처럼 알 수 없는 것이 사람 마음. 젊디젊은 우리 둘 사이에 아기가 생기기만 한다면야 당장에 내 사람이 될 텐데)

(♪아기를 돌보는 이는 어디로 갔는고. 어디에 있는지 알게 되면 그 여자를 만나 이 한을 어찌 다 말하면 좋을지, 이 무거운 머릿속의 우울함이 홀가분해질는지)

(무대 장치를 바꾼다. 도나세와 고나미는 무대 왼쪽에서 나오고 종 기치헤와 운페도 등장한다.)

(♪종이 우는 겐가, 종을 치는 당목이 우는 겐가, 필시 종과 당목 사이에서 울리는 것이로다)

(♪술에 눈이 먼 두 노비들은 술에 취해 비틀비틀)

(♪꽃다운 열여덟의 아가씨. 혼례 머리를 올리셔야 하니 만사형통이 나의 바람이건만 녹차도 첫물 녹차, 사랑도 첫사랑이라 저마다 한마디씩 하는구나)

(♪인연을 맺으려면 기요미즈절清水寺에 가서 참배를 하고 오토하音羽의 폭포에서 목욕 재계하고 매일 그렇게 빌어야지요. 그렇지 않나요. 님의 자색 기러기가 내 몸에 날아들어와 합체하였으면紫色雁高我開合入給.[33] 무악의 큰북 소리에, 에라. 깜짝 놀라 내 낮잠을 깨워버렸네)

(♪도시에 있는 님을 만나 나의 이 괴로움을 털어놓으면 그래, 그렇고 말고 하고 다 이해해주시겠지. 만약 우리 부부와 어머니만 있고 다른 이들은 다 없다면 그야말로 이세신궁의 신관께서 중매해주신 것일 텐데)

(♪아뿔사. 두 분을 놓쳤나)

(무대 왼쪽에서 도나세와 고나미가 나오고, 종 기치헤와 운페는 손을 잡고 맞은편으로 들어간다.)

(♪7리나 되는 바닷길을 건너야 하니 돛을 올리고 노 젓는 소리에 박자를 맞추어 어기여 디여차. 노젓는 소리가 방울벌레 같기도 하고. '귀뚜라미 우는 서리 내리는 밤'이란 옛 노래는 밤이 깊을 때이나 해 저물기 전에 도착해야 하니 배 시간에 맞추려면 서둘러라 하고 어머니가 달리자 딸도 덩달아 달린다. 하늘에서 내리는 싸락눈은 삿갓 위에 쌓여만 가고)

33 '紫色雁高'는 아주 뛰어난 男根을 뜻하고 '開'는 女陰을 의미하는 에도시대의 속어로 성행위를 經文처럼 표현한 것이다.

1833년에 초연된 3막의 후미를 무용극으로 꾸민 '신랑의 여행길道行旅路の花聟'의 무대에서 오카루 간페이의 미치유키道行가 인기를 얻어 8막은 자취를 감췄다고 하지만 이 뒤로 전개되는 가코가와 혼조 일가의 비극을 두드러지게 하는 9막의 도입부로서 기대와 불안을 느끼며 도카이도의 여행길에 오르는 모녀의 미치유키는 생략하기에는 아까운 한 막이다.[34]

10. 제9막, 야마시나 한거山科閑居

실재는 아사노 다쿠미노카미의 영지 아코에 흉변이 닥친 3개월 후, 성을 넘겨준 오이시 구라노스케는 아코를 떠나 야마시나로 향한다. 칼부림 사건의 급보가 도착한 이틀 후에는 야마시나로 옮길 각오를 했다고 한다. 야마시나의 친척이 보증을 서 토지 1,800평을 구입해 구라노스케 일가는 1701년 6월에 야마시나로 이사했다. 이름도 이케다池田久右衛門로 바꾸며 뜰에 야채밭을 만들고 좋아하는 모란 꽃을 정성들여 가꿔 집 증축까지 해가며 오래 살려고 했다. 가족 모두 모여 산 것은 부인 리쿠가 다지마但馬의 친정집으로 가 있을 때까지 9개월 정도 계속됐다. 리쿠는 차남, 장녀, 차녀 셋을 데리고 갔고, 구라노스케는 장남 지카라 요시카네와 함께 아사노 가 재흥이 좌절되는 1702년 7월까지 야마시나에서 버티고 있었다.

구라노스케가 교토의 환락가에 빠져든 것은 리쿠가 다지마에 가고 난 후라고 생각되는데 『가나데혼 주신구라』에서는 유곽의 종업원들에 부축받아 기온마치祇園町에서 가족과 함께 적적하게 살고 있는 야마시나로 아침에 귀가한다. 9막에서는 사실에는 전혀 없는 이야기가 펼쳐진

34 田口章子「仮名手本忠臣蔵の史実と虚構」『仮名手本忠臣蔵を読む』(服部幸雄編, 吉川弘文館, 2008, p.136)

다. 혼조 일가의 비극이다.

칼부림 사건 이후로 리키야와 고나미의 혼담은 없던 것으로 취소됐다. 이유인즉슨 이렇다. 엔야가 모로노의 목을 치려고 할 때 고나미의 아버지 혼조가 말리는 바람에 엔야 한간은 뜻을 이루지 못했기 때문이다. 찾아온 모녀에게 유라노스케의 부인 오이시는 혼조의 목과 바꾼다면 결혼을 허락해도 좋다고 말한다.

그때, "가코가와 혼조의 목을 진상하겠습니다"라고 허무승이 삿갓을 벗어 던지고 나타나 유라노스케 부자의 험담을 늘어놓더니 오이시와 한동안 격투를 벌이고 있는데 오이시가 떨러뜨린 창을 주운 리키야가 혼조의 늑골을 관통하도록 찌른다.

이때 유라노스케가 나타나 "오랜만이군요, 혼조 님. 바라셨던 대로 소망을 이루셨습니다. 사위 리키야의 손에 죽게 되어 만족하시겠지요." 라고 정곡을 찌른다. 딸의 사랑 때문에 자신의 몸을 희생하는 혼조의 진심을 간파할 수 있다. 유라노스케는 안뜰에 있는 눈으로 만든 오륜탑을 보이고 서로 그 동안의 오해를 푼다. 이에 감사해 하고 혼조는 임종 때 유라노스케에게 고나미를 며느리로 받아줄 것을 부탁하고 "사위에게 주는 예물 목록"이라며 모로노 저택의 평면도를 건네준다. 유라노스케 부자는 모로노 저택 습격의 작전을 혼조에게 설명하는데 혼조는 "하하아, 좋은 생각이십니다, 하하하"하고 최후의 웃음을 지우며 띄워 죽어간다. 리키야와 고나미는 부부가 되어 하룻밤의 인연을 주고받고 리키야는 습격을 위해 출동한다.

도나세: 오늘 저희가 이렇게 찾아온 것은 다름이 아니오라 여기 제 딸 고나미의 혼사 문제로 뵙고 싶어서요. 주군 한간 님의 생각지도 못한 사건 때문에 유라노스케 님과 리키야 님의 거처도 일정하지 않고 자주 옮겨 다니시는 것은 세상이 다 알고 있지만 바뀌지 않는 것은 부모의 마음이지요. 여기저기 알아본 결과 이곳 야마시나에 계신다고 해서 혼기가 된 딸의 결혼을 빨리 성사시키려고 찾아왔습니다. 억지로 강요하는 것 같아 미안합니다. 남편도 함께 왔어야 하는데 출사로 형편이 안 좋아 대신 남편의 혼이 담긴 이 두 자루 칼을 남편의 대리로 가져왔습니다. 제가 두 사람의 역할을 할 것이오니, 유라노스케 님도 뵙고 혼례를 시켜주십사합니다. 다행히 오늘은 손 없는 날이니 준비해주시기를 부탁드립니다.

(♪맞받아 말한다.)

오이시: 이건 생각지도 못한 일이네요. 공교롭게도 남편 유라노스케는 출타중이십니다.[35] 그렇기는 하나, 만약 집에 계셨으면 여러모로 신경써 주신 것에 대해 감사의 인사말씀 하셨을 겁니다. 혼담이 나왔을 때는 돌아가신 주인님의 은혜를 입어 녹봉을 받았을 때인지라 혼조 님의 따님을 받아들이겠다고 혼약을 맺었습니다만 지금은 보시다시피 낭인 신세입니다. 하인 하나 없는 처지에 아무리 약속을 했다지만 신

35 관객은 오이시의 말이 거짓이라는 것을 알고 있다.

분이 높으신 가코가와 혼조 님의 따님을 받는 것은 세간에서 말하는 '초롱에 범종', '신분 차이는 이혼의 원인'에 해당합니다. 글쎄, 예물을 보낸 적도 없고 그 밖의 여러 일도 없던 일로 합시다. 담배연기처럼.

(♪듣고는 깜짝 놀라)

도나세: 저기, 오이시 님, 무슨 말씀을 하시는 겁니까? 아무리 겸손하게 말씀하셔도 그렇지, 혼조와 유라노스케 님이 신분이 맞지 않다니요. 그렇다면 말씀드리지요. 봉록이 적은 저희 주군의 가로인 혼조는 500석, 다이묘이신 엔야 님의 가로이신 유라노스케 님은 1,500 석, 혼조와는 1,000 석이나 차이가 난다는 것을 아시고도 약혼시킨 게 아닙니까? 지금 당장은 낭인의 신세로 혼조와 500석의 차이가 날 뿐입니다.

오이시: 아니, 그렇지 않습니다. 500 석이든 1,0000 석이든 마음만 맞으면 신분이 높으신 분의 따님이라도 며느리로 받아들이지 않을 이유가 없습니다.

도나세: 음, 이건 꼭 들어야할 이야기인 것 같군요. 도나세 님, 마음이 맞지 않는다고 말씀하신 것은 무슨 뜻입니까? 말씀 좀 해주세요.

오이시: 그렇다면 말씀드리지요. 주군 엔야 한간 님의 자해는 급한 성미 때문이라고 말씀하시지만, 실은 정직을 무엇보다 소중히 여기시는 마음에서 일어난 것입니다. 그와 반대로 혼조 님은 모로노에게 돈을 가지고 알랑방귀를 뀌고 사타구니를 긁어가며 무사의 봉록을 받고 있습니다. 두 주인을 섬기지 않는 유라노케님의 소중한 아들에게 어울리지 않는 아내는 필요 없습니다.

(♪다 듣기도 전에 무릎을 세우고 일어나)

(도나세 앞으로 다가가)

도나세: 아첨하는 무사란 누구를 말씀하는 것입니까? 이런 얘기를 그냥 듣고 넘길 수 없군요.

(도나세 발끈한다. 이 때 고나미가 소매를 당기기에 마음을 바꾸고)

(♪그것을 그대로 보고 있는 딸이 불쌍하다)

남편을 따르는 것은 아내의 도리, 혼례를 했든 안 했든 약혼자인 것은 분명하니 고나미는 세상에 거리낌 없이 떳떳한 리키야의 아내일 수밖에 없지요.

오이시: 음. 이거 참 재미있군요. 아내라고 주장한다면 남편이 이별이라도 고해야겠네요. 리키야를 대신해 어미인 제가 인연을 끊겠습니다.

(♪딱 잘라 말하고 마음을 닫는 것처럼 장지문을 닫고 들어가 버린다)

(오이시 정색하여 말하고, 머뭇거리지 않고 안으로 들어간다)

(♪딸은 갑자기 소리 내어 울기 시작하고)

(고나미는 오이시의 뒷모습을 바라보고 슬픈 연기를 하며 도나세 곁으로 다가와서)

고나미: 모처럼 서로 좋아하게 되서 약혼한 리키야 님을 만나게 해준다는 말을 믿고 찾아왔는데 시어머니가 저렇게 말씀하셔도 저는 떠날 마음이 없어요. 어머니, 어서 사과의 말씀을 드리고 혼인하게 해주세요.

(♪울며 매달리니 어머니는 딸의 얼굴을 쓸쓸히 바라본다)

도나세: 부모의 욕심이라 그런지, 너 정도의 아름다운 용모는 평범하지는 않단다. 근사한 배필을 짝 지워 주고 싶어 찾고 찾아 약혼까지 한 리키야 님을 고생하며 여기까지 찾아온 보람도 없이 사위에게 알리지도 않고 가버린 오이시 님은 의리도 저버리시는구나. 시어머니가 파혼을 시키는 것은 납득할 수가 없다. 음, 그렇다면 낭인의 신세로 의지할 곳이 없어지자 가문 좋은 것을 내세워 돈 많은 조닌에게 사위로 보내려고 의리도 법도도 잊어버린 모양이다. 고나미야, 지금 말한 대로 남자의 본성은 다 그렇단다. 널 원하는 곳은 얼마든지 있으니까 앙갚음으로 너도 보란 듯이 다른 곳으로 시집갈 생각은 없느냐? 이것은 중요한 얘기다, 울지만 말고 확실히 대답하거라. 자 어떠냐?

11. 제10막, 아마가와야의 의리

습격용 무기를 조달하고 있던 아마가와야 기헤의 가게에 포졸들이 들이닥쳐 습격의 계획을 자백하라고 강요하는데 기헤는 이를 단호하게 거절하고 무기를 넣어둔 궤짝 위에 앉아 과시하는 포즈를 취한다. 이 때 유라노스케가 나타나 포졸은 한간의 가신들이고 기헤의 마음을 시험했던 것이라고 사과하며 용서를 비는 뜻으로 습격 때의 암호를 '아마'하면 '가와'라고 하기로 결정한다.

유라노스케에게 부탁받아 무기 일체를 조달한 아마가와야 기헤는 비밀이 샐까봐 두려워 종업원을 휴가 보내고, 장인이 오노 구다유와 알고 지내는 사이라 처까지도 친정집에 보낸다. 그런 와중에 포졸들에게 무기조달의 혐의를 받은 것이다. 무기 상자 위에 올라 앉아 위풍당당하게 한 마디 해댄다. 그 유명한 '아마가와야 기헤는 사내 대장부다'라는 명대사다.

무기 상자에서 나타난 유라노스케는 "꽃은 사쿠라 사람은 사무라이라고들 하지만 그 어떤 무사도 귀공의 심지에 당해낼 수 없소"라며 엎드려 사죄한다.[36]

태평양전쟁 전까지 비교적 자주 공연되었지만 현재는 진부하다고 생각해서 관객으로부터 그다지 공감을 얻지 못하고 있다.

36 스와 하루오(諏訪春雄) 씨는 근세희곡의 논리가 제대로 선 대목이 제10막이라고 했다. 즉, 아내를 친정에 보내면서까지 주도면밀하게 준비하고 있는 기헤와는 달리 친정에 온 딸을 재혼시켜 한몫 챙기려는 장인 료치쿠(了竹)의 '선악의 대립', 기헤의 진의를 확인하기 위해 포졸을 등장시켜 그것이 실은 엔야의 가신이었다고 하는 '의외성', 복수를 완결짓겠다고 하는 대의를 위해 일가를 희생한 부부의 이별과 모자의 이별 장면이 있는 '애절함'을 언급했다.(『忠臣蔵の世界』大和書房, 1982, pp. 185~187) 그리고 마지막에는 관객에게 안도감을 주는 절대적 권위인 유라노스케가 모든 것을 해결하고 해피엔드로 끝난다.

포졸1: 뭐 때문인지는 부정을 저지른 네가 더 잘 알고 있지 않느냐? 엔야 한간의 가로 오보시 유라노스케의 부탁을 받아 무기나 말을 조달해

포졸2: 그걸 배에 실어 멀리 가마쿠라에 보낸다는 소문을 듣고 급히 붙잡아 심문하라고 하는 명령이다. 이제는 더 이상 발뺌 할 수 없다.

포졸들 모두: 팔을 뒤로 돌려라.

기헤: 그것은 생각할 수도 없는 중상모략이요. 좀 전에 말씀한 그런 일은 전혀 사실이 아니요. 사람을 잘못 본 거 같으니 진정하시오.

(♪말을 귀담아 듣지 않고)

포졸1: 헛 소리 하지 마라. 용의주도하게 우리 몰래 비밀로 무기를 조달해,

포졸2: 가마쿠라에 보낸다는 첩보를 통해 자세히 알고 있다.

포졸3: 누구의 부탁을 받고 이 엄청난 일에 가담을 하게 되었느냐. 어느 정도 감싸고 숨겨 주려고 해도 가마쿠라의 감시가,

포졸4: 심하다는 걸 모르느냐? 눈감아 주면 우리가 과실을 범하는 것이다.

어서 자백하지 않으면

포졸 모두: 일이 더 커진다.

포졸1: 네가 털어놓지 않아도 우리에게는 확실한 증거가 있다.

(잠시 생각하고) 어이, 가지고 오너라.

모두: 넵.

(♪뜻밖의 일에 좀 전에 싸서 묶어 두었던 무기 상자를 보고는 기헤가 불안하여 어찌할 바를 모른다.)

기헤: 아니, 이 궤를 어떻게.

포졸: 어이, 꼼짝도 하지마.

(♪사방에 무기를 들고 있고, 그 사이에 끈을 잘라 짐을 풀려고 한다. 짐 상자를 풀려고 하는데 밀어내고 그 뚜껑 위에 앉는다.)

(모든 사람들이 끈을 잘라 궤를 열려고 하는데 기헤가 모든 사람을 밀쳐내고 궤 위에 올라앉아 기세 좋게 버틴다.)

기헤: 아니, 이런 행동은 정말 너무 위험천만한 일이요. 이 상자 안에 넣어 둔 것은 어떤 명문가의 부인에게 의뢰를 받은 것들로 신변 도구들인데 음서와 음란 도구의 주문 목록 등이 기록되어 있어서 열어 보게 되면 신분이 확실히 드러나는 가문의 이름이 나오는 일이라 신분상에도 큰 영향이 있다고 보네.

포졸1: 아니, 정말이지 이상한 작자군. 적당히 해서는 자백을 하지도 않을 것 같으니까 전에 얘기해둔 대로 조치를 취해야겠군.

포졸2: 알겠습니다.

(♪단숨에 뛰어 들어가 그의 아들 요시마쓰由松를 데리고 나온다.)

(포졸2는 정면에 있는 방으로 들어가서 요시마쓰를 끌고 나오면서)

자, 기헤, 그 상자 안은 어떻게 되었든지, 엔야의 무리들이 모두 모여 모로노를 치려 한다는 음모는 잘 알고 있다. 어서 알고 있는 대로 말하는 것이 좋을 것이다. 그렇지 않으면 당신 아들의 신상에 문제가 생길 게야, 자 이걸 봐라.

(♪칼을 뽑아 요시마쓰의 목에 대니 기헤는 내심 놀랐지만 얼굴색 하나 변하지 않고)

(요시마쓰의 목에 칼을 댄다. 기헤는 잠시 생각하더니)

기헤 : 하하하하. 여자아이를 괴롭히듯 인질로 잡는 것이 취조인가 보군. 아마가와야 기헤는 사내 대장부다. 비록 어린 아이의 인정에 이끌려서 있지도 않은 일을 있는 일처럼 말을 할 수는 없다, 그건 당연히 있지도 않는 일이니깐. 있지도 않은 일을 당신이 계속 알고 있다고 하니 지옥에 떨어진다고 해도 모르는 일은 모른다. 내가 괘씸하다고 생각되면 내 자식을 차라리 내 눈 앞에서 죽여라, 죽여 이 놈들아.

포졸1: 정말 지독한 놈이군. 창, 포, 쇠사슬, 갑옷, 46명의 표식까지 준비해둔 것을 보고도.

포졸2: 모르는 일이라고 잡아떼도 이젠 소용없다. 대들지 못하게 아예 뜨거운 물에 집어 넣을까.

포졸3: 손발을 묶어 물고문을 하든지 불로 지지든지 여러 가지 방법이 있지.

포졸4: 조금씩 살을 떼어 내면서 고통을 주는 방법도 있지.

포졸1: 그래도 자백을 안 할 텐가?

4명의 포졸: 끝까지 해 보자는 거군.

기헤: 거참 재미있군. 토막을 내어라. 무구는 물론, 귀족이나 무가의 관직모자에서부터 하녀나 고용인들의 짚신까지 죄다 갖춰놓고 파는 것이 장사꾼이다. 그것을 이상하다고 생각을 하고 문책을 한다면 일본 땅에 살아남을 상인이 어디 있겠는가. 한번 시험삼아 팔을 잘라내던가, 가슴을 도려내던가. 아님 어깨든 배든 그렇게 하고 싶다면 잘라내시오.

(궤에서 내려와, 由松을 당겨 안으면서)

(♪거세게 아이를 가로채면서)

아이 때문에 그렇게 쉽게 마음이 흔들리지는 않는다.

(♪목 졸라 죽이려고 하는 모습)

(요시마쓰를 기헤가 죽이려 한다. 그 때 상자 안에서)

후와: 아니. 어디 그렇게 경솔한 짓을 하려 하는가? 기헤, 잠깐만.

(♪잠깐 잠깐만이라고 하면서 궤 안에서 후와 가즈에몬不破數衛門이 나오려고 하는 것을 보고 포졸들은 한꺼번에 손에 들고 있던 무기를 버리고 뒤로 물러서 앉는다. 위세 당당하게 가즈에몬은 기헤의 손을 잡는다.)

(가즈에몬은 깃털이 달린 옷에 유행하는 두건을 머리에 쓰고 궤 안에서 나온다.37 포졸들은 안으로 들어간다. 기헤는 요시마쓰를 아래에 두고)

기헤: 아니, 당신은 후와 가즈에몬이 아니십니까? 생각지도 못했습니다.

후와: 정말 너무 놀라게 해서 미안하오. 참으로 감탄할 정도로 더럽혀지지 않는 마음, 진흙 속의 연꽃, 모래 속의 황금이라고 하더니 당신을 두고 하는 말인 것 같습니다. 정말로 그럴 것이라고 믿었기에 이렇게 당신에게 큰일을 부탁했습니다만. 정말 조금도 의심하지 않았지만 40여명이나 되는 사람들 중에는 기헤 당신은 타고난 상인이라서 지금이라도 붙잡혀 문초를 당한다면 어떤 말이라도 할지 모른다고 의심하는 자들이 있었소. 특히 사랑하는 외아들도 있어 자식을 생각하는 부모 마음에 누설을 하지는 않을까 여러 사람들이 모여 얘기했나 보구려. 그렇지만 당신이 이렇게 확인 시켜주었으니 너무나 안심이 되오. 해서는 안 된다는 것을 알면서도 아까 같은 그런 행동에 대해 용서해 주길 바라겠소. 꽃은 사쿠라, 사람은 사무라이라고들 말하지만 그 어떤 무사도 당신과 같은 근성을 지니지는 못할 것이요. 당신의 마음 가짐을 본받아 우리들도 그것을 본보기로 삼아 적을 물리친

37 조루리『가나데혼 주신구라』10막에서는 유라노스케가 나무상자 속에서 일어나오는 모습을 보고 기헤가 깜짝 놀란다. 가부키에서도 에도시대는 물론, 현재도 조루리 원본 그대로 유라노스케로 연기하는 배우도 있다. 조닌이지만 사무라이에 못지 않은 의협심을 갖고 있다고 생각해 비밀공작의 일을 맡겼는데 이제와서 얄팍한 방법으로 본심을 떠보려고 한 점은 위엄 있는 유라노스케의 이미지를 실추시킨다고 판단해 유라노스케 역을 맡는 중견배우의 임의로 다른 인물이 대신해서 연기했을 가능성이 높다.

다면 바위 속이나 쇠 동굴 속에 숨어 있다고 한들 어찌 무찌르지 못하겠소? 많은 사람들 중에 뛰어난 사람은 드물다고 하지만 또한 있을 수도 있는 법. 당신을 수호신과 조상신처럼 존경하고 받들어 모시지 않는다면 배은망덕도 유분수지요. 태평성대에는 현자도 나오지 않는다고 하는데 정말로 너무 아쉽군요. 주군님께서 살아 계셨더라면 대장으로 삼아도 또한 정치를 맡아보도록 부탁드려도 전혀 부족하지 않은 도량이 크신 인물이십니다. 여기에 줄지어 있는 야자마 주타로矢間重太郎, 마에바라 이스케前原伊助, 가쓰타勝田, 스기노杉野 등의 눈을 뜨게 해주신 명의 의사 선생님이라고 해도 좋을 당신의 마음가짐에 거듭 감사드립니다.

12. 제11막, 습격

가마쿠라에 상륙한 유라노스케와 그 동지들은 '아마'와 '가와'라는 암호를 서로 확인하고나서 앞문과 뒷문으로 갈려 피리 신호에 맞춰 모로노의 저택 안으로 습격한다. 모로노의 잘린 목을 들고 한을 푼다. 지참한 망군의 위패에 목을 가져다 놓자 분향은 목을 치는 데 공적을 세운 야마자 주타로에 이어 두 번째가 하야노 간페이. 오보시 유라노스케는 간페이의 유품인 '줄무늬 지갑'을 품 안에서 꺼내 처남 데라오카 헤이에몬에게 분향하도록 한다. 義士들은 엔야 한간을 모신 절인 고묘지光明寺로 향한다. 이상은 조루리 원작의 무대 진행이고 현행의 가부키 대본은 실록풍으로 공연된다.

『가나데혼 주신구라』가 『太平記』의 세계를 빌려 픽션으로서 그려져 있기 때문에 일반적으로 생각하면 결말 부분에 실록풍의 무대를 꾸민다는 것은 모순이지만 지금까지 답습되어 오는 것을 보면 연극의 대단원에 어울리는 화려한 연출로서 호응을 얻는 것 같다.

고에몬: 헤이에몬, 상황은 어떻게 되어가고 있나?

헤이에몬: 예, 저택 안을 뛰어다니며 각 방은 물론 위의 천장, 밑의 바닥, 우물 안까지 창으로 찔러보며 찾아 보았지만, 모로노는 어디에 갔는지 모르겠습니다. 침실이라고 생각되는 곳을 보았더니, 잠옷과 이불이 따듯하였습니다. 이 추운 밤에 아직 온기가 있는 것으로 봐서 도망친 지 얼마 되지 않은 것 같습니다.

야고로: 아직 발견 못한 이중의 벽이 수상하군. 틀림없이 거기로 빠지는 구멍이 있을 거야.

기타하치: 바로 거기야. 앞문 쪽이 수상해. 가봐.

(♪뛰어가려는 쪽에서, 야자마 주타로矢間重太郎가 원수인 모로노의 목을 들고 나온다.)

(4명은 무대 왼쪽으로 가려고 한다. 무대 왼쪽에서는 야자마 주타로가 목을 흰 헝겊에 싸가지고 나온다.)[38]

야자마: 모로노는 제가 장작 쌓아둔 창고에 숨어있는 것을 찾아냈습니다.

생포하려고 했는데 반항하는 바람에 어쩔 수 없이 목을 쳐 여기에 이렇게 갖고 왔습니다.

(♪말하는 것을 듣고나니 사람들이 꽃에 물 준 것 같이 기운이 펄펄하고 유라노스케도 활기에 차있다.)

유라노스케: 훌륭하게 해냈구나. 공을 세웠군. 한시라도 빨리 아군에게.

(♪신호를 알리는 피리를 팔방에 불었더니, 많은 전사들이 뛰어온다)

(이때 야고로가 피리를 분다. 이것으로 뒤쪽의 무대 오른쪽과 왼쪽에서 리키야를 비롯하여 많은 전사들이 뛰어와서)

리키야: 대체, 피리의

모두: 신호 소리가 난 이유는?

유라노스케: 모두들 기뻐하여라. 원수 모로노의 목을 쳤다.

모두: 그런데 누가?

유라노스케: 그것은 바로 야자마 주타로가 목을 쳐서 가져왔다.

리키야: 그야말로 평소의 한을 풀었군.

고에몬: 오늘은 길일이군. 이 얼마나 좋은 날인가.

야자마: 눈먼 거북이가 물 위에 뜬 나무를 만난 것 같습니다.

기타하치: 3천 년에 딱 한 번 핀다는 우담화

분고: 꽃을 보는 것 같은 기분입니다.

모두: 기쁩니다.

38 조루리 원본에는, 야자마 주타로가 땔나무 창고에 숨어 있는 모로노를 발견하고 생포한 것으로 되어 있다. 이 막만, 가부키 대본이 원작과 상당히 다르게 짜여 있다. 극단적으로 말하면, 상연마다 대본이 다르다. 그 때문에 개요는 일정하지 않고 다양한 변형이 있다. 단, 어떠한 경우도 이야기의 중심이 되는 것은 유라노스케 동지들이 모로노의 목을 친다는 것이다.

13. 감 상

'뒤돌아보는 미인(見返り美人)'(히시카와 모로노부)東京国立博物館藏

47인의 낭인에 의한 습격은 겐로쿠의 태평성대를 뒤흔들어 놓는 대사건으로 비화된 셈이다. 정치도시이기도 했던 에도에서 일어난 사건들은 원래 뉴스성이 많아 일본 전역으로 전해져 서민들의 화제거리가 되는 것은 당연했을 것이다. 겐로쿠 시대의 조닌문화는 이하라 사이카쿠井原西鶴의 『고쇼쿠 이치다이오토코好色一代男』(1682)을 비롯하여 히시카와 모로노부菱川師宣를 대표로 하는 우키요에, 의복도 겐로쿠 고소데랑 후리소데 의상을 유젠 모양으로 색을 입히는 등, 가미가타를 중심으로 한 조닌의 경제력을 배경으로 대중적인 소비문화를 이룩했다. 이러한 문화적 분위기 속에서 인형극과 가부키는 서민들로부터 인기를 얻었고, 오사카 다케모토자 극장의 작가인 지카마쓰 몬자에몬은 봉건사회의 기리와 닌조의 모순에 고통스러워 하는 인생을 갈등을 그렸으며 그에 따른 동반자살의 결과는 관객의 마음을 아프게 하였다. 가부키도 이 무렵에는 가미가타에 와고토의 초대 사카타 도주로, 에도에 아라고토의 초대 이치카와 단주로와 같은 명배우가 등장하여 대단한 인기를 누리고 있었다.

『가나데혼 주신구라』에서 하쿠슈伯州의 성주 엔야 한간으로 등장하는 아사노 나가노리淺野長矩는 습격에 참가한 아코 낭인들 중에 실재로 그를 심복하고 있던 사람은 그다지 없었다는 것이 그들이 남긴 서간 등에 의해서 추측할 수 있다. 고생을 모르고 자란 평범한 영주로서 짜증을 잘 내는 사람이었던 것 같지만 연극에서는 좋은 환경에서 자라 대범하고 까다롭지 않은 역할로 그려져 있다. 그 점에서 고노 모로노에게 괴롭힘을 당할 때와 할복하는 장면 등에서 관객들로부터 동정의 눈물을 이끌어 내게 된다. 서민의 입장에서는 그가 좋은 영주로 인식되었으면 하는 바람이 있었을 것이다. 가부키 공연에서는 그 각본도, 연출도 그러한 서민의 요망에 호응해서 엔야 한간의 이미지를 좋게 한 것이다. 구로한간 요시쓰네九郎判官義経의 비극을 불쌍히 여기고 엔야 한간의 비극에 동정을 보내는 서민의 마음은 '한간비이키'이라고 하는 말을 새로 만들어냈다. 가부키에서 이 두 사람의 '한간'은 일맥상통하여 '한간배우'라고 할 정도의 배역을 만들어내기까지 한 것이다.

유라노스케 역의 3대 사와무라 소주로

충실과는 동떨어진 오이시라는 인물의 인격은 지카마쓰 몬자에몬의 『고반 다이헤이키』에 의해서 만들어졌다. 오이시를 찬미해 마지않았던 당시의 서민의 목소리를 지가마쓰가 먼저 받아들여 반영시킨 것이다. 오이시의 풍채는 『오야카즈 시주시치혼大矢数四十七本』(1747)의 주인공인 오기시大岸宮内(유라노스케에 해당)를 연기해 크게 히트한 초대 사와무라 소주로澤村宗十郎가 결정지었다.『가나데혼 주신구라』에서 유라노스케의 인형을 만든 명인 요시다吉田文三朗는 이 소주로의 연기를 본보기로 받아들여, 제7막의 찻집 장면은 소주로의 행동, 목소리까지 모방했다고 전해지고 있다. 또 동시에 사람의 마음 속 깊은 곳을 꿰뚫어 보는 뛰어난 지혜와 무사로서의 강한 의지를 갖추고 어떤 일에 대해서 침착하고 냉정하게 적절한 판단력을 가지고 마음이 넓은 큰 인물로서의 유라노스케가 만들어 진 것도 이『가나데혼 주신구라』에 있었던 것이다.

한간 할복 때의 유라노스케(5대 이치카와 에비조)早稲田大学演劇博物館蔵

그 뒤, 대대로 유라노스케의 역할이 거듭된 연출의 고안으로 서민의 신뢰를 얻은 극중인물로써의 유라노스케상이 성립되어진 것이다. 이러한 유라노스케상을 대대로 유명한 배우의 뛰어난 점을 더해 완성시킨 것이 초대 오노에 기쿠고로尾上菊五郎였다.

또 이러한 노력과 동시에 유라노스케라고 하는 역도 극단의 간판급 배우가 연기하는 역으로서 배우자신의 인격과 개성에까지 연결되고 있다. 실재의 오이시라고 하는 인물은 풍류를 즐길 줄 아는 인물이었지만, 후에는 충의만의 강고한 나니와부시浪花節(샤미센 반주로 의리나 인정을 노래한 대중적인 창)적 인물상이 되어가고, 메이지부터 태평양전쟁 때에 걸친 시기에 무사도 정신과 야마토 정신大和魂의 고취 등에 관련지어진 불우한 시대도 있었다.

오이시 구라노스케의 본처가 낳은 아들에 오이시 지카라요시카네大石主稅良金가 있었다. 겐로쿠 원년에 태어나 겐로쿠 16년에 죽었다. 그야말로 겐로쿠라는 연호 그 자체를 살다간 젊은이었던 것이다. 실제로는 5척7촌의 장신이었지만, 무대에서는 오보시 리키야大星力弥라는 이름으로써 친숙해져 있고 하얗게 염색한 앞머리의 미소년으로서 등장한다. 『가나데혼 주신구라』의 제7막에서는 盛裝用인 후리소데를 입고 나온다. 다른 연극에서는 결혼하기도 하고 유녀와 사랑을 나누기도 하지만, 굳이 무대 위에서 그렇게 한 것은 어린 나이에 죽음을 각오하고 죽어간 젊은이들(백호대, 특공대 등)에 대한 일본 서민의 애석한 마음의 표현이기도 할 것이다. 오보시 리키야도 엔야 한간도 모두 그 죽음을 애석하게 여기는 서민의 마음이 길러낸 비극의 인물이었다고 말해도 좋을 것이다. 햄릿이 자기 어머니 거트루드를 두고 한 「약한 자여, 그대 이름은 여자」가 아닌 「약한 자여, 그대 이름은 한간」이 탄생한 셈이다.

에도시대에 불상사를 일으킨 무사는 배를 갈라切腹 그에 대한 책임을 졌다. 무사에게 할복은 명예로운 자살의 수단이었다. 정말이지 잔혹한 명예다. 스스로 자주적인 죽음의 형식을 취했지만 어디까지나 형벌의 한 형태이기 때문에 인식의 차이가 있을지 모르겠지만 자살이 아니라 비열한 타살인 것이다. 물론 처벌의 형태가 아니라 본인 스스로 할복자살하는 경우도 많다. 죽을 수 있는 자유가 본인에게 있다는 것이다. 삶에 대한 자신감의 결여에서 오는 무미건조한 죽임이다. 이것 또한 절체

절명의 자결이라 할 수 있을까. 비겁한 죽음이다.

충성심에 불타 자살을 가장 많이 하는 민족은 일본이다. 사무라이들은 주인의 재산과 명예를 위해서라면 목숨을 바쳐 싸웠다. 사무라이들이 추구한 삶의 최고 목표는 자아수련과 충성이었다. 이들은 어릴 적부터 무사의 길武士道을 가기 위해 사무라이의 규범에 따라 책임감과 충성심을 기르는 교육을 받았다. 전투에 임한 사무라이는 목숨보다 신의를 더 중요하게 생각했다. 또한 그들은 언제라도 주인을 위해서 목숨을 바칠 준비가 되어 있어야 했다. 이미 죽은 목숨인 양 봉사하고 살아야 했던 것이다. 이 때문에 일본의 무사들은 수년간의 명상을 통해 삶과 죽음이 동일하다는 인식을 갖게 되었다. 죽음의 공포를 극복한 자들에게는 당연히 두려울 게 아무것도 없었다. 역사적으로 가장 유명한 자살 이야기 중의 하나가 바로 47인의 사무라이가 되는 것이다.

아사노는 쇼군의 관저에서 열리는 축하연회에 의전담당 자격으로 참석해야 했기 때문에 예법을 미리 배우기 위해 최고 책임자 기라를 예방한다. 그러나 아사노는 뇌물을 들고 가지 않았다. 그 일로 아사노는 괘씸죄에 걸리고 만다. 어느 날 도성에서 열린 회의에서 아사노는 심한 모욕을 받는다. 이에 화가 치민 그는 성안의 복도에서 기라를 급습한다. 무사로서는 해서는 안 될 행동을 취한 것이다. 그 일로 아사노는 할복의 명을 받는다.

이 사건을 바탕으로 극화한 『가나데혼 주신구라』에서는, 아랫사람의 부인에게 수작을 부려봤지만 일이 뜻대로 되지 않자 그 화풀이를 남편에게 해대는 통에 결국은 엔야 한간이 성안에서 사고를 치르고 할복하게 되는 장면에 해당한다. 명예와 충성을 중시하는 무사의 전통에 따르면 한간의 추종세력인 47인의 무사들도 함께 당장 할복해야만 했다. 그러나 충성심이 아주 강했던 그들은 주군을 잃은 모멸감에 이 원한은 반드시 갚아야 한다고 생각했다. 47인의 무사들 중에 특히 유라노스케는 모로노의 경계심을 늦추기 위해 유곽에서 방탕한 생활을 하는 척하기도 했다. 시간이 흐르고 경계심이 풀어진 때를 맞춰 47인의 무사들은 모로노의 집을 급습해 모로노를 죽여버린다. 그들은 그 벌로써 할복했다.

할복자살할 때 무사들은 맨 먼저 자신의 칼에 몸을 던졌다. 이 때 중요한 사항은 복부에 치명적인 상처를 내는 것이었다. 복부는 중세 일본인들의 도덕 규범에서 진실이 자리잡고 있는 곳이었기 때문이다. 그들은 입은 거짓말을 할 수 있고 얼굴은 사회적인 예의를 표할 수 있지만, 복부는 삶의 원초적인 힘과 진실을 담고 있다고 믿었다.

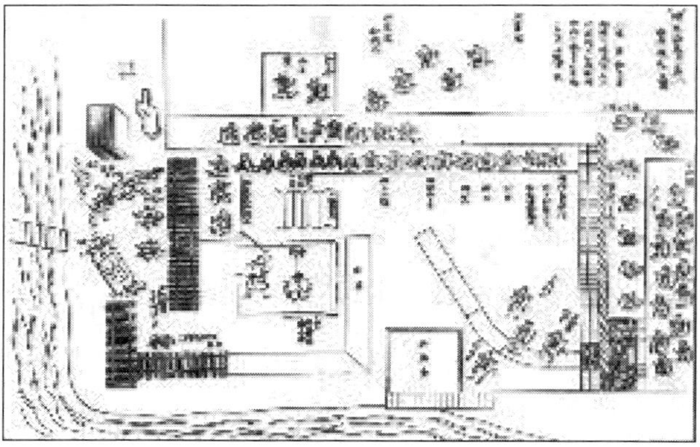

호소카와가(細川家)에 맡겨진 아코 낭인들의 할복

사무라이들은 할복을 죽음의 비장한 의식으로 발전시켰다. 그들은 다루기 불편했던 긴 칼 대신 30센티미터 정도의 단도 와키자시를 택했다. 자살을 결심한 사무라이는 싸움이 벌어지는 진영 뒤쪽으로 물러서서 몇 분 동안 명상에 잠겼다가 불교의 고향인 인도가 있는 서쪽을 향해 얼굴을 돌렸다. 그리고는 왼쪽 가슴 아랫부분에 칼을 대고 단번에 등까지 뚫고 들어갈 수 있도록 힘껏 찔렀다. 어떤 무사들은 이렇게 한 뒤에 상처를 세 번 더 내고는 칼을 뽑아 피를 옷소매에 닦았다. 또 어떤 무사들은 우선 배를 왼쪽에서 오른쪽으로 가르고, 다음으로 위에서 밑으로 가르기도 했다. 그래도 힘이 남아 있는 자들은 배에서 내장을 꺼내 적들이 보는 앞에서 흔들어대기까지 했다. 무사들은 그 자리에서 곧 바로 죽지 않았다. 그들은 처음부터 사투가 오래 지속될 수 있도록 기술적으로 상처를 냈다. 프랑스의 일본학자 모리스 팡게는 "이보다 더 끈질기고 무익한 자살 과정은 더 이상 상상할 수 없다"고 했다.

17세기 초에 세 명의 독재 군주 오다 노부나가織田信長, 도요토미 히데요시豊臣秀吉와 도쿠가와 이에야스德川家康가 나타나 일본 내전을 종식시켰다. 이들은 1633년, 1635년, 그리고 1639년에 각각 국가의 문을 굳게 걸어 잠그고 포르투갈이나 네덜란드 상인과 같은 서양 세력이 국내로 들어오는 것을 막았다. 과거 전국을 휩쓸었던 혼란의 시대는 가고 바야흐로 경직된 분위기 속에서 냉전의 시대가 막을 열었다. 그와 함께 사무라이들이 자살할 계기도 사라졌다. 하지만 무사들의 자살은 일상에서 없어지지 않았다. 막부들은 전쟁을 위해 고안해 낸 할복자살을 여전히 무사 계급의 특권으로 인정해 주었다.

이 시기의 자살은 전쟁터가 아닌 삶의 영역에서 또 다른 의미를 지니게 되었다. 전쟁의 종식으로 사무라이들은 봉건 영주를 위해 충성하는 무사로서의 위치를 잃게 되었다. 무사 계급을 감독하고 사무라이들의 충성심을 지속시키기 위해 이에야스 시대의 막부들은 아주 엄격한 통제 체제를 정비했다. 전통적으로 극기정신을 이어받은 사무라이들이 이를 위반할 경우 특별한 형벌로 다스리는 법을 만들었다. 폐문閉門, 칩거蟄居 등의 네 가지 형벌이 있었는데 이는 각각 단순한 구금 조처와 좀더 강도가 강한 구금, 아주 엄격한 칩거 조처 그리고 마지막으로 사무라이 신분을 평민으로 만들어버리는 형벌이었다. 벌을 받은 무사들은 속죄 의식을 치렀다. 그들은 머리를 동여매고 푸른색 기모노를 입은 다음 유서를 썼다. 그런 뒤에 전통적인 방식에 따라 스스로 목숨을 끊었다. 사무라이들은 야외에서 자살하기도 했는데, 이럴 경우 나무 몇 그루사이에 휘장이나 병풍을 둘러쳐 경계를 만들었다. 이때 사용하는 재료는 애도의 표시로 흰색을 사용했고, 죄인의 더러운 피가 땅을 적시지 않도록 할복자살을 하는 자리와 그곳까지 이르는 길에 흰색 돗자리를 깔아두었다.

근세 초기에 사무라이들은 일본 사회의 그 어떤 계급보다 엄격한 벌을 받았으나, 상인과 농부도 도쿠가와 이에야스 막부의 엄격한 통치에서 벗어날 수는 없었다. 형벌의 종류만 해도 기둥에 묶어두는 벌과 태형, 참수형, 화형, 십자가에 못 박는 형까지 다양했다. 1742년에는 길에서 사고를 내 사망자가 생기면 마차꾼의 목을 치는 형벌도 생겼다.

하지만 근세 시대의 일본 막부들은 신하들을 완벽하게 통제하지는 못했다. 사무라이들에게 자신의 성과 가문의 독특한 문장紋章을 사용할 수 있는 권리를 주는 것 외에 자살을 해도 된다는 독자적인 권리까지 줄 수는 없었던 것이다. 사회의 하류층에 속하는 사람들도 자살을 했다. 사랑의 결실을 맺지 못한 연인들은 주인이 죽으면 따라 죽었던 하인들처럼 스스로 목숨을 버렸다. 지진이나 기근 또는 전염병이 창궐하면 일본인들은 인간을 제물로 바쳐 재난을 막고자 했다. 그러면 많은 사람들이 제물로 희생되는 자들의 죽음을 사회에 명예롭게 봉사한 것으로 간주했다. 오랫동안 비가 내리지 않아 논농사를 망칠 가능성이 있을 때면 물의 신에게 어린 소녀를 제물로 바치기도 했다. 15세기부터 이단인 요도의 신도들 중에는 더러운 세상의 때를 씻기 위해서 익사하는 사람들이 많았다. 다리나 댐 또는 성을 세울 때면 피를 보지 않고 죽으려는 자들이 건축물의 기초 벽에 자원하여 묻히기도 했다. 고고학자들은 17세기 도쿠가와 이에야스 막부 시절에 세워졌던 에도성에서 사람의 뼈를 많이 발굴했다.

일본의 태평양전쟁 패전 이후, 수많은 장교와 사병들이 일본의 명예를 지킨답시고 자살들을 했다. 민간인들도 일왕에 대한 충성심을 지키기 위해 자살했다. 자기 집에서 자살한 사람도 있고 길바닥에서 죽은 사람도 있다.

일본의 세계적인 작가 미시마 유키오三島由紀夫가 1970년 11월 25일에 할복자살을 거행함으로써 자국민과 민족정신이 투철한 타국에게도 강한 인상을 남겼다. 당시 그가 미쳤기 때문이라는 얘기도 있었지만 일본인들은 대게 그의 자살은 성스럽고 제의적이면서도 이타적인 행위라고까지 추켜세웠다. 그는 현실가치들의 거부와 무사도로의 회귀를 바랬었다. 일본의 전통적인 미덕인 명예, 충성, 용기, 일왕에 대한 헌신과 같은 덕목들로의 회귀를 소망했던 것이다. 현실에 대한 저항과 항의의 뜻치고 어마어마하게 큰일을 저지른 셈이다.

오카루와 간페이는 제3막의 칼부림 사건에서 처음으로 등장한다. 한간이 부하인 간페이를 데리고 등성한다. 성문 한쪽에 버들가지처럼 가느다란 허리를 한 여인이 잠시 우두커니 서있다. 이 나긋나긋한 미인이 오카루이다. 그녀는 한간의 부인인 가오요 고젠의 하녀로서 모로노에게 가오요의 답장 편지를 건네주러 심부름 온 것이다. 일전에 모로노가 가오요에게 연애편지를 보냈기 때문이다. "너, 오카루 아니냐." "간페이님, 보고 싶었어요"라고 인사를 주고받는 두 사람은 확실한 애인 관계임을 보여준다. 가오요의 편지는 간페이로부터 한간을 통해 모로노에게 전달된다. 간페이를 찾는 소리에 문 안으로 들어가자 모로노의 가신 사기사카 반나이가 나와 오카루에게 치근덕거리는데 곧 간페이가 수습한다. 오카루는 좋아서 어쩔 줄 모르는 간페이에게 끈덕지게 구애하며 남몰래 밀회를 즐긴다. 요염한 계집에게 유혹당한 것이다.

모로노가 한간에게 공연히 들부딪고 화를 낸다. 가오요의 쌀쌀맞은 답장 내용을 보고 그 분풀이로 남편인 한간에게 빈정대는 것이다. 악역이다. 얼간이 사무라이라고 계속해서 놀리자 한간은 굴욕을 견디다 못해 칼을 빼자마자 상대 정면를 내리쳤다. 모로노는 이마 미간에 커다란 상처를 입은 채로 도망쳤고 관저는 야단법석이었다.

오카루와의 오피스 러브에 흠뻑 빠져 자리를 비워 상사를 제대로 못 모시게 된 간페이는 당황하여 갈팡질팡한다. 일단 잠시 헤어졌던 오카루를 만나 책임을 통감하고 자결하려고 하는데 이때 오카루가 "제발 좀 기다리세요"라고 매달리며 행동을 저지한다. "이렇게 된 것도 모두 제 기분대로 했기 때문이에요. 실은 제가 먼저 죽어 마땅합니다. 제 말씀을 잘 듣고 우선 제 고향집으로 가 계세요. 우리 아버님도 어머님도 시골출신이기는 하지만 모두 믿을 만한 사람들입니다. 이제 이렇게 된 이상 숙명이려니 하고 제 말도 좀 들어주세요, 간페이 님"하면서 왈칵 울어댄다. 간페이는 "당신 말도 맞소. 당신은 주군 댁에 온 지 얼마 안 돼서 집안사정을 자세히 모를 텐데 가신인 오보시 유라노스케 님이 아직 영지에서 돌아오지 않으셨어. 돌아오실 때까지 기다렸다가 사죄해 보도록 하지. 어서 조금이라도 빨리 서두르는 게 좋겠다"며 떠날 채비를 한다.

이 때 사기사카 반나이가 부하들을 이끌고 나와 간페이에게 욕설을 퍼부으며 한판대결할 태세를 갖춘다. 간페이는 덤벼드는 반나이 부하들을 한놈은 양팔을 비틀어 올려 힘껏 내동댕이치기도 하고 네 명이 한꺼번에 달려드는 것을 한칼에 베어버리기도 했다. 마지막으로 반나이가 성급히 덤벼들지만 간페이는 이를 피하면서 그의 목덜미를 잡아채고는 땅바닥에 처박고 발로 힘껏 밟아 누른다. 간페이가 칼을 치켜들자 오카루가 매달리며 "이놈을 죽이면 사죄를 하는 데 방해가 됩니다. 이 정도로 해두는 게 좋을 것 같습니다"라고 말린다. 이 틈에 반나이는 살짝 빠져나와 날 살려라하고 냅다 도망친다. 간페이는 "정말 분하다. 저놈을 죽이면 불충 위에 또 불충이 되는 꼴, 우선 이곳에서 우리 부부가 몸을 숨기고 빠져나간 뒤에 때를 기다려 사죄하자"며, 새벽길을 재촉한다.

이때의 오카루와 간페이 등장은 제5막의 복선이다. 오카루는 궁에서 시중드는 시녀지만 대담하고 자유분방한 성격의 소유자이다. 앞의 대사에서 알 수 있듯이 행동적으로나 현실적으로 남자를 잡아끌어가는 성격이 이미 드러났다. 이에 비해 간페이는 심약한 성격을 갖고 있다. 가부키에서는 제3막은 생략하는 경우가 많지만 분라쿠文樂에서는 심혈을 기울여 상연한다. 몸과 마음을 다 바쳐 좋아서 어쩔 줄 모르는 간페이를 오카루는 거세게 유혹한다. 보기에 따라서는 성적 매력을 느끼게도 한다. 그래서 제3막은 간페이가 미남의 주인공 역을 발휘하는 장면이기도 하다.

센자키 야고로가 연판장을 펼쳐 보이고 있다.

제5막은 지금까지의 지다이모노(역사극) 분위기와는 달리 세와모노(世話物, 주로 서민상을 소재로 한 애정극과 같은 작품)로 전개된다. 간페이와 오카루가 등장하는 제5막과 제6막, 그리고 오카루가 유라스케에 연루되는 제7막은 극중에서도 가장 뛰어나고 볼만한 장면이어서 상연되는 횟수가 많다.

오카루와 부부가 된 간페이는 사냥을 하면서 처갓집이 있는 야마자키山崎에서 초라한 생활을 한다. 그러던 중 밤길에서 간페이는 옛 동료인 센자키 야고로千崎彌五郎와 딱 마주친다. 너무 반가운 나머지 말문이 막힌다. 그런 간페이가 멧돼지를 사냥하는 도중에 총을 잘못 쏴 사람을 죽이게 된다. 그가 도적 사다쿠로定九郎라는 것을 모르는 간페이는 의심할 여지도 없이 장인 요이치베與市兵衛라고 믿어버린다. 장인을 살해한 죄책감에 고민하다가 자신의 배에 칼을 들이댄다. 그런데 실은 친구 야고로의 기지(총 맞은 자국과 칼 맞은 자국이 다르다는 것을 간파함)로 간페이의 무고함이 드러난다. 그러자 복수를 맹세하는 연판장의 옛 동료들 이름 옆에 혈서를 하고 방긋 미소를 보이며 숨을 거둔다. 그의 마지막 미소는, 이젠 더 이상 슬픔이 없다고 말하는 것일지도 모른다. 정말 비극적인 한 장면이다. 장인은 사위가 한시라도 빨리 무사의 신분으로 돌아갈 수 있기를 바라며 딸을 팔기까지 하면서 몸값으로 받은 돈을 갖고 귀가하는 길에 사다쿠로의 칼에 찔려 죽은 것이니 이 어찌 원통하지 않을 수 있겠는가. 사위를 의심하고 있었지만 자초지종을 알게 된 장모의 입장 또한 딱하기 그지없다. 이 대목의 비극성 하나만으로도 『가나데혼 주신구라』가 일본의 3대 비극 중에 하나임을 여실히 보여주는 것이다.

한국의 비극은 『심청전』처럼 노약한 부모가 살아계시는데도 운명의 장난으로 효도할 수 없는 자식을 중심으로 이야기가 전개되어 가는 것에 비해, 일본에서는 『가나데혼 주신구라』처럼 의리를 지키기 위해 부모를 버리거나 아내를 버리는 것으로써 비극이 고조된다. 혈연중심의 사회인 한국에서는 부모 자식 간의 결속 덕목인 효가 지상의 가치라면 가문을 중시하는 봉건주의 사회인 일본에서는 주종의 결속 덕목인 의리가 지상의 가치인 것이다. 그네들은 어버이가 죽고 자식이 죽는 마당에도 돌아보지 않고 주군을 위해 싸운다. 무사도, 사무라이 정신인 것이다. 사람 중에 무사가 최고라고 할 때, 「꽃은 사쿠라 사람은 사무라이」라는 말로 표현한다. 바로 『가나데혼 주신구라』 제10막에 나오는 말이다.

아사노는 할복의 최후를 마치면서 칼부림의 상대인 기라가 아무런 처벌도 받지 않고 살아있는 것을, 아코의 가신들은 『편파(片落)』 즉 불공평한 것이라면서 이 상태를 그냥 내버려두면 그들의 '일신의 체면(一分)'이 서지 않는다고 주장했다. 칼부림의 원인이 무엇이었는가에 대해서 세상에는 여러 소문이 나돌아 다녔는데, 아사노 자신이나 그리고 오이시를 비롯한 가신들도 그에 대한 한마디의 말도 없었다. 원인이 무엇이든 성 안에서 칼을 뽑은 이상, 죽을 각오는 되어 있었지만 상대를 죽이지 못했던 것에 대해서 무사로서 불명예이며 '영주의 가신(家中)'이라는 공동조직의 일원으로서 주군과 연대관계에 있는 가신들의 명예도 상실됐던 것이다.

그 명예의 관념을 表象한 '一分' 속에는 단순한 사적인 개인으로서의 자기 자신이 아니라 무사로서의 사회적인 본분에 걸맞는 자기 자신, 즉 일종의 공적인 책임을 진 인격이라는 의미가 함축되어 있는 듯하고 그 명예를 회복하기 위해 오이시를 선봉으로 한 46인이 취한 행동은 시비를 불문하고 쌍방을 처벌하는 '喧嘩両成敗'라는 공정한 원칙을 자신들의 힘으로 실현시킴으로써 놓쳐 버려질 도의를 재구축한다는 사회적 의의를 떠맡았던 것이다.

47인의 아코 사무라이들의 陳梁인 구라노스케는 복수 계획을 목수일에 비유하면서 同志를 설득했다. 요컨데, 토대를 튼튼히 하고 주의에 주의를 거듭하여 일을 결행하지 않으면 안 된다는 것이다. 그 유명한 미야모토 무사시宮本武藏도 '兵法의 길, 목수에 비유하기'라고, 그의 『五輪書』에 적혀 있다. 병법이란 건축과 같다는 뜻이다. 즉 간단히 요약하면, '大將은 목수의 우두머리와 같아서 목재를 적재적소에 배분하는 것과 마찬가지로 병들을 배치시키고 영원토록 무너지지 않는 집을 짓기 위해 세심한 주의를 기울이는 것처럼 병들의 쓰임새를 분별하여 그를 상중하로 나눠 힘을 모아야 한다'는 것이다. 그런데, 구라노스케가 영향을 받은 것은 야마가 소코山鹿素行式의 병법이었던 것이다. 소코 死後의 일이지만, 그의 유배지였던 아코의 실직 사무라이들이 복수사건을 일으켰다. 이것은 주군을 잃은 무사의 격정적인 복수사건은 아니다. 사무라이들은 1년 남짓의 세월을 보내가며 그 동안 사려 깊은 행동을 하여 그 목적을 달성했고, 게다가 그들의 행동을 「義」를 위한 행동으로 칭송했다. 이러한 아코 사무라이의 사상과 행동의 배경에는 야마가 소코의 병법과 무사도가 있었던 것이다.

사무라이들의 인내심 강한 행동과 소코의 "내가 비록 목숨을 부지하면서 적의 손아귀에 들어가도 목숨을 경솔히 여기지 말아야 한다. 나의 한때의 분노로 몸을 내버리고 창피하다고 생을 재촉해 그 죽음을 깨끗이 하여 한때 마음을 상쾌히 하려고 하는 것은 충신의 도가 아니다"(『山鹿語類』)라는 사고와의 사이에는 일맥상통한 점이 있다고 볼 수 있다.

또, 야마가 식의 병법에서는 효과있게 적을 공격하는 것을 '客戰'이라고 하는데, 이에 임하는 대장의 멀리 내다보는 마음가짐이 여러가지로 설명되어 있다. 우선 적군의 동태는 물론이고 공격해 들어가는 도중의 산, 강, 논 등의 규모, 길의 원근, 요충지 등을 알아 놓지 않으면 졸병들은 불안하고 충분한 활동을 할 수 없다. 그래서 대장은 '모든 지형, 원근, 험한 정도, 넓고 좁음, 死生'에 관한 것을 고려해서 '지도를 갖고 비밀리에 모든 군들에게 주지시켜 놓을 것'(『武教全集』)이 필수로 되어 있다.

구라노스케가 첩자를 보내 기라의 관저를 정찰해서 집의 평면도를 자세히 그리게 했던 점, 그리고 목적을 달성하고 그 자리를 떠날 장소로 예정된 기라 관저 근처의 무엔지無緣寺와 료고쿠바시両国橋 사이의 거리는 어느 정도인지, 기라 관저 앞문에서부터 몇 걸음인지 소요시간은 어느 정도인지 실지 답사를 해서 면밀히 조사시킨 점 등은 客戰 대장의 첫 번째 마음자세를 실행했던 것이다.

그런데 흥미있는 것은 영주 자신이 경솔히 행동하여 조상 대대로 이어온 집안의 명예와 토지와 재산을 몰수당하고 그로 인해 영주에게 의지해 살아 온 가신 몇 백 명이 한꺼번에 떠돌이 신세가 되었음에도 불구하고 서민층의 반응이 한결같이 그 경솔한 행위를 오히려 체면을 유지하려 했던 무사다운 행위로 여겼던 점이다. 영주 아사노의 격분을 산 싸움 상대인 기라만이 부도덕한 흉물로 규탄당하고 영주의 행위는 비판을 받지 않았던 것이다. 그리고 가신들은 복수를 하는 행위는 사형에 처하도록 국법으로 정해져 있는데도 이를 어기고 복수한 다음에 다시 법에 따라 할복을 하는 모순된 행동을 한다. 아무리 흉악한 행위일지라도 그 결과를 의식하고 제재를 달게 받으면 무사답다고 하여 행위 자체마저도 미화시키는 일본인의 사상적 가치관을 엿볼 수 있다.

겐로쿠 시대는 화려한 문화를 낳은 반면 이와 같은 사회 모순이 클로즈업되어 무사도도 민심과 더불어 황폐화되어 사회전반에 걸쳐 퇴폐적 분위기가 자욱했던 시기이기도 했다. 그렇기 때문에 아코사건이 일어났던 것은 막부가 도리에 어긋난 행동이라는 것을 알면서도 이 사건을 의거로 꾸며 이처럼 무사도도 봉건질서도 다 살아있다고 천하만민에게 호소하여 무사의 존재가치를 재인식시키려고 했던 것이다.

겐로쿠 문화라고 할 경우, 으레 서민문화, 조닌의식, 조닌의 생활감정 등이 떠오르는데 그것과 체제적인 논리와 모랄이 어떻게 크로스되어 있는지 잠시 살펴보자. 물론 아무런 전제없이 체제논리나 서민문화를 언급하는 데는 무리가 있다. 그리고 유교의 체계적인 논리가 그대로 무사계급에 적용되어 있었는지도 의문이다. 다만 부단히 그러한 체계를 구축하려고 했던 것은 틀림없는 사실이고, 또한 지배의 통일된 논리로서의 당위성이 필요했던 것이다.

곧잘, 의리와 인정의 갈등구조로 지카마쓰 몬자에몬의 드라마를 설명한다. 이러한 지카마쓰론을 처음 전개한 사람은 아마도 쓰보우치 쇼요坪内逍遥일 것이라고 한다. 그는 의리를 외적인 도덕규범으로서의 구속, 그에 대한 인정을 인간자연의 정이라는 식으로 풀어나갔다. 이렇게 되자 지카마쓰 작품을 비평할 경우, 당대의 기리義理와 닌조人情과의 갈등을 재현한 것이라고 보는 것이 그 본질로 받아들여져 그 후에도 그 흐름은 계속 이어졌다. 그리고 이와 같은 논의 전개가 결정되자 지카마쓰 작품에만 적용 되는 것이 아니라, 그 밖의 에도 문학 작품을 해독하는 데에도 무척 유효한 독해장치라는 것이 많은 연구자와 평론가에 의해 인식되었다. 즉 義理 人情의 갈등론은 에도시대의 문학 전반에 걸쳐 가장 기본적인 비평의 입장이 되었던 것이다.[39] 이하라 사이카쿠는 『武家義理物語』(1688)에서, 武家의 주종관계를 일종의 계약으로 보았다. 녹을 받아 만일의 비상사태가 발발하면 주인을 위해 목숨을 바치는 관계인 것이다. 따라서 사적인 일로 목숨을 함부로 다루어서는 안 되었으며, 그것이 무사의 본래의 도덕이라고 여겼던 것이다. 그런데, '義理는 格別'하다고 했으며, 義理라는 것은 私的인 윤리를 말한다. 자신의 동료에 대한 의리와 같이, 녹을 매개로 한 주종관계가 아닌 자신의 관계를 가리킨다. 의리를 위해 죽는다든지 의리상 원수를 갚는다든지 혹은 의리 때문에 할복한다는 행위는 본래 사적인 일이며, 주인을 모시고 있는 신분으로서는 자기 마음대로 행동하면 안 되는 것이다. 그럼에도 불구하고 사이카쿠는 義理는 格別하다는 언설을 늘어놓는다. 즉 格別하다는 것은 그것이 또 다른 차원의 문제이기 때문에 의리의 의무, 부담으로부터 해방되어도 좋다는 것이다. 그렇게 되면 무사의 모럴을 언급할 경우, 무사가 의리를 중히 여겨 義를 위해 목숨을 바쳐도 그 행위에 사적인 의리와 공적인 의리가 있다는 셈이 된다.

한편 조닌들은 봉건사회 속에서 자신들의 삶을 유지하기 위해서는 자기규제적인 모럴을 만들어야 했다. 그렇지 않고서는 체제 쪽으로부터 항상 당한다고 생각했을 것이다. 즉 생의 방어수단으로서 작용했던 것이다.

여기서 『가나데혼 주신구라』에서 나타난 의리의 구체적 事象이 어떻게 재현되어 있는지 살펴보기로 한다. 이 드라마는 가부키의 起死回生 妙藥으로 명성을 떨치게 되어 그 후로는 사건과 픽션이 혼동될 정도로 아코 사건자체가 문학적이기까지 되었다. 아코 사건을 국가적 견지에

39 우스갯소리를 하나 소개하겠다. 교통사고 얘기이다. 가해자와 피해자가 법정에 서게 됐다. 시시비비를 가릴 수 있는 사람은 가해자의 차에 타고 있던 유일한 제삼자인 나다. 가해자가 시속 70킬로미터의 주행구간에서 100킬로미터의 과속으로 달리다가 사고를 낸 것이다. 그 가해자가 나와 아무런 관계가 없는 남이었을 때는 내가 한국인이건 일본인이건 미국인이건 가해자가 잘못했다고 증언할 것이다. 그런데 그 가해자가 나와 인정이 통하는 친지였을 때는 증언내용이 달라진다. 내가 한국인이라면 가해자의 잘못이 없다고 증언할 것이요, 그 가해자와 안면은 없지만 약하게나마 의리를 따질 수 있는 사이라면 한국인은 사람에 따라 가해자에게 불리한 증언도 하겠지만, 일본인은 여전히 가해자에게 유리한 증언을 할 것이다. 즉 한국인은 인정에 약하고, 일본인은 의리에 약하다는 얘기다.

서 보면, 음모의 냄새가 다분한 습격을 가만히 보고만 있을 수는 없었다. 그것은 국가질서에 대한 의도적 모욕행위였기 때문이다. 부모나 형제 그리고 주인의 원수를 갚는 것은 평가를 받는다. 물론 그 경우에도 사전에 당국에 허가를 받아두는 것이 조건이다. 따라서 아코 낭인들의 원수갚기 행위보다도 그것을 숨긴 사실에 대해 처벌을 받아야 한다. 할복이 그 결과다. 혈서로 맹세한 다음부터 이러한 결론에 봉착하리라고 그들은 각오했고 막부 또한 그 정황을 알고 있었다.

일본의 盆栽가 숲을 대신하려고 하듯이, 이 축소모델인 『가나데혼 주신구라』는 전쟁 공포의 재현이기도 하다. 그러나 한편, 전쟁의 공포가 현실화될지도 모르는 불안감을 『가나데혼 주신구라』는 일소시키기도 했다. 즉, 정치 무대위에서 재현되어 있을지 모르는 것이 정렬적 헌신, 비통한 상황, 악한 자에 대한 징벌 등과 같은 개인생활의 정경으로서 전개되어 그려져 있다. 매우 비극적인 내러티브의 최후에 선이 승리하고 국가의 평화는 가신들의 충의라고 하는 도덕적 요청과 결국은 화해한다. 이와 같은 화해가 성립된 데에는 할복의 제도화가 작용했다고 본다. 국가질서와 봉건적 명예가 교차하는 지점에서 의지적인 죽음은 할복이라는 이름 아래서 속죄와 지상 최고의 명예를 한꺼번에 획득하게 된다. 복수는 은혜와 진배없는 덕으로서 경의를 표했다. 자신들에게 악한 행동을 가한 자에 대해서도 선을 행한 자에 대한 것과 마찬가지로 공정하다는 것을 의리로 보여주었다.

먼저, 『가나데혼 주신구라』 제2막에서 의전담당 관리의 한사람으로 등장하는 와카사노스케가 일전에 최고책임자 모로노로부터 받은 모욕을 참지 못해 무사의 굳은 결심으로 기필코 내일은 처단하겠다고 벼르며, 그때 가신 가코가와 혼조에게 절대 말리지 말라고 주의를 준다. 평소 자신이 성질이 급하다는 것은 알고 있지만, 무사로서의 근성도 있고 제대로 행동하지 못하면 무사도의 수호신弓矢神에게도 면목이 없다고 한다. 이에 혼조는 맞장구를 치며 그 뜻을 이해 하지만, 주인인 와카사노스케의 목숨과 가문을 위해 그 길로 당장 모로노 저택을 향해 말을 타고 달려간다. 가는 목적은, 와카사노스케와 모로노와의 충돌을 미연에 방지하기 위해서 뇌물을 바치기 위해서이다.

곧이어 제3막에서, 혼조가 충의의 표시로 뇌물을 받치는 장면이 나오는데 그를 '주판의 셈이 틀림없어 계획한 대로 꼭 실천에 옮기는 忠義, 忠臣, 忠孝의 인물'로 그리고 있다. 혼조는 부하의 직분으로 주인에 대한 충의는 그야말로 충신다운 면모를 보이고 있지만 자기 자신을 否定하지 않고서는 義士의 무리에 들어가지 못한다고 하는 모순에 빠지고 만다. 인간의 숙명이라고 하는 것은, 인간을 모순된 존재로 만든다는 것을 극명하게 보여준 셈이다.

이와 같은 모습들은 작품에 등장하는 모든 남자들의 문맥에서 兩義的(ambiguous)으로 나타난다. 유라노스케도 단지 忠義와 사려깊은 인물로 설정하면 극으로서 흥미를 유발시키지 못하므로 유곽에서의 방탕한 장면을 보이는 것이다. 따라서 그 모순을 풀어나가는 과정 속에 인물은 죽지 않을 수 없는 것이다. 실은 이 작품 전후의 지카마쓰의 작품에서도 義理人情의 연애 드라마를 통해 잘 나타내고 있다. 즉 작가는 의리와 인정의 굴레에서 인간의 아름다운 모습이 만들어 진다고 보았던 것이다. 모순의 얽매임없이 행복한 사람은 아름답지 않다는 것이다.

제8막에서 9막에 걸쳐서는 근친간 그리고 세간에 대한 義理가 내러티브의 근간을 이루고 있다. 가코가와의 딸 고나미는 어렵사리 오보시 리키야와 연분을 맺었지만, 제8막에서,

> 그 사랑도 막혀, 단지 약혼자라고 할 뿐이지 납폐의식도 치루지 않았기 때문에, 그대로 방치된 상태로 아무 진전도 없어 고나미는 그저 슬픔에 잠겨있을 수밖에 없었다. 어머니 도나세는 그러한 딸을 차마 보고 있을 수만 없어서 어떻게 해서든지 그 소망을 이루어 주고 싶어, 오로지 야마시나에 있는 사위 리키야만을 믿고 밀어붙여 혼담을 성사시키려고 하지만, 그저 약혼자라는 관계일 뿐이어서 세간의 의리상 결혼을 승락해 줄지 아니면 조심스레 거절할지

라고, 상상이 안 간다고 되어있다. 여기서의 義理는 사회적 책무인 것이다. 그런데, 제9막에 들어가서 도나세가 오이시(리키야의 어머니)에게 혼담을 거절당하고 고나미의 마음을 추스리는 상황에서,

> 부모의 입장에서 두둔하고 편드는지 몰라도, 보통 수준이라고 할 수 없는 기량과 용모를 가진 내 딸한테 좋은 신랑감이 있었으면 해서 물색해 혼례의 약속을 한 리키야 도령을 일부러 여기까지 찾아왔건만 그 보람도 없이, 리키야 도령에게 알리지 않고 오이시 어른께서 혼인관계를 끊는다는 것은, 어떠한 사연이 있을지라도 그렇게 할 수 없으며 납득이 안 간다. 아, 그러고 보니 떠돌이 신세라 의지할 곳이 없게 되자 가문이 좋다는 것을 내세워 부유한 조닌의 신랑감이 되어, 의리도 법도도 잊었나보다.

라고 말한 것은, 世間의 義理라기보다는 개인과 개인의 도의적 입장을 의미하는 것이며, 더욱이 도나세가 "특히 너는 전처의 자식으로 내 수양딸이기 때문에 아무렇게나 대했다고 듣게 된다면 아무래도 살아갈 수 없는 이치"라고 한 것과, 오이시가 "양녀인 외동딸을 죽이려까지 한 도나세 부인의 심정"이라고 도나세에게 말한 것은 법률상의 근친관계로부터 생긴 도덕적 의무라고 볼 수 있다.

또한, 제7막에서 헤이에몬이 여동생인 오카루에게 죽어달라고 부탁하는 상황에서 "도저히 피할 수 없는 것이 네 목숨이다. 그 이유는 충의에만 외곬으로 빠져있는 유라노스케 나리가 간페이의 아내인지 몰라 기적에서 이름을 빼내줄 의리도 없다"고 한다. 이처럼 상황에 따라 혹은 상대방에 따라서 義理는 여러 의미로 쓰이고 있음을 알 수 있다.

간페이는 오카루에게도 주군에게도 성실한 사무라이였다. 그런데, 그가 오카루에게 성실(인정)하려고 했던 사이에 주군에게 의리를 표할 기회를 놓치고, 오카루의 가족이 간페이의 충절이 이루어지도록 노력하자 그것이 오히려 간페이를 궁지에 몰고 가게 됐다. 가족에 대한 성실과 주군에 대한 충성이 양립되지 못했다. 두 가지의 충성이 다같이 성립되지 못한 입장에 몰린 것을 불운으로 생각하고 스스로 배를 가르고

만다.

주군에 대한 충성의 義理와 애인에 대한 사랑의 人情, 이 두 가지의 모순 때문에 할복했기에 그의 죽음은 義理와 人情의 충돌이 빚은 비극인 것이다. 물론, 할복자살했다고 해서 문제가 해결된 것은 아니다. 그러나, 적어도 할복에 의해 자신이 의리와 인정 그 어느 것도 배반하고 싶지 않았다는 의지를 확고하게 표명할 수 있었으며 양쪽 모두에게 용서를 빌 수 있었던 것이다.

일본의 서민들이 즐기는 의리 인정의 비리는 여러 가지로 다른 인간관계 속에 놓여진 사람들이 어느 쪽이나 다 성의를 다하려고 노력하다 딜레마에 빠져 자기 자신에 벌을 가하여 성의만이라도 나타내려고 하는 이야기라고 요약할 수 있다. 무사적 모럴에서 보면, 효행보다도 충의가 우선한다고 하는 義의 우선순위가 정해져 있기 때문에 진퇴양난에 부딪칠 리도 없겠지만 서민은 그렇게 생각하지 않는 것이다.

V. 패러디 '주신구라'

忠臣蔵

V. 패러디 '주신구라'

1. '주신구라'의 게사쿠戯作

주신구라의 세력 확장은 첫번째로, 아코 사무라이가 기라 저택을 습격한 직후라 할 수 있는 1704~1716년宝永期 사이에 거의 동시에 다룬 가부키 · 조루리 · 우키요조시(浮世草子; 조닌의 인정 등을 묘사한 풍속소설) 등에서 확인할 수 있다. 우키요조시 중에는 니시자와 잇푸西澤一風의 『게에세이 부도자쿠라傾城武道櫻』(아코 낭인이 주군의 원수인 기라를 친 사건을 유녀가 애인의 원수를 갚는 이야기로 둔갑한 好色物)와 에지마 기세키江島其磧의 『게이세이 덴주가미코けいせい伝授紙子』(특히 인물설정과 구성 면에서 뒤에 나온 『가나데혼 주신구라』를 방불케 하는 작품으로 평가)등이 대표작으로 남아 있다. 그 후, 쇼군 요시무네의 享保改革(1716)에 따른 출판통제로 잠시 문예계는 정체하지만, 다누마 오키쓰구의 정치시대인 안에이安永부터 이번은 에도에서 계속 새 작품들이 출판된다. 이 출판 붐 속에서도 아코 사건은 제재로서 비상한 관심을 갖게 되며 기라성 같은 에도의 게사쿠 작가(戯作者; 주로 패러디 수법을 구사한 당시의 풍속문학 작가) 들은 다투어 작품에 착수하기에 이른다. 이 당시의 「주신구라물」의 특징은, 호에이宝永期의 것이 아코 낭인의 습격사건을 밑바탕으로 스토리를 전개한 것에 대해 대부분의 게사쿠가 조루리 · 가부키 『가나데혼 주신구라』를 패러디한 점이다. 에도 게사쿠 중에서도 특히 기뵤시黄表紙는 글과 그림이 한데 어우러져 표현되기 때문에 조루리와 가부키 양쪽의 『가나데혼 주신구라』를 다양하게 그려내고 있다. 그 한 예가 기뵤시 그림텍스트 여백에 써 넣은 글이 조루리 본문을 비틀어 놓은 것이라든지, 그림 속의 등장인물이 당시의 인기 가부키 배우의 초상화로 재현한 것 등이다. 안에이·덴메이天明期에 교카狂歌·센류川柳 등과 같은 골계문학의 창작정신과 같은 기반 위에 섰던 기뵤시는, 당대에 이미 고전화된 『가나데혼 주신구라』를, 게사쿠 정신에 입각해 모든 채널을 동원해 철저히 비틀어 해체하여, 재구축된 새로운 주신구라의 지평을 열었던 것이다.

일본의 근대 산문문학은 그 계보가 에도시대까지 거슬러 올라간다. 에도는 1800년까지 세계에서 인구가 가장 많았던 도시로, 거대한 관료체제와 서비스 산업이 발달한 국가행정의 중심도시였다. 도쿠가와 막부의 인질정책과 함께 도시의 급속한 팽창은 출신 지역으로부터 벗어나 떠돌아다니는 유동인구를 양산해냈는데, 이로써 일본 전국을 관통하는 운송수단이 증가했으며 세련된 교양이 모든 계급을 막론하고 퍼져나갔다. 출판계도 확장된 정보망에 의해 동시대의 유럽과 견줄 만할 정도로 성장하였다. 에도 말기에 나타난 화폐경제와 부르주아 성장과 같은 징후들은 중앙봉건적 막부체제에도 불구하고 상업혁명을 일으키는 요소로서 간주될 수 있다. 즉 당시 에도 사람들의 생활 속에는 원시자본주의의 구성요소로 인식되는 여러 가지 다양한 징후들이 산재했던 것이다.

에도시대의 원시자본주의적인 봉건제도는 그 문학적 형식을 가부키와 게사쿠에서 발견했다. 이로써 18세기 중엽까지 교토 오사카 지방의 경제적으로나 문화적으로 식민도시였던 에도에 마침내 고유의 문학이 꽃피게 된다.

에도 게사쿠는 18세기 중엽 이후, 에도에서 출판된 소설의 총칭이라 할 수 있다. 에도의 신흥 문예작가들은 대부분 지식인들로, 지배계급인 그들의 유교적 교양은 당연히 한시문의 세계에서 발휘될 만했지만, 체제의 틀 속에 고정된 신분사회에서는 그들의 교양이 쌓이면 쌓일수록 권태감이 더해갔다. 작가들은 그러한 심정을 게사쿠를 통해 세속을 외잡스럽게 그림으로써 표현했다. 세상의 살아가는 도리를 지키는 것을 제일로 하는 문학관을 가진 지식인들은 게사쿠의 존재 의의를 위안거리에 두고 '유희遊戲의 문예'로 자리매김했다. 장르별로 살펴보면 단기본, 샤레본, 기뵤시와 간세이 개혁 이후 출판된 곳케이본滑稽本, 닌조본人情本, 고칸合巻, 후기 요미혼読本 등의 작품군이다.

18세기 중엽 이후의 작가들은 모두 기뵤시에 손을 댔다. 기뵤시의 대표적인 작가였던 고이카와 하루마치恋川春町, 호세이도 기산지朋誠堂喜三二, 시바 젠코芝全交, 도라이 산나唐来参和는 물론이거니와 그림과 글에 모두 다 소질이 있어 기뵤시, 샤레본洒落本, 요미혼 그 어느 장르에서도 천부적인 재능을 발휘했던 산토 교덴山東京伝과, 기뵤시 작가로서는 별로 인기를 얻지 못했지만 새로운 후기 요미혼의 일류작가가 된 교쿠테이 바킨曲亭馬琴, 그 후로 고칸과 곳케이본에서의 활약이 두드러진 시키테이 산바式亭三馬와 짓펜샤 잇쿠十返舎一九 등이 당시의 게사쿠 문예계를 이끌어갔다. 이렇게 단기본談義本에서 고칸에 이르기까지 다양한 스펙트럼을 제시한 에도 게사쿠 작가는 샤레본을 통해서는 서민들의 문화공간이라고도 할 수 있는 요시와라吉原 유곽의 정경과 풍속을 회화를 주된 문체로 사실적 수법에 의해 그려나갔다. 유곽단편소설이라 할 수 있는데, 성욕에 탐닉한 지방 사무라이, 어설픈 플레이보이, 순진한 총각 등의 행동거지를 철저히 폭로, 조소하는 내용을 담고 있다.

간세이 개혁 이후 샤레본은 유곽의 손님과 유녀와의 사랑을 감상적으로 묘사, 19세기 초엽부터 나키혼泣本으로도 불려졌다. 이것은 놀이문화를 그린 것이 아니라 사랑을 그리게 됐으며 때로는 무대가 유곽에서 일반사회로까지 확대되는 경향을 보였기 때문에 개혁 전의 샤레본처럼 남성중심의 문학뿐만 아니라 가정의 부녀자까지도 읽을 수 있는 문학으로 변모해갔다. 한편, 전기적伝奇的이고 낭만적인 요미혼 중에 거리에 떠도는 항담가설巷談街說을 소재로 통속적인 독자를 대상으로 만든 작품이 있었는데, 이와 같은 요미혼과 말기의 샤레본이 손잡고 보다 많은 독자, 특히 여성의 독자를 확보하기 위해 닌조본이 등장하게 된다.

서민문화가 시민권을 얻은 에도시대는 패러디의 시대라고 할 만큼 가부키, 게사쿠 등의 패러디가 성행하였다. 『이세 이야기伊勢物語』가 『니세 이야기仁勢物語』로 유사음 이의어식 패러디는 에도 게사쿠의 기준으로 보면 함량 미달이었다. 에도 게사쿠, 특히 기뵤시에는 슈코趣向와 표현의 기량이 돋보인다. 다만 지식인들이 결국은 심심파적인 여기余技로서 만든 문예물이 게사쿠라고 할지라도 창작인 이상 작가가 작품을 만들어갈 때 독자를 의식하지 않을 수 없었고, 독자층의 변화에 따라 문학이념의 추이, 변화도 당연히 생기게 되었다.

시대가 변함에 따라 게사쿠에도 피지배급인 조닌 출신의 작가가 등장하는데, 지식인들의 문학이념을 창작과정을 통해 받아들인 게사쿠 작가의 주장이 소박하지만 근대의 문학이념에도 상통한다. 패러디로 통하는 게사쿠이지만 그러한 의미에서 근대를 향한 연결고리를 확보한 셈이다.

게사쿠는 독자의 흥미를 끌 만한 소재를 재빠르게 취해 웃음의 대상으로 만들기 때문에 시사적 성격이 강하다. 『시대세화이정고時代世話二挺鼓』(1788)는 당시의 마쓰다이라 사다노부松平定信라는 정치가의 정치개혁과 다누마 오키쓰구의 정권의 실각을 풍자한 작품인데, 이 두 사람을 후지와라노 히데사토藤原秀郷와 다이라노 마사카도平將門로 둔갑시켜 당국을 자극하지 않게 꾸몄다. 이야기는 히데사토가 마사카도를 처벌하기 위해 요리며 서예 등 모든 솜씨 겨루기에서 승부를 겨눈다. 마사카도에는 유명한 가게무샤影武者가 6명이 있어 7인분의 솜씨를 자랑하지만, 히데사토는 8인분의 솜씨를 부려 우세하다. 이에 초조한 마사카도는 여봐란 듯이 가게무샤의 존재를 과시하지만 히데사토는 여기서 팔각안경八角眼鏡을 꺼내 자신의 모습을 8명으로 불려, 마지막엔 히데사토가 마사카도를 처치한다는 내용이다. 이야기 속에 팔각안경이 등장한다는 것은 당시 많은 사람들이 팔각안경에 대해 이미 알고 있었다는 것을 뜻한다. 팔각안경이 한 사람의 인물을 다수의 인물로 분신시켜 보이기 때문에 마사카도의 가게무샤와의 연상으로부터 마사카도 안경이라고도 하는데 이 시대는 렌즈가 일반적으로 보급되기 시작했다. 또한 산토 교덴의 『인심경사회人心鏡写絵』(1796)라는 작품 속에는, 들여다보면 사람의 마음까지 꿰뚫어 볼 수 있다는 안경까지도 등장한다.

패러디의 본령은 전복력이다. 패러디의 묘미는 원전의 내용과 표현양식이 반전과 전복을 일으키며 전혀 새로운 의미구조를 창출해내는 한판 뒤집기에 있다. 제목부터 기발하게도 가이분廻文으로 되어 있는 『기루나노네카라카네노나루키莫切自根金生木』(1785)라는 작품은 돈이 너무 많아 귀찮은 주인공이 회수 불가능한 돈을 빌려주기도 해보고, 유곽에 가서 유녀들을 몽땅 사보기도 해보고, 노름도 해서 어떻게든 돈을 없애 버리려고 모든 수단을 강구해보지만, 다 실패로 끝나 돈에 파묻혀 살아간다고 하는 상식 밖 이야기다. 이와 같은 상식을 벗어난 세계가 실은 현실을 제대로 꿰뚫은 점에서 게사쿠는 현실주의의 문예이기도 하다.

게사쿠는 패러디와 에피소드로 이루어져 있다. 나아가 그것은 형식적인 제약들의 수용과 이러한 제약에 저항하는 힘 사이에서 긴장 관계를 이루고 있는데, 한편으로는 전기의 형식을 빌려서 개인의 심리와 행동의 영역을 제한하려 하지만, 그 양식과 성격은 자유로운 구어체와 상투적인 어구, 또 풍자와 패러디에서 비극과 감상주의, 평범함과 환상을 자유롭게 넘나들면서 결과적으로 에피소드가 전체 내러티브로 구성되지 않는다.

게사쿠는 외형상 강한 구어체로 구성되어 있기 때문에 성격표현과 사건묘사에는 적절하지 않다. 사이카쿠의 작품과 같은 에도 초기의 산문이 기나긴 내란을 종식시키고 성립한 도쿠가와 막부를 찬양한 것이라면 게사쿠는 질서의 종말을 예언하는 것처럼 보인다. 또 나아가 봉건적인 제약과 부르주아적인 자유 사이에서 겪는 갈등과 초조함을 나타내고 있는 듯하다. 종종 퇴폐적인 문학으로 취급되는 게사쿠는 비록 그 규모나 타 분야로의 파급효과는 그다지 크지 않다고 해도 저항과 비판의 표현이다. 이런 점에서 게사쿠 작가를 당대의 문명비평가로 파악할 수도 있다.

막부의 유학 장려정책의 결과, 많은 인재가 중국문화 연구에 힘썼으며, 이 가운데 오규 소라이荻生徂徠 등의 영향으로 白話(近代중국의 口

語)를 배워 白話小說를 번역하였고, 혹은 그것에서부터 소재를 얻어 게사쿠 작품활동에 임한 사람들도 나타났다. 그것은 물론 서민계급의 솜씨가 아니라 무사계급과 같은 신분을 지닌 지식인들이 남아도는 지식의 배출구를 찾다보니 그렇게 된 것이다.[40] 그렇지만 나중엔 에도 조닌 출신의 전문 직업작가들이 등장하게 된다. 『가나데혼 주신구라』는 1767년明和四, 1770년明和七, 1772安永元, 1775년安永四에 상연이 없고, 1776년安永五 5월 5일 나카무라 극장中村座에서의 상연 이후 매년 에도 3대 극장江戶三座 중 어디엔가에서 반드시 관객들에게 주신구라가 건재하다는 것을 보여왔다. 그무렵, 그와 같은 인기를 등에 업고 호세이도 기산지朋誠堂喜三二는 기뵤시 『아나데혼 쓰진구라案内手本通人藏』를 세상에 선보였다. 1779년安永八, 고이카와 하루마치戀川春町와 콤비를 이루어 주신구라의 세계를, 글과 그림의 유기체인 기뵤시黃表紙라는 戱作空間으로 끌어들여 주신구라에 새바람을 불러 일으켰다.[41] 주신구라의 칼부림 살해극은 「세상의 內情世中の案内」을 모르는, 「멋모름不通」으로부터 일어났다고 희화한 것이다. 즉, 『가나데혼 주신구라』의 모든 등장인물이 인정이나 사물의 사정에 밝은 「通人」이라면 어떠했겠는가하고 仮想하여, 그렇게 되면 대궐안殿中에서의 칼부림 사건도 한간의 할복도 일어나지 않고, 모로노, 사다쿠로定九郞, 반나이伴內도 세상물정에 정통한 「通人」으로 등장해 한간으로부터 심한 꾸중을 듣는 오카루와 간페이의 심정을 두둔한다. 주신구라 이야기 전개를 그대로 밟아가면서 이미 잘 알려진 장면이랑 사건을 하나도 빠짐없이 원만히 해결하여 주신구라의 世界를 역전시킨 멋진 공중제비의 묘기를 보여준다. 일련의 戱作의 裝置와 機能에 의해 본 테마의 表象이 변용되고 상징적인 모티브만이 남는 것이다. 이와 같은 다이내믹한 戱作의 파급효과로 神話 '주신구라'는 새롭게 읽혀지는 것이다.

40 小西甚一『日本文學史』(講談社學術文庫, 1993年)

41 1775년(安永四)에서부터 1806년(文化三)에 이르는 32년간의 구사조시(草雙紙) 목록인 『戱作外題鑑』은 본 작품을 「이 작품은 대단한 호평을 받아 이후 주신구라의 異作이 속출하는데 모두 이 작품의 모방작이다」라며 주신구라 게사쿠의 효시로 평하고 있다.

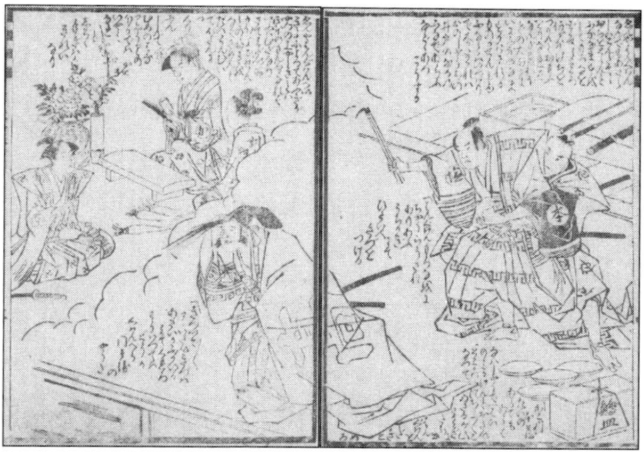

여기서 당시 패러디의 대부인 산토교덴이 요리한 주신구라를 감상해 보자.

『주신구라 즉석요리忠臣藏卽席料理』(1794)는 「料理人山東京伝」이 黃表紙『不案配卽席料理』(1784)에서 이미 사용한 趣向을 다시 재탕한 작품으로 볼 수 있다. 즉, 『不案配卽席料理』를 살펴보면, 『요시쓰네 센본자쿠라義経千本桜』를 밑에 깔고 다카오高尾의 세가랑이 매달아 죽이기와 겐나이源内의 『根南志具佐』의 지옥·河童譚을 섞어, 사쿠라다 지스케桜田治助가 교덴에게 상의하여 지었다는 도미모토 가락富本節「新曲高尾懺悔」(1782, 中村座「伊達染仕形講釋」)를 짜맞춰 여기에 이치카와 단주로(身代津鴨內公)하며 어릿광대 五町·万里·게이샤들을 요란스럽게 등장시켜 시종 식단요리 형식으로 꾸며져 있다는 것을 알 수 있다. 이와 같은 요리형식의 취향은 곳케이본『指面草』(1786)의 『造化卽席料理』로 이어져 마침내는 『주신구라』를 요리이야기로 꾸민 『忠臣藏卽席料理』에 이르게 되는 셈이다.

다다요시 공은 진귀한 요리를 찾는다. 이에 엔야 한간과 와카사노스케가 요리사料理番로 등장하여 모로노(주방장)의 지시를 받게 된다. 여기서 한간은 새로운 메뉴鮒鱠로 멋들어지게 솜씨를 발휘하려고 하는데 모로노로부터 트집을 잡혀 그만 화를 참지 못하고 요리에 쓰이는 갈고리로 모로노의 이마에 상처를 입힌다. 본가上屋敷에 칩거중인 한간의 마음을 달래려고 그의 부인顔世御前은 요리 쪽은 자신이 없지만 무우를 깎아 목단을 만들고 홍당무로는 솜씨좋게 매화꽃을 만들어 낸다.

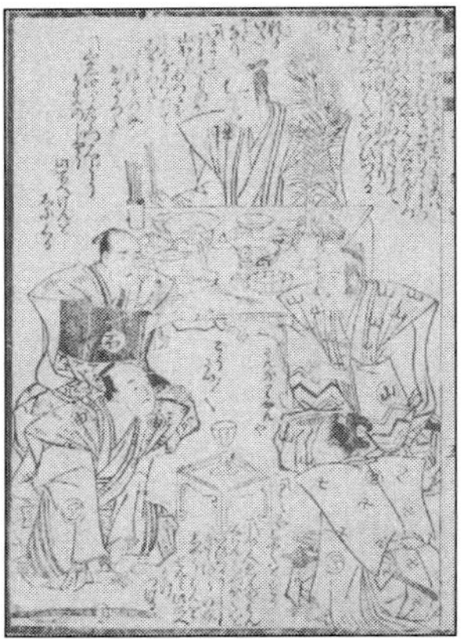

칼부림 사건을 일으킨 죄로 셋푸쿠(切腹)를 해야 할 장면이 싯포쿠요리를 한턱 내는 한간의 모습으로 패러디되었다.

한간은 칼부림사태刃傷沙汰가 실패로 끝나자, 연극에서 실수하면 그 당사자는 벌칙으로 분장실樂屋에서 메밀국수를 동료들에게 사다가 바치는 관례를 흉내내어, 자기부담으로(自腹を切って; 자신의 배를 갈라) 싯포쿠요리卓袱料理[42]를 한턱내는데 유라노스케만 늦어 대접을 받지 못한다. 물론 이 부분은 『가나데혼 주신구라』의 제4막을 견강부회한 것으로 이 장면이 상연될 때는 무척 엄숙한 분위기에 사로잡혀 숨을 죽이고 관람하는 것이 상례이다. 그런데 게사쿠에서는 그와 정반대로 야마

42 에도시대에 나가사키(長崎)지방에서 유행하기 시작한 중국요리가 일본화된 것으로, 주재료가 육류와 어패류이며 큰접시에 담아내어 각자 덜어먹게 된다.

나 시로자에몬山名四郎左衛門과 이시도 우마노조石堂馬之丞가 가위바위보拳 게임하러 나타난다거나 진수성찬의 요리를 다 먹어치우는 등의 역동적인 장면으로 둔갑되어 있다.

게사쿠 작가는 기존의 전통내용인「주신구라」를 별도의 게사쿠 구조 속에 다시 짜넣었다. 고전적 의미를 다른 문구성과 그림배치로 재편함으로써 고전이 지향하는 통일성을 해체하고 적어도 그 통일성에 어떤 전위轉位를 가져다 준다. 기뵤시와 같은 게사쿠는 주로 취향의 신기新奇함의 정도에 따라 작품 평가가 좌우됨으로, 늘 전통적 텍스트의 여러 시니피앙(signifiant)을 그 근거이며 근원인 시니페(signifíe)의 지배로부터 떼어 놓는다.

원작에서의 사다쿠로는 간페이에게 총맞아 죽게 되는데, 이 장면은 복국물을 먹고 중독사하는 모습으로 패러디되어 있다. 복어의 속어를 총에 비유하기도 한다.

요이치베与市兵衛로부터 접시를 뺏은 사다쿠로定九郎는 간페이 가게의 복국물을 훔쳐먹고 중독되어 목숨을 잃게 된다. 한편, 접시南京皿를 되찾은 간페이는 기뻐서 도미鯛의 배를 손수 갈라 센자키 야고로千崎弥五郎 등에 요리를 대접한다. 그리고 기헤義平는 장어구이 전문점을 차리게 된다. 이렇게 해서 드디어 유라노스케는 46명의 요리명인들을 불러모아 모로노의 집에 쳐들어가 즉석요리 잔치를 벌려 후하게 대접하고 숙제를 완수한다.

또 같은 해에 기뵤시「忠臣藏物」인『忠臣藏前世幕無』가 간행됐는데, 양쪽의 그림짜깁기에 유사점이 발견되기도 하고, 특히 한간이 생돈을 무는(自腹を切る) 趣向은 무척 흡사하다. 어느 쪽이 선행작품인지 지금으로서는 확실하지 않지만, 재탕할 만큼 교덴에게는 애착이 가는 수법이었다는 것을 알 수 있는 대목이다. 이처럼 철두철미하게 요리이야기로 꾸며 또 하나의 새로운『주신구라』를 탄생시킨 셈이 된다.

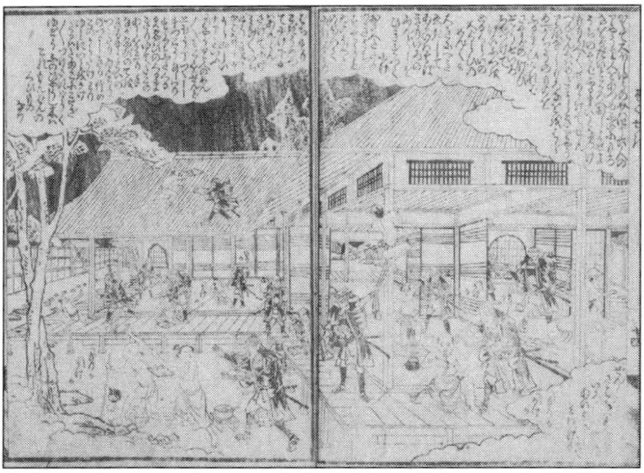

유라노스케 일행이 모로노의 목을 노리기는커녕 한간 집안의 요리가 입에 맞느냐고 물어보자 이에 모로노는 배가 불러 죽을 지경이라며 기뵤시의 끝부분답게 화기애애한 분위기 속에서 작품을 마무리짓는다.

가부키의 챠리바茶利場라고 하는 익살스러운 장면를 연상시키는 대단원이다. 아군도 적군도 없는 카니발적인 대소동이다. 등장인물들은 모두 적극적인 마쓰리祭의 참가자 자격으로 그의 성찬을 향유하고 있는 것이다. 이와 같은 움직임은 일상의 궤도를 벗어나 체제를 뒤집는 게사쿠 작가의 지적 유희의 장치이기도 한 것이다.

지리멸렬한 혼돈의 감각, 또는 붕괴의 감각을 즐기는 것은 당시 도시 서민(江戸町人)들의 문예적 놀이라고 볼 수 있겠다. 에도문예를 낳은 조닌들은 이 신분이 외면적으로는 계급제도의 압박하에 무사계급의 구속을 받아 노예 취급을 받았기 때문에 국가에 대해선 아무런 권리도 없었으며, 따라서 어떤 의무감도 느끼지 않았다. 도시상공업자인 그들은 다만 자신들의 이익과 행복을 추구하며 오로지 자신의 생활을 향유하는 데에만 눈을 돌렸던 것이다. 이와 같은 현상은 정치 따위에 무관심한 현대 일본의 샐러리맨들의 모습과도 너무 흡사하다.

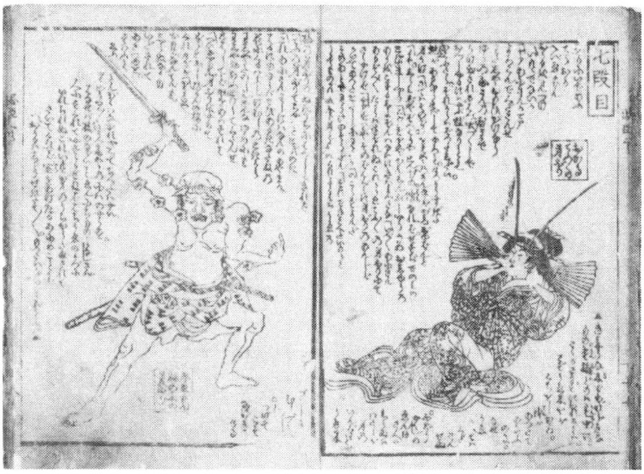

여러 가지의 개인기를 주신구라의 각 장면에 빗댄 교텐 작, 도요쿠니 그림의 『자시키게이 주신구라座敷芸忠臣蔵』(1810)이다. 7막 후반을 그린 부분으로 여동생이 밀서를 읽은 것을 알고 헤이에몬이 매화 나무의 몸짓으로 칼을 들고 죽이려 달려들자 오카루가 나비의 몸짓으로 날아 도망간다.

본문에는 '간바이 매화 님은 한겨울에 필지 말지 시들어간다니 필시 정원사가 애석해 할 것 같다(寒梅殿は寒中に咲くか咲かずに枯れるとは、さぞ植木屋が口惜しかろ)'고 패러디되어 있다. 원작의 '간페이 님은 서른이 될까 말까한 나이에 죽는다니 필시 애통스러울 것이다(勘平殿は三十になるやならずに死ぬるのは、さぞ悲

しかろ口惜しかろ)' 부분이 이에 해당한다. 여러 식물과 벌레들의 응수가 흥미를 자아낸다.

상식(커먼센스)이 얼핏 보기엔 난센스로 도착되어 있지만, 그 표상된 게사쿠의 틀 안에는 「지知」의 하이센스가 알알이 들어차있음을 알 수 있다. 그러한 지적 유희를, 질 높은 문화적 분위기 속에서 서로들 활성화시켜가면서 확대재생산하는 공동체적 인간관계가 조닌사회 안에서 형성되었던 것이다.

게사쿠 문예가 보여주는 희롱적인 궤변은 포스트모더니즘의 잠재적인 특질을 담고 있다. 만화를 가볍게 즐기면서 성장한 세대가 문화미디어로 고정 확대되면서 게사쿠, 특히 기뵤시라는 문화미디어는 현대에 이르러 예술적, 문화적 가치를 새롭게 평가받는 객관적 단계에 돌입하게 되었다.

2. 주신구라와 센류[43]

	가나데혼 주신구라	센류
1막	아시카가 다카우지는 적장 닛타 요시사다를 죽이고 그 투구를 조영된 쓰루가오카 하치만구에 봉납하려고 1338년 2월 하순 동생 다다요시를 대리로 참석시킨다. 엔야한간의 부인 가오요고젠은 예전에 요시사다 집안의 여관(女官)을 한 경력이 있어서 요시사다의 투구 감정을 명받는다. 무사히 그 임무를 수행하고 물러서려고 하는 가오요에게 짝사랑하고 있던 모로노는 추근대지만 모모노이 와카사노스케의 도움으로 어려운 상황을 모면하게 된다. 모로노는 화를 삭히지 못하고 와카사노스케에게 욕지거리를 해댄다. 이에 와카사노스케는 하마터면 칼을 빼려	**일막 첫장면 히나인형가게의 진열대 같네** (序開きは古雛見世の如く也) 처음 막이 오를 때 가마쿠라의 쓰루가오카 하치만구를 배경으로 정면에는 아시카가 다다요시, 그 아래 오른쪽에 고노모로노, 그리고 왼쪽엔 엔야한간과 모모노이 와카사노스케. 그 밖에도 많은 배우들이 늘어서 있는데 그 곳에 가오요가 등장한 모습이 마치 인형가게와 같다. <가나데혼 주신구라>는, 때를 아시카가 다카우지 시대로, 장소는 가마쿠라로 설정했는데, 사실(史實)은 5대 쇼군 도쿠가와 쓰나요시 시대에 에도에서 일

43 하이쿠와 같은 형식인 5·7·5의 3귀 17음으로 된 풍자와 익살을 주로 한 단시(短詩). 에도(江戶)시대에 가라이 센류(柄井川柳)가 시작했다. 하이쿠와 달리, 기고(季語)와 기레지(切字)의 제약이 없다.

	고 했지만 신전이기도 하고 다다요시가 귀환하기도 해서 엔야한간이 말려 그 자리는 수습되었다.	어났던 사건으로 꾸며졌다. 엔야한간은 아사노 다쿠미노카미, 고노무사시노카미 모로노는 기라 고즈케노스케, 모모이노 와카사노스케는 다쿠미노카미의 동료였던 다테 사쿄노스케를 각각 모델로 하고 있다. 가오요에 대한 모로노의 짝사랑 이야기는 고즈케노스케와 다쿠미노카미의 부인과의 사이에는 어떠한 접점도 없었다.
2막	드디어 의전에 관한 사전모임을 통지하러 오보시 리키야가 한간의 사자로서 와카사노스케의 집을 방문한다. 리키야는 모모노이의 가신 가코가와 혼조의 딸인 고나미의 약혼자이다. 리키야가 돌아간 후, 와카사노스케는 한 맺힌 모로노를 내일 당장 칼로 쳐버리겠다고 혼조에게 털어놓는다. 혼조는 일부러 그러한 계획을 말리지 않고 툇마루 앞에 있는 솔가지를 잘라 보이며 부추기지만 와카사노스케가 안으로 들어가자마자 곧장 말을 타고 이면공작을 하러 달려나간다.	**매몰차게도 소나무 잘라 공(公)에 변이 없었네** 2막에서 혼조가 솔가지를 쳐서 주인 와카사노스케에게는 아무런 사건이 일어나지 않았다. 한자 松에서 나무 목 변을 없애면 公이 된다.
3막	혼조는 아시카가의 저택에 등청하는 모로노를 기다렸다가 막대한 금품을 선사한다. 와카사노스케는 궁중 복도에서 모로노의 목을 노리고 있었지만 오히려 뇌물을 받은 모로노가 지난일을 사죄하자 어리둥절해 한다. 약속시간보다 좀 늦게 등청한 한간에게 모로노는 욕지거리를 해대며 모욕을 준다. 참다못해 한간은 마침내 모로노를 칼로 치려고 달려든다. 그러나 이때 뒤에서 혼조에게 저지당해 모로노를 죽이지 못한다. 한간의 부하 간페는 시녀 오카루와 사랑을 속삭이고 있는 사이에 일어난 대사건을 뒷문으로 돌아가서 겨우 알게 된다. 책임을 통감한 간페는 할복하려고 마음을 먹지만 오카루가 한사코 말리는 바람에 일단 오카루 집에 피신하기로 한다.	**모모노이는 타원형의 금화로 둥글게 해결** 모모노이의 가신 혼조가 모로노에게 진상품을 받치는 장면인데, 타원형의 금화로 엔야와는 달리 무사히 끝났다는 것이다. **붕어라 하자 헤치워버리려는 칼집 아가리** 모로노가 엔야의 등청이 늦어지자 세상물정도 모르는 얼간이라고 욕설을 퍼붓는데, 분에 못 이기는 엔야가 칼집의 아가리를 늦추어 앙갚음하려는 태세다. **혼조 엔야를 엔야라야토라며 말리고 있다** 엔야한간이 모로노를 향해 칼을 꺼내 내리치려는 순간 혼조가 그를 말리는 장면인데, 엔야를 의태어로 사용해 언어유희를 즐기고 있다.

4막	가마쿠라 오기가야쓰의 자택에 칩거중인 한간을 가오요와 리키야가 꽃꽂이를 헌상하며 위로해본다. 아시카가에서 파견된 상사 이시도 우마노조와 부사 야쿠시지 지로자에몬이 한간에게 할복과 가계단절, 영지몰수의 명령을 하달한다. 한간이 복부에 단도를 들이대자 영지인 하쿠슈로부터 가신 오보시 유라노스케가 뛰어들어온다. 한간은 "이 단도는 자네에게 주는 유품일세. 이 단도로 네 숨은 뜻을"이라면서 유언을 남기고 죽는다. 유라노스케는 오노구다유, 하라고에몬 외의 중진 가신들과 선후책을 강구한다. 성을 명도한 후, 혼자 앞문에 남은 유라노스케는 피묻은 단도(구슨고부)를 핥으며 복수를 다짐하고 성을 계속 뒤돌아보면서 하나미치로 향해 들어간다.	**야쿠시지는 지로리지로리토 눈을 흘긴다** 엔야의 할복 장면이 연출되는 4막이다. 처형을 언도하러 이시도 우마노조와 야쿠시지 지로자에몬이 등장하는데, 악역을 맡은 야쿠시지가 험악한 눈초리로 흘겨보고 있다. **성까지 명도 꽃꽂이로 마음을 달래보건만** 가마쿠라의 자택에서 칩거의 명을 받고 있는 한간을 가오요와 리키야가 꽃꽂이로 아픈 마음을 위로해 보지만 할복 처형에 성까지 내주게 된다.
5막	비내리는 밤의 야마자키 가도. 오카루 집에 머물며 사냥을 하고 있는 간페이는 지나가는 사나이에게 총불을 빌리려고 상대를 안심시키기 위해 총을 건넨다. 그 사나이는 옛 동료인 센자키 야고로였다. 간페이는 한패에 끼기 위해 백량을 조달할 것을 약속한다. 오카루의 부친 요이치베는 오노 구다유의 아들로 낭인 신세가 된 사다쿠로에게 참살당한다. 사다쿠로는 요이치베의 품에서, 오카루르 기온에 팔고 받은 몸값의 반인 50량을 줄무늬 지갑채로 강탈당한다. 그런데, 멧돼지로 착각한 사다쿠로를 간페가 총으로 쓰러뜨린다. 피를 토하며 어둠 속에서 죽어간다. 사람을 오살한 것에 놀란 간페이는 약을 찾으려고 시체의 품속을 뒤지는데 50량을 발견한다. 하늘이 내려주신 것이라고 뛸 듯이 기뻐해하면서 하나미치로 달려들어 간다.	**복에 중독된 사다쿠로 끝내는 간페의 총에** 멧돼지를 겨냥했던 간페이의 총에 공교롭게도 사다쿠로가 맞게 된다. 총(뎃포)을 속어로 복어(후구)라고 한다. 5막은 史實과 전혀 상관없는 픽션이다. 센자키 야고로의 모델은 간자키 요고로, 오노 사다쿠로는 오노 구로베의 아들 군에몬이다. 하야노 간페이의 모델 일부가 가야노 산페이다. 칼부림 사건을 아코에 처음으로 알린 사자였으며 복수결사대에 가담할 각오를 갖고 있던 산페이는 아버지로부터 관직에 오를 것을 강하게 설득받고 어찌할 바를 몰라 할복한다. 1702년 정월 14일의 일이었다. 향년 28세로, 간페이처럼 "30이 될까 말까"한 생애였다.
6막	하룻밤 지나고 요이치베 집으로 돌아온 간페이는 오카루를 데리러 온 기온 이치몬지야의 오사이와 마주친다. 요이치베가 자나고 있던 50량은 실은 간페이	**요이치베의 아내 이름은 작가도 몰라몰라** 보통 가야라고 불려지고 있지만 조루리에는 그 이름이 나와 있지 않다.

<table>
<tr>
<td></td>
<td>를 복수단 일행에 넣어주고 싶은 마음에 오카루를 기온에 판 몸값의 일부분이다.
상황을 들어보니 어제저녁 어둠 속에서 돈을 뺏은 죽은 사람이 요이치베라고 생각이 든 간페이는 오카루를 교토에 보내고 난 후 불의의 돈은 받을 수 없다고 50량을 돌려주러 온 센자키 야고로와 하라고에몬의 두 무사 앞에서 자기의 잘못을 해결하기 위해 할복한다.
그러나, 요이치베이의 상처가 총맞은 자국이 아니라 칼자국이었고, 사다쿠로가 죽은 것 등으로 봐서 간페이의 무고가 확실시되었다. 이로써 연판장에 이름을 올릴 수 있게 되어 간페이는 이에 만족하고 죽어간다.</td>
<td>하라 고에몬 외과의 진찰보다 예리한 관찰
불의의 도배가 준 돈은 받을 수 없다며 50량을 돌려주러온 야고로와 고에몬의 앞에서 할복자살로 자신의 잘못을 해결하려고 한 장면인데, 하라 고에몬이 요이치베의 시신을 살펴보니 총맞은 흔적이 아니라 칼자국임을 알 수 있었고 사다쿠로가 죽어 있는 정황으로 봐서 간페의 무고함이 밝혀졌다. 이로써 연판장에 이름을 올릴 수 있었으며 간페는 편안히 눈을 감게 된다.

간페를 보고 울면서 후회하는 오카루 노모
(死ねはまだ早かんぺいと老母泣き)
경솔하게 당장 죽어버려라고 말한 것을 후회하며 울고 있는 오카루의 어머니의 모습이 안타깝기만 하다.</td>
</tr>
<tr>
<td>7막</td>
<td>유라노스케는 적의 눈을 속일 셈으로 기온의 이치리키차야에 들락거리면서 “까막잡기”등에 흥겨워한다. 모로노 측의 첩자가 된 구다유가 나타나 주연이 열리고 문어를 먹게 한다. 그것을 먹는 유라노스케는 자신이 차고 다니는 칼이 녹슬어있다고 알리고 복수할 생각이 없다고 안심시킨다.
리키야가 지참한 밀서를, 2층에서는 오카루가 마루 밑에서는 구다유가 훔쳐본다. 유라노스케가 오카루를 기적에서 빼내어 주겠다고 하며 퇴장한 후 헤이에몬이 와서 오카루한테 아버지와 남편의 죽음을 알린다. 낙적의 이야기를 들은 헤이에몬은 유라노스케의 본심을 알아차리고 자신이 오카루를 직접 죽이려고 한다. 그 때 유라노스케가 나타나 오카루 손에 칼을 쥐어주고 마루 밑에 숨어있는 구다유를 찔러죽이고 헤이에몬에게는 복수단의 일원으로 참가하는 것을 허락한다.</td>
<td>足食은 하고 手食은 하지 않는 유라노스케
적의 눈을 흐려놓기 위해 기온의 요정을 출입하는데 모로노의 첩자가 된 구다유가 나타나서 술자리가 벌어진다. 내일이 주군의 기제사임에도 불구하고 문어 발 안주까지 아무 거리낌없이 먹어대는 유라노스케. 이와 같이 이 쪽의 동태를 살피러 온 것을 모르는 채하면서 구다유의 그와 같은 수에는 안 넘어간다는 유라노스케의 치밀한 복수의 계획을 엿볼 수 있다.
실재했던 오이시라는 인물은 유곽에서 놀기 좋아하고 노래도 짓고 글씨와 그림도 잘 그리는 한량으로 오로지 충의에만 매진하는 이미지는 아니었다. 오이시는 후시미의 슈모쿠마치 유곽에 자주 왕래했는데 ‘주신구라’세계에서는 그와 같은 일련의 행동은 기라 쪽의 눈을 속이기 위해 일부러 한 것으로 되어있다. 야마시나 시절에는 “오카루”라는 애첩도 있었다.
오노 구다유의 모델은 아코한의 차석 정무가신 오오노 구로베이다. 사건후</td>
</tr>
</table>

		오오노는 생전부터 평판이 나빴던 인물이다. 데라오카 헤이에몬은 데라사카 기치에몬을 모델로 해서 오카루의 오라버니로 각색되었다. **달빛에 비춰 편지보는 오카루 뒤집힌 글자** 리키야가 지참한 밀서를 2층에서 달빛에 비추어 내려보고 있지만 멀리 떨어져 있어 손거울을 꺼내 자세히 보려고 하는데 글자가 모두 뒤집혀 보인다.

주종관계 의식이 강한 사회에서의 웃음은 어떠한 양상을 띠게 되는가. 한마디로 말해서 그것은 위험한 것, 통제되어야 마땅한 것으로 여겨졌다. 그 좋은 예가 「삼년에 한쪽뺨三年に片頬」이다. 삼년에 한 번 웃을까 말까, 그것도 한쪽 뺨을 움직여서라는 말이다. 무사사회에서 웃음을 경계한 가르침이다. 무사들이란 자기의 신분과 권위에 가장 신경을 쓰며 살아가는 계급이다. 자신들의 행동거지를 포함해서 웃음의 대상이 된다는 것은 자신의 신분과 권위가 웃음거리가 됐다고 생각하는 것이다. 이유를 불문하고 웃음거리가 됐다는 것은 가장 치욕스런 일로 받아들인다.

절대적 권위를 무너뜨림으로써 재현되는 희화문예는 모든 것이 답답하게 정체되어 있는 지배의 굴레에서 벗어나 서로가 가볍게 장난쳐 댄다. 전통적인 가치체계는 활달한 희화세계 의 생활 속으로 말려들어 허둥대면서 흐트러진 모습을 보이게 된다. 『가나데혼 주신구라』가 충이라는 윤리의식에 계속 수렴해가는 데 반해, 주변의 주신구라 문화는 여러 가지 당대의 풍속 등이 서로 장난치면서 원심적 확산을 이룬다.

3. '헨치키론偏痴気論'의 시대

시키테이 산바式亭三馬는 『주신구라 헨치키론』(1811년)을 통해 『가나데혼 주신구라』 전11막의 등장인물을 기묘하게 평한다. 오보시 유라노스케大星由良助를 '주군이 속이 좁다는 것을 알면서 왜 바른 말로 간언하지 않는가'라고 비판하는 한편, 사기사카 반나이鷺坂伴内야말로 훌륭한 충신이라고 칭찬하였다. 가치의 전도顚倒다. 그 이면에는 『가나데혼 주신구라』가 초연되고 60년이 지나 인구에 회자되었던 상황이었음을 알 수 있다. 고전화가 없으면 패러디의 성립은 있을 수 없을 것이다.

그리고 놓칠 수 없는 것은 조닌문화町人文化가 무르익어가는 배후에서 착실히 진행되는 농촌경제의 피폐와 그것으로 인한 막번체제幕藩体制의 공동화空洞化현상이다. 아무리 '충의' '무사도'를 내세우고자 해도 현실은 다미야 이에몬民谷伊右衛門과 같은 무사들의 곤궁이며, "한 줌의 녹미를 얻어 새로 고친 우산과 종이노끈으로 겨우 가까스로 하루를 지내며, 숯으로 코를 데우는 초라한 삶이라도 역시 무사 아니면 사무라이지"(1806년 정월 나카무라좌中村座 극장 『넨리키야타테스기念力箭立椙』)라고까지 야유하였다. 충의의 귀감인 '주신구라'는 고전화와 동시에 에도 말기 사람들의 현대극으로서 해체 ·재창조되는 운명을 짊어진 것이다.

쓰루야 난보쿠鶴屋南北는 진정 그러한 「시대의 아들」이었다. 극작가 4대 쓰루야 난보쿠(1755-1829)의 최고 걸작이라고 하면 1825년에 초연된 『도카이도 요쓰야괴담東海道四谷怪談』이며, 그 『요쓰야괴담』이 『가나데혼 주신구라』로부터 소재를 얻어 『가나데혼 주신구라』과 이틀 간격으로 상연된 사실은 잘 알려져 있다. 난보쿠는 악역의 엔야塩治무사 · 다미야 이에몬을 조형하여, "이젠 부모의 원수도 너무 진부하다"라고 말하며 욕정과 욕심 끝에 자멸하는 모습을 그려냄으로써 거꾸로 오보시의 '대의大義'의 허망을 비웃어보였다. 그 속편 『가미카케테 산고타이세쓰盟三五大切』는 다쓰미 게이샤辰巳芸者 고만小万의 매력에 빠진 후와 가즈에몬不破数右衛門이 쓰쓰모타세美人局라는 꽃뱀의 함정에 빠져 분노하여 많은 사람을 죽이는 죄를 범하지만 반성하고 의사로 복귀한다는 충격적인 부조리극이었다.

또한, 난보쿠는 다음과 같은 '주신구라'물을 남겨놓았다.

① 『**기쿠노엔 쓰키노시라나미**菊宴月白浪』(**가와라사키좌 극장**河原崎座, 1821.9)
② 『**가나데소가 네자시노후지가네**仮名曽我當蓬莱』(**이치무라좌 극장**市村座, 1824.1)
③ 『**도카이도 요쓰야괴담**東海道四谷怪談』(**나카무라좌 극장**中村座, 1825.7)
④ 『**가미카케테 산고타이세쓰**盟三五大切』(**나카무라좌 극장**中村座, 1825.9)
⑤ 『**가나가키테혼노 우라바리**四十七手本裏張』(**고칸**合巻, 1826)
⑥ 『**온나오우기추신카나메**女扇忠臣要』(**고칸**合巻, 1826)
⑦ 『**이로하엔기**いろは演義』(**고칸**合巻, 1827)

이 가운데, ①의 『기쿠노엔』은 오보시 일당이 습격한 후의 후일담으로 오노 사다쿠로斧定九郎(오노에 기쿠고로尾上菊五郎)가 실은 충신으로, 엔야 가문의 재흥을 위해 분주히 뛰어다닌다는 전대미문의 설정이다. 나약하게 보였던 아버지 오노 구로베斧九郎兵衛도 오보시의 후진後詰을 이어받아 무사의 불명예의 오명을 감수하는 것으로 되어 있다. 더욱이 각 막마다 주신구라의 슈코趣向 · 대사 · 인물이 철저하게 비틀어 놓았다.

②의 『가나데소가』에서는 더욱 대담하다. 난보쿠는 시대차이도 아랑곳하지 않고 다른 「세계」(모노가타리를 구성하는 배경)를 중첩화시키는 「나이마제綯交ぜ」의 방법을 주로 사용하였다. 『이모세야마妹背山』에 『센본자쿠라千本桜』, 『기케이기義経記』에 『오소메 히사마쓰お染久松』. 언뜻 보면 전혀 관계없는 「세계」가 접촉할 때 황당무계한 우스꽝스러움을 넘어 예리한 극적 긴장이 나타난다. 『가나데소가』는 제목에서도 알 수 있듯 『가나데혼 주신구라』와 『소가』의 두 개의 큰 복수 이야기가 혼합된 것이다. 그런데 전자는 『다이헤이키太平記』이며, 후자는 『아즈마카가미吾妻鏡』이다. 그 차이를 난보쿠는 주신구라의 인물을 가마쿠라 시대의 인명으로 바꿔 해결하였다. 한간을 아다치 다쿠미노스케安達内匠之助, 모로노는 히키요리카즈比企頼員라는 식으로 바꾸었다.

여기서 재밌는 현상이 생긴다. 『다이헤이키』에서 해방됨으로써 지금까지 가명으로 이야기되었던 아코 사무라이들이 요시다 주에몬吉田忠右

衛門 · 시오타 마타노조潮田又之丞라는 실명으로 등장한다. 이때쯤 되면 천황의 금기도 완화되고 『다이헤이키』의 이름 저편에 '實錄'이 힐끔 보이기 시작하는 것이다.

Ⅵ.

우키요에 '주신구라'

忠臣蔵

VI. 우키요에 '주신구라'

1. 시각 미디어로서의 우키요에

우키요에 그림은 우리에게는 낯설지만, 19세기 중엽 파리의 화단을 한때 풍미한 일본의 풍속화로 유럽 인상파 미술의 원류라고도 할 수 있다. 이처럼 유럽 예술계에 큰 영향을 끼친 우키요에가 알려진 것은 무척 우연한 계기였다. 1856년 화가이자 판화가인 브라크몽 Félix Bracquemond(1833~1914)이 일본으로부터 도착한 도자기의 포장지로 사용된 '호쿠사이 만가北斎漫画'를 보고는 놀라 친구인 마네Edouard Manet(1832~83)와 드가Edgar Degas(1834~1917)에게 보임으로써 알려지기 시작한 것이다. 또한 1867년 파리에서 열린 제2회 만국박람회장에서 어느 특산품 가게 주인이 포장지로 사용했던 우키요에 판화가 인쇄된 종이를 버리려는 순간, 마침 이곳을 방문했던 화가 모네가 이를 발견하고는 모두 사들였다는 얘기도 전해진다. 일본의 우키요에 그림에 관심을 가졌던 초기의 인상파 화가들은 가쓰시카 호쿠사이葛飾北齋(1760~1849)나 우타가와 히로시게歌川廣重 등의 풍경화로부터 적지 않은 영향을 받았고, 나중에는 기타가와 우타마로喜多川歌磨(1753~1806)와 도슈사이 샤라쿠東州齊寫樂(생몰년미상) 등의 작품에까지 관심을 기울이게 된다. 무엇보다 색채의 신선함은 인상파의 화가들에게 크나큰 충격을 주었고, 우키요에에 대한 관심은 점차 확대되어 대량의 작품이 프랑스의 화상(畵商)들에 의해 수집되었다고 한다.[44]

44 곰브리치(Ernst Gombrich, 1909-2001)는 『서양미술사(History of Art)』(1950)에서 "19세기 사람들로 하여금 다른 눈으로 세계를 보도록 도와주었던 두 동맹자가 없었다면 인상주의의 승리는 그토록 빠르고 철저하게 이루어지지 않았을 것이다"라

'주신구라'의 제재는 니시키에錦絵로도 즐겨 그려져, 각 막의 상징적인 장면을 시리즈물로 구성한 부타이에舞台絵와 공연한 가부키 배우들을 그린 야쿠샤에役者絵 등 실로 많은 작품이 제작되었다.

1748년에 쓰여진 『가나데혼 주신구라』는 극장의 靈薬이라고 해도 좋을 만큼 이후로 이 연극제목이 포스터辻番付에 붙기만 하면 그 극장은 만원사례로 대성공을 거둔다. 그런데 『가나데혼 주신구라』에서부터 1852년에 등장한 『東海道四谷怪談』에 이르는 약 100년 동안에 47인의 사무라이 이야기에 의미의 차이가 생긴 것을 간파할 수 있다. 시대의 변화와 함께 조형적 이미지가 바뀌어 갔다는 것이다.[45]

『가나데혼 주신구라』는 당초 모욕을 당한 젊은 영주의 가신들에 의한 복수극이다. 또한 이 연극은 모델이 되어있는 현실의 사건과 너무 흡사해서 역사의 진실이 허구의 드라마와 혼동되어 버리기도 한다. 『가나데혼 주신구라』에서는 아마도 충성스런 가신들의 고결한 성격을 강조하기 위해 두 명의 배신자 가신이 등장하지만, 『東海道四谷怪談』은 이야기 전체가 봉건적 충의에 개의치 않고 개인의 운명 속에서 구원을 찾고자 하는 떠돌이 사무라이 이에몬伊右衛門을 주인공으로 내세우고 있다. 『가나데혼 주신구라』에서 알 수 있듯이 47인 사무라이의 서사시에는 근원적으로 애매한 구석이 있었다. 정말로 봉건적 충성심을 드러내놓고 옹호했던 것일까. 하여튼 패전 직후 連合国最高司令官総司令部(GHQ)는 그렇게 생각했기에 일본을 욕보인 맥아더 장군을 복수하려

고 말하면서 그 하나는 사진술이고, 다른 하나는 일본의 채색 판화라고 분명히 밝혔다. 유럽의 예술 문화계를 휩쓸었던 당시의 일본 열풍을 자포니즘(japonisme)이라고 한다. (박정자 『마네 그림에서 찾은 13개 퍼즐조각』 도서출판 기파랑, 2010, pp. 186-7)

45 말할 것도 없이 『가나데혼 주신구라』는 赤穂義士劇의 결정판이며, 이후의 義士劇은 다소의 정도 차이는 있어도 『가나데혼 주신구라』를 의식하면서 만들어졌다. 니시자와 잇푸(西沢一鳳)의 『忠臣蔵類聚大成』에 의하면 「以来忠臣蔵を原として操歌舞伎とも新を挑み奇を争い新作を出し」와 같이, 작자들은 한편으로 『가나데혼 주신구라』를 어떻게 攝取改作할지 고민함과 동시에 어떻게 『가나데혼 주신구라』로부터 벗어날 수 있을지 부심했던 것이다.

고 마음먹고 있는 것이 아닌지 우려해 이 연극 외에도 수편을 상연 금지시켰다.

주신구라 이야기는 에도시대라고 하는 대중적이고 도시적인 문화의 맥락 속에서 전개되었다. 그것은 경제력은 있지만, 사회적 계급제도에 의해 정치권력으로부터 배제된 최하위에 놓여있는 조닌의 문화이다. 인쇄업자가 늘어나고 책이 보급되었다. 그리고 문학과 연극이 서민의 오락물이 되었다. 그렇기 때문에 당국의 감시에도 불구하고 이러한 조닌문화는 사무라이들을 에둘러 말하는 완곡한 표현으로 야유했던 것이다.

호쿠사이의 新版浮絵忠臣蔵 1막 쓰루가오카, 早稲田大学演劇博物館蔵

'주신구라'가 일본문화사에서 거대한 존재로 재인식되는 에도문화가 있다. 우키요에浮世絵·미타테에見立絵·그림달력絵暦·그림액자·그림이야기책·야담·라쿠고落語·재담·신문·연예프로그램·주사위놀이·딱지그림·종이접기 등을 들 수 있다. 다시 말해 '주신구라'는 이와 같은 에도서민문화에 지대한 영향을 주었던 것이다. 유명한 우키요에 화가로서

'주신구라'를 그리지 않았던 사람은 없다.

에도시대는 정치적인 안정과 상공업의 발달을 배경으로 조닌이라는 새로운 사회계급이 급부상했다. 이들은 신분제도의 제한과 경제적 지위 향상이라고 하는 불균형 속에서 나타난 갈등과 인간본연의 호색적인 욕구를 마음껏 해소하면서, 지배계급인 무사와는 달리 서민적이고 쾌락적인 색채가 짙은 독특한 문화를 추구했다. 새롭게 탄생한 문화의 주역은 말할 것도 없이 경제력이 있는 조닌과 그들에 순응하는 화류계 여성들이었다. 이와 같은 조닌들의 생활풍속과 인정을 그린 것이 우키요에인 것이다. 우키요에는 에도시대에 만연한 호색적인 경향과 세속적인 광경을 화려한 색채로 표현한 풍속화로, 당시 서민들이 향락을 즐기던 유곽과 새로운 유행의 주역이었던 화류계 여성이나 가부키 배우를 대상으로 한 것이 많다. 강렬한 일본적 색채와 분위기를 가진 우키요에는 서민의 통속적인 사고가 선명하게 표출되어 다른 어느 나라의 미술에서도 볼 수 없는 묘한 매력을 발산하는 독특한 미술형식이 되었다.

화재畵材를 현실에서 취한 우키요에는 정경은 물론 인물의 복장과 머리모양까지도 섬세하게 표현하여, 이를 통해 에도 문화의 중요한 부분을 차지하는 화류계 여성의 생활을 엿볼 수 있다. 여러 계층의 남성을 상대로 하는 화류계의 여성 중에는 여성적인 몸가짐, 예절, 무용, 음악 등의 다양한 교양과 예능을 겸비한 게이샤가 있다. 즉 게이샤는 남성과 함께 세상 이야기라든가 예술 등에 관한 이야기를 자유롭게 나눌 수 있는 상대라고 할 수 있다. 그들은 교양과 풍부한 재치로 남성들에게 즐거움을 제공하는 존재이자 정신적 공감을 가질 수 있는 친구로, 단순히 몸을 파는 접대부의 차원을 넘어 일본 고유의 전통 고수 및 전승에 기여했다. 이러한 면에서 화류계는 공적인 사교수단뿐 아니라 교육의 장소로도 활용되었다. 게이샤는 저명한 사람들과 자유롭게 왕래하면서 오늘날의 매스미디어와도 같은 역할을 담당했던 것이다.

풍부한 지식과 빼어난 기예를 지닌 게이샤의 스타일은 '이키粋'로 대표된다. 이키는 기질, 모습, 색채, 무늬 등이 세련되고 멋진 것을 의미하는데, 한마디로 에도시대의 미적 감각이라고 할 수 있다. 우키요에에서 보여지듯 가는 얼굴,얇은 옷을 걸친 모습, 날씬한 허리, 옅은 화장, 고혹적인 곁눈질, 미소, 맨발 등의 모습과 기하학적인 도형, 줄무늬, 그리고 회색, 갈색, 청색 계통에 속하는 색채가 이키를 대표한다.

예술작품은 그 시대 사회상의 일면 또는 전부를 반영한다고 해도 과언이 아닐 것이다. 하지만 주로 유곽의 정경을 다루었으며, 말초적인 묘사로 퇴폐적인 분위기를 띠고 있기 때문에 우키요에를 춘화春画라고 생각하는 사람도 더러 있다. 18세기에 조선통신사로 일본에 다녀온 신유한申維翰이 「금수와 같을 정도로 남녀 간의 풍기가 문란하고, 사람마다 춘화를 몸에 지니고 있다」고 기록한 바, 성리학적 교양이 몸에 밴 조선 유학자의 눈에 우키요에의 존재를 통한 에도의 문화가 어떻게 비쳤을지 짐작이 가고도 남는 일이다.

연극그림의 제재로서 무대에 등장한 배우들의 모습과 무대를 그린 작품 수는 엄청나다. 그 중『주신구라』는 화가들이 애용한 연극이었다.

초대 우타가와 도요쿠니는 니시키에錦絵; 다색판화의 전성기에 활약한 한 사람이다. 출세작은 1794년부터 8년에 걸쳐 작업한『배우의 무대맵시 그림役者舞台之姿絵』이었다. 이 가운데, 1794년 9월과 1795년 5월에 가와라사키좌河原崎座에서 상연된『주신구라』에서 9점, 1796년 4월 기리좌桐座에서 상연된『주신구라』의 개작인『江戸華赤穂塩竈』에서 2점, 모두 11점을 그렸다.

그림은, 4대 이치카와 단조市川団蔵가 제5막의 야마자키 가도山崎街道에서 요이치베가 사다쿠로로 재빨리 변장하는 하야가와리 장면이다.

이치카와 단조는 무슨 영문인지 몰라도 대대로 키가 작고 화려하지 않은 연기를 했다. 그러다보니 주역을 맡을 기회가 드물었다. 그렇지만 모두 연기파 배우로 명성을 얻고 있었다.

그 중에서도 특히 뛰어난 연기자는 4대 단조(1745-1808)였다. 공중회전을 하면서 결투장면을 연기하는 솜씨는 일품이었으며, 하야가와리가 특기였다. 한 무대에서 7, 8역을 소화해내 관객의 눈을 즐겁게 했다. 당시 한 무대에서 2, 3역을 맡는 예가 없었던 것은 아니지만, 1781년 3월의 모리타좌森田座에서 상연한『주신구라』에서 단조가 별안간 엔야 한간, 유라노스케, 사다쿠로, 요이치베, 오와시 분고, 아마가와야 기헤이, 게다가 도나세戸無瀬까지 1인 7역을 해내자,「이것은 주신구라 1인 7역의 효시」라고『劇場年表』에 特記될 정도로 관객의 반응이 대단했다. 또한, 이것을 계기로 多役뿐만이 아니라,『주신구라』라고 하면 제5막의 요이치베와 사다쿠로, 제9막의 혼조와 유라노스케, 혹은『스가와라덴주 데나라이카가미』에서의 가쿠주覚寿와 한간다이 데루쿠니判官代輝国와 같이 동일 장면에 등장하는 인물을 민첩하게 돌변하는 스릴 넘치는 연출기법도 보여, 3대 나카무라 우타에몬과 3대 반도 미쓰고로의 헨게무용変化舞踊에 영향을 준다. 위의 그림은 초대 도요쿠니의 작품으로 1801년 2월 7일 에도 나카무라좌에서의 공연 모습이다.

2. 니시키에 '주신구라'

'주신구라'에서 제재를 얻은 우키요에 중에는 유명 화가의 수많은 명작이 있지만 출판 역사상 가장 먼저 주목받는 것은 1848년 봄에 다카나와高輪의 센가쿠지泉岳寺에서 열린 가이초開帳[46] 행사이다. 센가쿠지의 가이초를 기대하고 방대한 수의 니시키에錦絵가 팔렸는데, 아사노 다쿠미노카미의 보리사이면서 의사들의 묘소도 있는 이 절은 가이초 때만 아니라 항상 많은 사람들이 참배하러 오는 에도 굴지의 명소였다. 예를 들면 1834년에 간행된『江戸名所図会』巻之一「万松山泉岳寺」에, 2월 4일의 의사들의 기일, 절문이 열리는 정월과 7월 16일 등에 무사를 기리는 수많은 참배객이 있다고 기록되어 있는데 이런 특별한 날 이외에도 방문객 수는 적지 않았다. 공적, 사적으로 쓰거나 혹은 단기, 장기를 불문하고 지방에서 에도를 찾은 여행객들 대부분은 의사의 묘로서 센가쿠지를 방문한다. 도카이도東海道를 왕래하는 여행객들을 참고해 그린『東海道江戸名所図会』(1797년 간행)에도 에도의 명소로서 크게 다루어져 있다.

또한『江戸名所図会』나『東京歳時記』에 기록되어 있듯이 47인의 기일이나 절 문이 열리는 날이면 보통 때보다 몇 배에 달하는 참배객으로 붐빈다. 보통 때엔 보기 어려운 절의 보물을 공개하는 가이초 행사가 시작되면 그 인파는 대단하다. 교쿠테이 바킨曲亭馬琴에 의하면 1836년의 가이초 때는 너무 많은 참배객들이 밀려와 입장을 제한할 정도였다. (같은 해 3월 28일 날짜 篠斎宛書簡)

1848년의 가이초는 이 1836년의 행사로부터 10년 이상의 세월이 지나 세상의 기대도 높았고 이를 기대한 니시키에가 다수 팔리기 시작했다.

46 감실(龕室)을 열어 비불(秘佛)을 신자(信者)들에게 보이는 것을 말하는데, 흔히 보통 때 비장(秘藏)해 놓고 보이지 않았던 것을 뭇사람에게 일반 공개하는 것을 지칭한다. 가이초(開帳)의 문화적 기능에 대해서 히루마 히사시(比留間尚)가 에도 가부키 상연과 기뵤시(黃表紙) 출판을 중심으로 그 관계성을 언급한 바 있다(『江戸の開帳』 참조).

그 때의 사정은 에도 막부 말의 세상을 자세히 기록한 『후지오카야藤岡屋 일기』의 가에嘉永 원년元年 조항(조목)에 기록되어 있다.[47]

「東都高輪泉岳寺開帳群集之図」3대 歌川豊国의 1847-52년경 작품으로 「仮名手本忠臣蔵」의 등장인물이 開帳으로 붐비는 센가쿠지에 참배하러 왔다는 취향을 담고 있다. 「忠臣蔵の世界」(赤穂市立歴史博物館特別展図録) 참조

내용인즉은 1848년의 가이초 무렵에 의사義士를 그린 니시키에가 여러 가지 발행되었는데 모두 판매가 신통치 않았고, 그러던 중 전년도 7월부터 그해 3월까지 부채가게의 에비야 린노스케海老屋林之助가 팔기 시작한 51장의 ≪성충의사전誠忠義士伝≫은 매우 인기가 있어 각 그림 팔천매 씩, 합계 사십만 팔천매나 팔렸다고 한다. 『후지오카야일기』에는 대성공을 거둔 니시키에의 장수로서 칠, 팔천 매라는 숫자가 자주 나오므

47 當春中、泉岳寺開帳之節も、義士の画色々出候へ共、何れも當らず、其内にて、堀江町二丁目佐兵衛店、団扇問屋にて、海老屋林之助板元にて、作者一筆庵英泉、画師国芳にて、誠忠義士伝と号、義士四十七人之外に判官·師直·勘平が亡魂、并近松勘六が下部の広三郎が蜜柑を配り候処迄、出入部合五十一枚続、去未年七月十四日より売出し、當申の三月迄配り候処、大評にて凡八千枚通り摺込也、五十一番にて四十万八千枚売るなり、是近年の大當り大評判なり。(『仮名手本忠臣蔵を読む』(服部幸雄編, 吉川弘文館, 2008年, p. 219에서 재인용)

로 지금까지 한 번도 없었던 판매 매수는 아니지만 51매 셋트이므로 합계 거의 50만장 되는 숫자는 기록상으로는 톱클래스가 된다. 유명한 우타가와 히로시게歌川広重의 호에이도판保永堂版≪도카이도고주산쓰기東海道五拾三次≫는 일만 장 가까이 팔렸다는 견해도 있고, 이들은 55장 셋트이므로 총 매출 매수로는 ≪성충의사전誠忠義士伝≫를 웃돌지도 모르나, 숫자에 관한 정확한 기록은 남아있지 않다. 인기 화가인 구니요시国芳의 그림은 역시 의인義士 한 사람 한 사람이 변화무쌍한 자태로 그려졌다고는 해도, 오늘날 시각에서 보면 그가 남긴 방대한 작품들 중에서 특히 훌륭한 솜씨라고는 할 수 없고, 당시 그 정도의 호평을 받은 이유는 사람들로 하여금 지적 욕구를 불러일으켰던 점일 것이다.[48]

『후지오카야일기』에서 알 수 있듯이 이 시리즈물에는 오보시 유라노스케 이하 47인 한 사람 한 사람뿐만 아니라 엔야 한간이나 고노 모로노도 그려진 각 그림에 잇피쓰안一筆庵[49]에 의한 약전略伝이 첨부되어 있다. 주신구라의 줄거리는 누구나 알고 있지만 47인 중, 가부키 무대에 등장하는 인물은 한정되어 있고 각각의 인물 약력이나 무용武勇까지 아는 사람은 거의 없었을 것이다. ≪성충의사전誠忠義士伝≫은 주신구라라는 장대한 드라마를 구성하는 조연자까지 대상으로 한 綜合性과, 각각에 상당히 자세한 해설을 붙여 사람들의 지적 욕구를 자극한 점이 상품으로서 성공한 큰 이유일 것이다.[50]

주역이 되는 인물뿐만 아니라 조연, 단역인물까지 포함해 전체를 구성하는 종합성은 니혼바시日本橋나 아사쿠사浅草라고 하는 명소에 그치지 않고, 비교적 수수한 명소까지 포함해 대부분의 시리즈를 구성하는

48 大久保純一「忠臣蔵の浮世絵」『仮名手本忠臣蔵を読む』(服部幸雄編, 吉川弘文館, 2008年, pp. 219-220), 이하 상당부분 우키요에 관련의 주신구라에 관한 언급과 그림을 참조.

49 에도 후기 우키요에(浮世絵)화가 게이사이 에이센(渓斎英泉, 1790-1848).

50 아코 의사(赤穂義士)의 實名 대신 '주신구라'의 배역 이름으로 소개되는 등, 일종의 義士開帳便乗物로 볼 수 있다.(中山栄之輔「かわら版「忠臣蔵」の噂」『図説忠臣蔵』(河出書房新社, 1998年, p.92)

가쓰시카 호쿠사이葛飾北斎의 ≪후가쿠 산주롯케이富嶽三十六景≫나 우타가와 히로시게歌川広重의 ≪名所江戸百景≫ 등, 에도 말기의 니시키에 시리즈물에 현저히 나타나는 특징인데, ≪성충의사전誠忠義士伝≫은 그러한 출판계의 추세 속에서 성공을 거두었던 것이다.

이러한 경향은 앞서 언급한 에비야와 구니요시의 화폭에서도 발견할 수 있다. 1851년경의 ≪주신구라 고주산쓰기 후지사와 도쓰카忠臣蔵五十三次 藤沢戸塚≫의 그림에서 검은 기모노를 손에 들고 있는 야자마 주타로矢間重太郎가 그의 아내 오리에(고가 야에몬甲賀弥右衛門의 딸)에게 보이고 있는 모습이다. 커다란 소나무들 사이로 나그네의 모습도 삽도 속에 그려져 있다.[51]

한편, 시리즈물은 막부 말부터 메이지 시대에 걸쳐 많이 보이는 어느 한 가지 주제나 이야기를 구성하는 인물의 화상絵姿에 약전略伝을 첨부하는 「銘々伝」형식의 니시키에 시리즈물이 유행하는 발단이 되었다고 볼 수 있다. 『후지오카야일기』에 「義士の画色々出侯へ共」와 같이, ≪성충의사전誠忠義士伝≫의 판매에 자극받아 1864년에는 우타가와 요시토라歌川芳虎의 ≪義士四拾七人之内≫ 등과 같은 취향을 가진 시리즈물이 기세 좋게 잇달아 출판되었다. 또 3대 우타가와 도요쿠니歌川豊国의 ≪誠忠大星一代話≫와 같이 유라노스케由良之助에만 초점을 맞추어 그 유년기부터 각 연대를 배우 초상화로 그린 이색 작품도 있다.

51 http://www.britishmuseum.org/research/search_the_collection_database/search_object_image.aspx

誠忠義士伝(우타가와 구니요시, 1850년경)

1852년 이후에도 1864년의 3대 우타가와 도요쿠니歌川豊国의 ≪誠忠義士伝≫과 우타가와 요시토라歌川芳虎의 ≪忠臣義士銘々伝≫, 1883(明治16)년의 도요하라 구니치카豊原国周의 ≪의사 전기(義士銘々伝)≫ 등 수많은 작품이 있다. 약전略伝을 붙이지 않고 한 장에 의인 한 사람씩 초상을 그리는 구니요시国芳의 ≪誠忠義士肖像≫은 오늘날 구니요시国芳의 무사 그림의 대표작 중 하나로 손꼽힌다. 구니요시国芳는 주변의 여성들을 그린 ≪誠忠義心伝≫시리즈도 있고, ≪誠忠義士伝≫시리즈는 慶應元年(1865년)版의 구니테루国輝의 것과 1866년의 구니치카国周의 그림도 있는데 형식은 도요쿠니豊国의 작품을 답습하였다.[52]

52 林京平「「忠臣蔵」芝居絵概観」早稲田大学演劇博物館編『忠臣蔵 下』(早稲田大学出版部、1994年、p.122)
『菅原伝授手習鑑』와 『義経千本桜』 등 절대적인 인기를 구가하던 상연 종목의 그림도 많이 있으나 관계되는 여러 인물 한 사람 한 사람을 거론한 많은 분량의 시리이와 같은 현상은 그대로 근대로 옮아온다. 외지의 전쟁터를 향하는 사람들이나 일본 본토에 남은 많은 가족들이 당시 절실했던 마음은 '고향을 버린 보람이 없다'는 심정이다. 전쟁 전의 '주신구라'의 매력은 거국적인 '무사도 고취' 등이 아니라 그 대부분은 각 등장인물을 주인공으로 한 전기나 외전에서 찾을 수 있다. 고향을 버린 떠돌이 사무라이들의 유랑과 고난의 이야기에 대한 공감이었던 것이다.

義士四拾七人之内(리키야)

義士四拾七人之内(유라노스케)

'주신구라'가 만들어 낸 세계는 니시키에의 분야에서 베스트셀러를 낳는 모태가 되었는데 판매 부수뿐만 아니라 내용과 형식의 다채로움도 '주신구라'에서 제재를 얻은 니시키에의 특징이라 할 수 있다. 핫토리 유키오服部幸雄 씨는 주신구라물 니시키에의 총수가 3천 종을 넘는다고 추측하고 그것을 크게 여섯 가지로 분류한 바 있으며,[53] 아카마 료赤

즈물이 잇달아 출판된 것은 '주신구라' 뿐이다.

53 ①가부키 상연에 즈음하여 역과 배우를 특정하고 제작한 것(단, 상연 이전의 단계에서 예정에 의해 작성된 것이 많고, 실제의 배역과 다른 경우도 있다). 당연하지만, 이 유형에 속한 作例가 가장 많다. ②실제의 상연과는 관계없이, 연극그림(芝居絵)의 연작물로서 제작된 것. 풍경화를 배경으로 寫生的으로 그리고, 역의 인물을 點

間亮 씨는 이것을 참고로 하여 더 상세하게 8가지로 나누어 정리하고 있다.[54] 실제 무대 상연에서 취재한 배우그림, 상연과는 직접적인 관계가 없는 배우그림, '주신구라'의 각 막을 통해 그린 시리즈물, 무사그림, 스고로쿠双六나 구미조에組上絵(예전에 어린이 잡지의 부록처럼 오려내 짜 맞춘 일종의 지오라마를 만드는 것) 등 여러 분야에 걸친다. 각 단을 훑는 시리즈물은 각각의 단에서 볼 만한 장면을 배경묘사가 풍부하게 그리는 것으로서 투사도법을 구사한 풍경화 색이 풍부한 것도 적지 않다.

무사그림武者絵으로 그려진 것 중에는 고노 모로노高師直의 집 안에서 비좁게 의인들이 싸우는 장면을 연기하는 모습을 장중하게 다룬 것이 많다. 교교한 달빛 아래, 넓은 모로노 저택으로 쳐들어가는 의인들의 어두운 그림자가 눈 쌓인 하얀 지면과 강한 대비를 이루는 덴포기天保期 (1830~44)의 우타가와 사다히데歌川貞秀의 ≪忠臣蔵義士本望の図≫ 등은 일종의 독특한 초현실주의적인 화취가 매력적인 작품으로 그 일례라 할 수 있다.

다채로운 주신구라물의 니시키에를 하나하나 해설할 여유는 없으므로 작품수가 더 많다고 생각되는 무대 상연에서 취재한 배우그림에 대해 언급하고자 한다. 『가나데혼 주신구라』는 인기 상연 종목이기 때문

景으로 덧붙여 그린 양식의 것. 그 중에는 배우의 초상화로 되어 있는 것도 있는데, 이 경우, ①②③의 경계가 애매해진다. ③상연과는 관계없이 理想的 배역을 생각하여 그린 미타테 그림(見立絵). 이 중에도 한 사람만 그려진 것과 複數의 인물이 그려진 것이 있다. ④상연과는 관계없이 '주신구라' 이야기와 무대 연기·연출에 대하여 전제적으로 안 상태에서 미타테(見立), 패러디의 趣向으로 그린 것. 인물을 美人이나 젊은 남자(若衆)로 바꾼다든지 妖怪·괴물로 그린 것. 우타마로(歌麿)의 「浮世忠臣蔵」가 그 한 예다. ⑤상연과는 무관계. 배경에 '주신구라'의 명장면을 그리고, 그 미타테(見立)한 美人畵를 크게 그린 것. 우타가와 구니사다(歌川国貞)의 「絵兄弟忠臣蔵」가 이에 해당한다. 그 밖에 變種은 여러 가지가 있다. ⑥以上의 그 어느 쪽에도 속하지 않는 構圖·趣向에 의한 작품. (服部幸雄 「忠臣蔵文化-歌舞伎と浮世絵をめぐって-」『錦絵に見る忠臣蔵の世界』 赤穂市立博物館, 1998年, p.97)

54 赤間亮 「忠臣蔵はどの様に描かれてきたか」『赤穂市立歴史博物館所蔵忠臣蔵の浮世絵』 2004年, pp.135-136

에 에도시대에 상연수가 많아서 당연히 그것을 연기하는 배우를 그린 니시키에도 무수히 제작되었다. 그 중에서 오늘날 주목받고 있는 작품의 질과 작화作画 상황은 1795년 4, 5월의 무대를 그린 가쓰카와 슌에이勝川春英와 우타가와 도요쿠니歌川豊国의 대형판 작품이다.『가나데혼 주신구라』는 가부키로 언제 상연하여도 성황을 이루어, 극장의 관객이 줄어들 때에는 입장객 수를 만회하기 위해 상연되는 곳도 많았다. 에도의 가부키 세계가 장기간 불황이고 나카무라中村, 이치무라市村, 모리타森田의 에도삼좌江戸三座의 극장이 각각 예비극장控え櫓인 미야코좌都座, 기리좌桐座, 가와라사키좌河原崎座에 흥행을 내주고 있던 이 시기에, 이들 히카에야구라控え櫓 세 극장三座 모두 주신구라를 상연한 것도 불황 대책의 하나였다.

이때 배우그림 분야에서 뛰어난 활약을 보이던 가쓰카와勝川파의 실력자인 슌에이春英와 급성장한 우타가와歌川파의 젊은 유망주인 도요

쿠니豊国가 경쟁작 형태로 세 극장三座의 주신구라를 그렸다. 슌에이春英와 도요쿠니豊国는 친구였으나 화가, 출판사板元 그리고 극장 측이 서로 조정해 경합하지 않도록 하는 동시에, 서로 경쟁해 니시키에錦絵의 판매와 연극 선전 효과를 높이는 상승효과를 노린 가능성이 지적되기도 한다.[55] 이 때 슌에이春英가 미야코좌都座와 기리좌桐座의 무대를 그린 무배경 대평판 배우그림 18점과 도요쿠니豊国의 ≪役者舞台之姿絵≫ 10점은 그 성과로 인해 두 사람의 대표작이 된다.

도요쿠니豊国가 그린 두 장 연속그림二枚続의 피사체는 3대 이치카와 고마조市川高麗蔵의 센자키 야고로千崎弥五郎와 반도 미노스케坂東蓑助의 하야노 간페이早野勘平이다.

5막 밤의 山崎街道 어둠 속에서 두 사람이 만나는 긴장의 순간을 그리고 있다. 고마조高麗蔵는 후에 5대 마쓰모토 고시로松本幸四郎, 미노스케蓑助는 3대 반도 미쓰고로坂東三津五郎의 이름을 계승하여 化政期의 가부키 세계를 짊어지는 거물급 배우가 되지만 이때 고마조高麗蔵는 아직 30대 초, 미노스케蓑助는 20대 초로 젊디젊은 매력이 멋지게 그려져 있어 주신구라 무대를 그린 방대한 니시키에 중 최고 걸작으로 자리 잡았다.

3. 미타테에 '주신구라'

여러 종류의 주신구라물 니시키에 중에서 다소 눈길을 끄는 것이 미타테에見立絵이다. 미타테에는 어느 사물을 전혀 다른 사물로 빗댄 일종의 패러디 그림이다. 고사나 고전의 세계를 당대 풍속 인물로 바꾸어 놓은 것은 「야쓰시에やつし絵」라 불러야 한다는 의론도 최근 몇 년 나와 있으나 여기서는 익숙히 사용되어 온 「미타테에」라는 말을 사용하기로 한다.

55 浅野秀綱「写楽の第一期役者大道絵をめぐって」『写楽「浮世絵を読む」3』朝日新聞社, 1998年, pp.45-46

미타테에가 왕성하게 그려진 것은 18세기 중반의 오쿠무라 마사노부奥村政信쯤부터이지만 니시키에 탄생의 주역이 된 스즈키 하루노부鈴木春信와 같은 시대의 화가들에게 특히 주목받아, 수적으로는 감소하지만 기타가와 우타마로喜多川歌麿나 우타가와 도요쿠니歌川豊国, 그 후 세대의 우키요浮世화가들의 작품에도 가끔 나타난다. 미다테에의 원천이 된 것은 일한日漢 고사故事, 설화, 『源氏物語』나 『伊勢物語』 등 고전문학의 유명한 장면이 많지만 때때로 가부키나 조루리 등의 당대의 대중문학도 다루어졌다. 『소가노타이멘曾我の対面』이나 『菅原伝授手習鑑』 등의 인기 상연 종목을 제재로 취한 미다테에見立絵가 자주 나타나는데 가장 빼어난 것이 『가나데혼 주신구라』이다.

구체적 예를 스즈키 하루노부鈴木春信의 전성기와 거의 같은 메이와明和(연간: 1764-72)부터 작화 활동을 본격화 한 이소다 고류사이磯田湖龍斎의 작품에서 살펴보겠다.

게시한 그림은 매우 길쭉한 화면이 특징인 「하시라에柱絵」라 불리는 판형이다. 날씬한 미인이 서 있는 모습을 그려 넣거나 과감한 구도로 특수한 화면의 제약을 역이용하여 솜씨를 발휘한 그림이지만 세로로 긴 화면 속에 중층적으로 모티브를 쌓아 가는 화면구성이 독특하다. 이 그림에서도 화면의 상단, 중단, 하단으로 세 사람의 인물을 배치하고 있다. 그림의 무대는 요시와라吉原의 유곽이거나 기루妓楼일 것이다. 2층 다타미방의 난간에 기대어 주머니 속 거울을 손에 들고 족집게로 수염을 뽑는 예쁘장한 남자, 계단 아래에서 손님에게서 받은 편지를 읽는 유녀, 툇마루 아래에 숨어 유녀의 치맛속을 엿보고 있는 색골 하인으로 설정되어 있다.

2층의 손님은 이 유녀와 친한 사람인지 그리고 하인은 이 손님의 수행원인지, 세 사람의 관계가 명료하지는 않지만, 분명한 것은 이 그림이 『가나데혼 주신구라』 제 7막의 미타테에라는 것이다.

무대에서도 오카루, 유라노스케, 구다유가 상중하 세 위치에 자리잡고 있는 7막은 주신구라에서 하시라에로 하기에 최적의 장면이다. 사실, 고류사이는 그것을 그대로 그린 하시라에 그림도 있다. 그렇지만 게시된 그림은 2층의 오카루를 유곽에서 잘 노는 예쁘장한 남자로 바꾸고, 유라노스케의 위치에는 유녀라는 남녀의 역전을 시험하고 있는 점에 화가의 생각을 살펴보아야 할 것이다.

오카루가 읽는 편지를 거울로 비추어 훔쳐보려고 하는 본래의 설정은 품고 있던 거울로 자기 모습을 정리하는데 전념하는 남자의, 다소 자만심이 넘치는 모습으로 바꾸어 놓은 점이 재미있다. 이 비유의 발상은 그 나름대로 호평받아, 안에이(安永: 1772-82년) 후기에 도리이 기요나가鳥居清長가 풍류를 즐기는 유객과 유녀는 그대로 툇마루 아래의 하인만을 야리테바바(遣り手婆: 창녀와 손님 사이를 주선하거나 창녀를 감독하는 여자)로 바꾼 유작類作을 그리고 있다. 그 그림의 경우 유녀 관리 역할을 담당하는 야리테바바 포주는 유녀에게 온 편지를 훔쳐보고 있다는 설정이다.

7막 외에도 단독으로 니시키에의 미다테에의 제재가 된 주신구라 5막의 야마자키 가도 장면 등도 비교적 눈에 띄지만, 오히려 각 막 모두를 패러디하는 시리즈물 형식이 많다. 이 종류의 시리즈물도 대부분의 우키요에 화가가 다루고 있는데 그 중에서도 주목되는 것이 미인화로 잘 알려진 기타가와 우타마로(喜多川歌麿)이다.

미인화로 한평생을 풍미했던 우타마로는 西村與八版만으로도 ≪주신구라≫를 간행하는 등 당대 미인풍속을 주신구라 각 막의 유명한 장면을 패러디한 시리즈물을 여러 종류 제작하고 있다. 그 중에서도 오미야 곤쿠로近江屋権九郎를 발행처로 간세이寬政 6, 7년(1794, 95)경에 간행된 「高名美人 미타테 忠臣蔵」는 인물 배치의 교묘함과 뛰어난 미타테 취향에서 단연 돋보이는 작품이라 할 수 있다. 게다가 그려진 여자들은 모두 당시 실제 미인들이다. 주신구라는 전11막인데 이 시리즈물 이름에 「十二枚연속물」이라고 덧붙여 써넣은 것은 마지막 11장이 2장 연속으로 되어 있기 때문이다. 최종 그림에는 「応求歌麿自艶顔写」의 서명을 넣어 고노 모로노高師直로 미타테한 미남자의 우타마로歌麿 자신이 오이란花魁(고참 창녀)에게 술을 강요당해 난처한 모습의 다소 희롱조의 그림이다.

아래의 「6막」 그림은 야마자키 街道에서 장인 요이치베이與市兵衛를 자신이 죽였다고 생각한 간페이勘平가 할복해 빈사지경일 때 야마자키 야고로千崎弥五郎와 하라 고에이몬原郷左衛門이 복수의 연판장을 보여 동지同志로 넣어 주려는 장면이다. 화장대 앞에 풍만한 가슴을 내보인 미녀가 할복하려고 배를 드러낸 간페이勘平로, 그 뒤에 서있는 두 사람이 야고로弥五郎와 고에이몬郷左衛門으로 비유되어 있다.

화장대 앞의 여자 발밑에는 「すみの丞」, 오른 쪽에 서 있는 여자는 「菊もと」, 왼쪽의 여자에게는 「小田原」이라는 문자가 들어가 있는데, 「菊

もと」는 芝神明前의 찻집水茶屋의 딸 기쿠모토오한菊本お半이다. 「すみのゑ」는 우타마로歌麿 자신의 시리즈물 「五人美人愛敬競」에 그려져 있는 「菊往之江」와 같으며 아마도 찻집水茶屋에서 손님을 끄는 얼굴 마담 같은 미인일 것이다. 「小田原」는 분명하지 않지만 연판장에 비유한 두루마리에 쓰여진 「후쿠주福寿」나 「千代鶴」 역시 우타마로의 미인화에서 나오는 料亭의 이름이기 때문에 小田原도 찻집水茶屋 혹은 요정의 여자일 것이다. 「高名美人 미타테 忠臣蔵」의 제목이 없으면 주신구라의 미다테에見立絵로 생각하지 못할 가능성도 있지만 제목에서 먼저 밝혔기 때문에 충의 무사의 장렬한 죽음의 장면을 요염한 여성의 화장하는 모습으로 환치한 묘미를 자연스레 즐길 수 있다.

이처럼 에도 후기 이후 『가나데혼 주신구라』의 각 장면이 미타테에의 소재로 빈번히 사용된 것은 우키요에를 비롯한 대중문화의 세계 속에서 주신구라가 갖는 커다란 의미 즉 교양으로서 기능하고 있기 때문이다. 당시 여전히 계속 반복되는 무대에서 상연되고 있던 「주신구라」를 고전으로 부르기는 쉽지 않지만, 『源氏物語』나 『伊勢物語』의 유명한 장면이나 段의 내용이 널리 알려져 그에 입각한 미다테에가 다수 생겨난 것과 같은 작용을 했다는 의미이다. 핫토리 유키오는 주신구라물의 니시키에가 종류도 많고 다채롭고 방대한 이유가 각 막에 볼만한 장면이 많고 늘 서막부터 대단원까지 계속해서 상연되어 모든 장면이 널리 알려져 있기 때문이라 했는데, 이는 미다테에를 낳은 모태로서도 크게 작용했기 때문이라고 생각한다.

아코사건뿐만 아니라 무가사회에 관한 일을 각색할 경우에는 실재인물을 거명해서는 안 되는 법령이 에도 초기인 1644년에 발효되어 지켜졌다. 아코사건 후 1703년 2월에는 '近き異事' 즉 아코사건을 각색하여 상연해서는 안 되었다. 서민의 일대관심이기도 하고 극적이기도 한 이 사건은 여러 가지 궁리를 하여 관헌의 눈치를 보며 무대화가 진행되었다. 그렇게 하여 47년째 되던 해에 『太平記』의 세카이世界를 빌려와 반은 공공연하게 극화된 것이 『가나데혼 주신구라』인 것이다.

그 전의 모든 작품을 집대성한 『가나데혼 주신구라』을 바탕으로 그 이후에는 「忠臣藏物」이라는 작품군을 낳는다. 구성도 뛰어나고 연출도 세련된 『가나데혼 주신구라』는 가부키 세계에서는 기사회생의 묘약처럼 비유되어, 이 작품의 상연은 흥행의 불황을 단박에 바꿔버리는 효력을 발휘하였다.

이와 같은 문화적 파급력은 음으로 양으로 극장 외부의 문화적 지지 기반층이 가담되었기에 가능했으리라고 생각한다. 우키요에의 제재로 그려진 배우들의 무대 모습이라든지 무대장면을 그린 작품들이 오늘날의 브로마이드bromide처럼 날개돋친 듯 팔려나갔던 것을 보면 충분히 납득할 만하다. 구체적으로는 구니요시의 ≪誠忠義士伝≫과 같은 연속물을 비롯하여 도요쿠니의 다색판화인 니시키에라든지 미인화의 우타마로 등의 우키요에를 통해서 주신구라 문화의 저력을 확인할 수 있었다.

Ⅶ.
영화 '주신구라'

忠
臣
蔵

VII. 영화 '주신구라'

1. 대중영화로서의 '주신구라'

어느 나라든 그 국민 모두로부터 인기를 얻고 있는 이야기가 있기 마련인데 일본의 경우는 '주신구라'가 여기에 해당한다. 약 300년 동안 남녀노소를 불문하고 이 이야기에 친숙하지 않은 일본인이 없을 정도로 '주신구라'는 국민문화인 셈이다. 보통 일본인은 일본문학의 최고봉으로 『겐지 모노가타리源氏物語』를 지목하지만 천황가의 성적난맥性的亂脈을 묘사한 이 장편소설은 역사적으로 결코 대중적 인기가 있었던 적은 없다. 그것은 문학적으로 세련된, 극히 한정된 귀족과 지식인이 감상한 적은 있어도 서민이 연극과 영화, 그리고 음악과 같이 가벼운 마음으로 친숙한 이야기는 아니었다. 국민적 인기 면에서는 18세기 이후 '주신구라'가 압도적이었다.[56] 1900년대에 일본영화가 다시 활기를 찾았을 때 주신구라를 소재로 한 영화들도 많이 제작되었다. 대중영화의 몇 가지 중요한 장르가 사라진다 해도 쉽게 사라지지 않는 것도 있다. 그것이 바로 '주신구라' 영화다.

러일전쟁 이후 '주신구라'를 보급시킨 새로운 미디어로서 잊어서는 안 될 것이 변사辯士가 활약하는 독특한 영화, 즉 활동사진이다. 1896년에 처음으로 일본에 도입된 영화로 '주신구라'를 찍은 것은 1907년 12월의 일이었다. 이것은 11대 가타오카 니자에몬片岡仁左衛門이 요이치베 · 사다쿠로 · 간페이의 3역을 빠르게 바꿔가며 5막의 야마자키 가도山崎街道 장면을 극장주인 요시자와吉沢 상점의 별장에서 촬영한 것이다. 엄밀히

56 四方田犬彦「映画ジャンルとしての『忠臣蔵』」『芸術学研究』No.12, 明治学院大学 文学 部芸術学科, 2002.3, p.23

말해 영화라고 하기보다 가부키의 실사實寫와 같을지도 모르겠다. (田中純一郎『日本映画發達史1』中央公論社, 1957年)

메이지 말기부터 다이쇼 시대의 '주신구라' 영화라고 하면 일본 영화의 아버지라고 말하는 마키노 쇼조牧野省三가 영화스타의 원조로 불리며, 애칭 '맛짱'의 오노에 마쓰노스케尾上松之助와 한 조를 이룬 일련의 작품이다. 그 대표작 중 하나로 1912년에 요코타橫田상회가 제작한, 마쓰노스케가 오이시 구라노스케, 아사노 다쿠미노카미, 시미즈 잇카쿠淸水一角의 3역을 연기한 <實物應用活動寫眞忠臣藏>이 있다. 이 영화의 바탕이 된 것은 2년 전에 제작된 마쓰노스케의 첫 사진 42장의 <주신구라>였다. <실물응용>이라는 것은 활동사진의 장면에 배우가 실연하여 보이는 영화를 말한다.

이 영화의 富士館의 광고물을 보면 <천하 일품 주신구라 전 47장>이라는 제목과 그 정보가 살짝 적힌 것뿐이며, 주요 출연배우와 스탭의 이름이 적혀있지 않다. 당시 관객의 관심이 배우보다는 '주신구라'의 어떤 장면이 촬영되었는지에 있었음을 말해준다. 이 <四十七 士>의 수에 맞춘 사십칠 장은 모두 고단과 나니와부시 등에서 익숙한 장면이다. 단지, 제26장에 등장하는 아즈마 구다리東下り의 유라노스케가 대결하는 立花左近이라는 사람만은 감독의 牧野省三이 고안한 가공의 인물이라고 말해지기도 한다(御園京平「영화 주신구라」私家版, 1966년). 앞서 본 伊東燕尾의 <의사전> 등에 시사를 얻은 것일지도 모른다. 그 진위 2사람의 左近이 대결하는 장면은 큰 인기가 있어, 전후의 '주신구라' 영화에도 종종 등장하는 유명한 장면이 되었다.

이 영화의 광고물에는 또 하나 주목할 점이 있다. 그것은 인사 한 소절에 <본 년은 아코 의사 이백십년제에 상당히 관련되어, 이것을 기념하여 무사도 고취를 위해 주신구라 개통했을 때의 활동 대사진을 실물응용에서 함께 감상한다>라고 하는 것처럼 영화의 '주신구라'도 雲右衛門의 浪花節과 마찬가지로 <무사도 고취>의 슬로건을 내건 것이다. 그리고 실제로 이 시기 이후의 '주신구라' 영화에는 雲右衛門와 奈良丸

의 나니와부시가 구연되거나, 레코드가 흘러나오는 경우가 있었다. '주신구라' 영화와 浪花節의 관계는 생각보다 깊은 것이 있었다.

조루리 『가나데혼 주신구라』의 전11막을 가로지르는 큰 줄기 이야기는 복수담이지만, 그것이 전체의 연결고리 이상의 역할은 아니라고 본다. 뇌물의 많고 적음에 따른 괘씸죄, 오카루 간페이의 오피스 러브, 무기조달에 즈음한 사카이堺 상인의 의로운 마음씨, 유곽에서의 오보시의 방탕 등에서 알 수 있듯이 연극의 근저에 깔려있는 것은 무사의 금욕적인 에토스가 아니라 조닌의 현세적 가치관이다. 300년에 걸친 주신구라 인기의 배후에는 일본인의 집단취향이 크게 작용하고 있다. 근대일본이 천황을 정점으로 한 부국강병 정책에 돌입했을 때 조닌의 현세철학에 대신하여 무사도의 충효사상이 주신구라 이야기 위에 첨가되었다. 내셔널리즘의 대두로 말미암아 주신구라에 등장하는 주인공들의 의사義士다운 면모를 강조하기에 이르렀고, 흥행에서는 조루리 『가나데혼 주신구라』가 주춤하는 대신에 무대를 에도江戸 겐로쿠元禄시대로 돌린 실록판實錄版 주신구라가 주류였다.

주신구라가 일본인의 정신 형성에 끼친 영향력은 근대에 들어서면서 더욱 강화된다. 근대 일본의 주신구라는 메이지유신明治維新 이래의 국민국가 형성과 밀접한 관계를 유지하면서 특히 전쟁이나 반란이 일어났을 때 집단적으로 상기想起되어 마치 하나의 행동강령과 같은 성격을 지니기 때문이다. 그런 의미에서 근대의 주신구라는 단지 민중이 애호한 문예물이었던 것뿐만 아니라 근대 일본의 중요한 정치문화로서의 기능도 담당했다고 볼 수 있다. 근대의 주신구라는 근세와 같이 개인과 집단의 정체성에 관계될 뿐만 아니라 국민의 아이덴티티를 형성하여 내셔널리즘의 일환으로 군림하는 정치 사회적 특색을 보이는데, 그 중의 하나가 1868년 11월에 메이지 천황이 센가쿠지泉岳寺에 칙사를 파견해 오이시를 비롯한 아코 낭인의 행동을 칭송한 것을 받아들여 그들을 의사義士로 찬미하는 국수주의 입장이다. 근대의 주신구라에서 압도적으로 많은 부분이 바로 의사전義士伝[57]과 같은 것이다. 다른 하나는 1873

년 2월에 복수를 국가공권을 범하는 중대한 범죄행위로 금지한 복수금지령에 의거해 의사義士로 인정하지 않는 계몽주의의 입장이다. 물론 이 양극의 주신구라 사이에 다양한 뉘앙스를 지닌 의사 찬미와 의사 비판이 존재하며 또한 양자는 서로 복잡하게 교착하면서 전개된다. 요컨대, 근대의 다양한 주신구라는 메이지 정부의 칙사파견과 복수금지령이라고 하는 서로 모순된 정책을 개개의 연구자가 어떻게 받아들여 아코 사건에 어떠한 의미를 부여하느냐에 따라 그 위상이 정해진다.[58]

이와 같이 주신구라는 근대 일본에서 사상思想 투쟁의 장과 같은 면모를 보이고 있다. 근대 일본에서의 주신구라의 변용은 역사의 변동과 더불어 크게 변하는 정치상황과 사람들의 가치관을 예리하게 반영하는 역사적 표상으로서의 역할을 다하여 왔던 것이다.[59] 이러한 문제의식을 갖고 주신구라의 전체상을 파악하기 위해 개개의 문화영역의 텍스트를 몇 종류로 유형화하여 상호 관련성에 유의하면서 각 유형의 주

57 17세기에 다이묘(大名) 아사노 다쿠미노카미(浅野内匠頭)가 에도성(江戸城) 내에서 상관급 다이묘인 기라 고즈케노스케(吉良上野介)에 개인적인 원한에 의한 칼부림으로 이마에 상처를 입혔다. 성내에서 칼을 뽑는 것은 쇼군(將軍)에 대한 반역으로 간주되어 아사노는 할복과 가문 해산의 처분을 받고 그 밑의 수백 명의 무사들은 전부 낭인의 신세로 전락되었다. 1년 후 그들 중에 46명이 에도의 기라 저택을 습격하여 고즈케노스케를 살해한다. 그들의 주장은 주군인 아사노가 한을 품고 죽은 이상, 기라를 살해해서 아사노의 영혼을 진정시키는 것이 부하인 자신들이 해야 하는 일이라는 것이었다. 46명은 막부의 명에 따라 전원 할복하였다. 에도 서민들은 그들의 일련의 행동을 충의로서 찬미하고, 나아가서는 조루리와 가부키 등의 연극과 강담(講談)이 되어 일본인이 좋아하는 최대의 이야기가 되었다. 연극에서 가장 유명한 것이 『가나데혼 주신구라』이고 강담에서는 의사전(義士伝)이라고 한다. 의사전에는 이야기 전체를 말하는 것 외에, 한 명 한 명의 의사의 전기인 명명전(銘々伝)과, 그들의 협력자와 관계자의 에피소드를 이야기한 수많은 외전(外伝) 등, 방대한 이야기들로 가득하다.

58 구양근 교수는 『일본은 결코 문명대국이 될 수 없다』(동아일보사, 1998)에서 「불교를 진정한 민중의 것으로 만들기 위하여 악인까지도 포교의 대상으로 삼기를 주장한 신란(新鸞)의 악인정기설(惡人正精氣說)이 '악을 긍정적으로 보고 심지어 악을 행하는 것이 선을 행하는 것'이라는 가치관의 전도를 가져 왔듯이, 주신구라는 작가의 의도와는 무관하게 복수극의 피의 잔치로 변질되고 말았다.」고 언급하고 있다.

59 이준섭 『주신구라』 살림출판사, 2005, p.13

신구라가 시대의 흐름 속에서 어떻게 변화해갔는지를 살펴보는 것도 의의가 있다고 하겠다. 일본영화사 속에 커다랗게 자리잡고 있는 주신구라 영화의 史的 고찰을 통해 주신구라 문화의 외연을 확인하고자 한다.

'주신구라' 주요 영화

연 도	회사명	제 목	감 독	오이시 大石由良之助	아사노 浅野内匠頭	기라 吉良上野介
1910年	요시자와 상점 吉沢商店	가나데혼 주신구라 仮名手本忠臣蔵				
1910年	요코다 상회 横田商会	주신구라 忠臣蔵	마키노 쇼조 牧野省三	오노에 마쓰노스케 尾上松之助	오노에 마쓰노쓰케 尾上松之助	가타오카 이치노마사 片岡市之正
1911年	엠 파테 Mパテー	12시 주신구라 十二時忠臣蔵				
1912年	요코다 상회 横田商会	주신구라 忠臣蔵	마키노 쇼조 牧野省三	오노에 마쓰노스케 尾上松之助	오노에 마쓰노스케 尾上松之助	가타오카 이치노마사 片岡市之正
1912年	닛카쓰 日活	주신구라 忠臣蔵	마키노 쇼조 牧野省三	오노에 마쓰노스케 尾上松之助	오노에 마쓰노스케 尾上松之助	가타오카 조주로 片岡蝶十郎
1913年	닛카쓰 日活	증보 주신구라 増補忠臣蔵	마키노 쇼조 牧野省三	오노에 마쓰노스케 尾上松之助	지쓰가와 엔이치로実川延一郎	가타오카 조주로 片岡蝶十郎
1914年	야마토 온에이 弥満登音影	가나데혼 주신구라 仮名手本忠臣蔵	모리 가나메 森 要	마쓰모토 도라조 松本虎蔵		
1914年	덴카쓰 天活	주신구라 忠臣蔵	요시노 지로 吉野二郎			
1915年	고마쓰 상회 小松商会	실록 주신구라 実録忠臣蔵		이치카와 단에몬 市川団右衛門		
1915年	닛카쓰 日活	실록 주신구라 実録忠臣蔵	마키노 쇼조 牧野省三	오노에 마쓰노스케 尾上松之助	지쓰카와 엔이치로 実川延一郎	이치카와 스미노조市川壽美之丞

1917年	닛카쓰 日活	겐로쿠 쾌거 12시 주신구라 元禄快挙十二時忠臣蔵	마키노 쇼조 牧野省三	오노에 마쓰노스케 尾上松之助		이치카와 스미노조市川壽美之丞
1918年	닛카쓰 日活	가나데혼 주신구라 仮名手本忠臣蔵	마키노 쇼조 牧野省三	오노에 마쓰노스케 尾上松之助	아라시 에이지로 嵐榮次郎	이치카와 스미노조市川壽美之丞
1920年	고쿠카쓰 国活	실록 주신구라 実録忠臣蔵	요시노 지로 吉野二郎	이치카와 엔주로 市川莚十郎		
1921年	닛카쓰 日活	실록 주신구라 実録忠臣蔵	마키노 지로 牧野省三	오노에 마쓰노스케 尾上松之助	나카무라 센타로 中村扇太郎	이치카와 스미노조市川壽美之丞
1922年	쇼치쿠 松竹	실록 주신구라 実録忠臣蔵	요시노 지로 吉野二郎	사와무라 시로고로沢村四郎五郎	사와무라 세이키노조 沢村清紀之丞	나카무라 게이교쿠 中村桂玉
1922年	마키노 牧野	실록 주신구라 実録忠臣蔵	마키노 쇼조 牧野省三	반도 히코조 阪東彦蔵	아라시 리쇼 嵐璃昇	오노에 고주로 尾上幸十郎
1922年	데이키네 帝キネ	실록 주신구라 実録忠臣蔵	나카가와 시로 中川紫郎	아라시 리토쿠 嵐璃徳	아라시 쇼조 嵐笑三	아사오 오쿠야마 浅尾奥山
1926年	닛카쓰 日活	실록 주신구라 実録忠臣蔵	이케다 도미야스 池田富保	오노에 마쓰노스케 尾上松之助	가쓰라 다케오 桂武男	야마모토 가이치 山本嘉一
1927年	데이키네 帝キネ	주신구라 忠臣蔵	야마시타 슈이치 山下秀一	오노에 몬주로 尾上紋十郎	마쓰모토 다사부로 松本田三郎	가타오카 도주로 片岡童十郎
1928年	마키노 マキノ	실록 주신구라 実録忠臣蔵	마키노 쇼조 マキノ省三	이 요호 伊井蓉峰	모로구치 주쿠 諸口十九	이치카와 고분치 市川小文治
1930年	닛카쓰 日活	겐로쿠 쾌거 · 대 주신구라 元禄快挙 · 大忠臣蔵	이케다 도미야스 池田富保	오코치 덴지로 大河内伝次郎	가타오카 지에조 片岡千恵蔵	미마스 유타카 三桝豊
1932年	쇼치쿠 松竹	주신구라 忠臣蔵	기누가사 데이노스케 衣笠貞之助	반도 주자부로 阪東壽三郎	하야시 조지로 林長二郎	가미야마 소진 上山草人
1934年	닛카쓰 日活	주신구라 忠臣蔵	이토 다이스케 伊藤大輔 이타미 만사쿠 伊丹万作 오자키 준 尾崎純	오코치 덴지로 大河内伝次郎	가타오카 지에조 片岡千恵蔵	나카무라 기치지 中村吉次

1937年	다이토 大都	주신구라 忠臣蔵	시라이 센타로 白井戦太郎	아베 구스오 阿部九洲男	마쓰모토 에이사부로 松本栄三郎	마쓰무라 미쓰오 松村光夫
1938年	닛카쓰 日活	주신구라 덴노마키 忠臣蔵 天の巻	마키노 마사히로 マキノ正博	반도 쓰마사부로 阪東妻三郎	가타오카 지에조 片岡千恵蔵	마쓰모토 가이치 山本嘉一
1938年	닛카쓰 日活	주신구라 지노마키 忠臣蔵 地の巻	이케다 도미야스 池田富保	반도 쓰마사부로 阪東妻三郎	가타오카 지에조 片岡千恵蔵	마쓰모토 가이치 山本嘉一
1939年	도호 東宝	주신구라 전편 忠臣蔵 前篇	다키자와 에이스케 滝沢英輔	오코치 덴지로 大河内伝次郎	하세가와 가즈오 長谷川一夫	마루야마 사다오 丸山定夫
1939年	도호 東宝	주신구라 후편 忠臣蔵 後篇	야마모토 가지로 山本嘉次郎	오코치 덴지로 大河内伝次郎	하세가와 가즈오 長谷川一夫	마루야마 사다오 丸山定夫
1941年	교아 興亜	겐로쿠 주신구라 전편 元禄忠臣蔵 前篇	미조구치 겐지 溝口健二	가와라사키 조주로 河原崎長十郎	아라시 요시사부로 嵐 芳三郎	미마스 유타카 三桝万豊
1942年	쇼치쿠 松竹	겐로쿠 주신구라 후편 元禄忠臣蔵 後篇	미조구치 겐지 溝口健二	가와라사키 조주로 河原崎長十郎	아라시 요시사부로 嵐 芳三郎	미마스 유타카 三桝万豊
1952年	도에이 東映	아코성 赤穂城	하기와라 료 萩原 遼	가타오카 지에조 片岡千恵蔵	가타오카 지에조 片岡千恵蔵	스스키다 겐지 薄田研二
1952年	도에이 東映	속 아코성 続赤穂城	하기와라 료 萩原 遼	가타오카 지에조 片岡千恵蔵	가타오카 지에조 片岡千恵蔵	스스키다 겐지 薄田研二
1953年	도에이 東映	여간첩 비문 아코낭인 女間者秘聞 赤穂浪士	사사키 야스시 佐々木康	가타오카 지에조 片岡千恵蔵		스스키다 겐지 薄田研二
1954年	다이에이 大映	아코의사 赤穂義士	아라이 료헤 荒井良平	신도 에이타로 進藤英太郎	구로카와 야타로 黒川弥太郎	세가와 미치사부로 瀬川路三郎
1954年	쇼치쿠 松竹	주신구라 忠臣蔵	오소네 다쓰오 大曾根辰夫	마쓰모토 고시로 松本幸四郎	다카다 고키치 高田浩吉	다키자와 오사무 滝沢 修
1956年	도에이 東映	아코낭인 赤穂浪士	마쓰다 사다쓰구 松田定次	이치카와 우타에몬 市川右太衛門	아즈마 지요노스케 東千代之助	쓰키가타 류노스케 月形龍之介

1957年	쇼치쿠 松竹	대주신구라 大忠臣蔵	오소네 다쓰야스大曾根辰保	이치카와 엔노스케 市川猿之助	기타가미 야타로 北上弥太郎	이시구로 다쓰야 石黒達也
1958年	다이에이 大映	주신구라 忠臣蔵	와타나베 구니오渡辺邦男	하세가와 가즈오 長谷川一夫	이치카와 라이조 市川雷蔵	다키자와 오사무 滝沢 修
1959年	도에이 東映	주신구라 忠臣蔵	마쓰다 사다쓰구松田定次	가타오카 지에조片岡千恵蔵	나카무라 긴노스케 中村錦之助	신도 에이타로 進藤英太郎
1961年	도에이 東映	아코낭인 赤穂浪士	마쓰다 사다쓰구松田定次	가타오카 지에조 片岡千恵蔵	오카와 하시조 大川橋蔵	쓰키가타 류노스케 月形龍之介
1962年	도호 東宝	주신구라 忠臣蔵	이나가키 히로시 稲垣浩	마쓰모토 고시로 松本幸四郎	가야마 유조 加山雄三	이치카와 주샤 市川中車
1978年	도에이 東映	아코성단절 赤穂城断絶	후카사쿠 긴지 深作欣二	요로즈야 긴노스케 萬屋錦之介	사이고 데루히코 西郷輝彦	가네코 노부오 金子信雄
1994年	도호 東宝	47인의 자객 四十七人の刺客	이치카와 곤 市川崑	다카쿠라 겐 高倉 健	하시즈메 준 橋爪 淳	니시무라 고 西村 晃
1994年	쇼치쿠 松竹	주신구라외전 요쓰야괴담 忠臣蔵外伝四谷怪談	후카사쿠 긴지 深作欣二	쓰가와 마사히코 津川雅彦	사나다 히로유키 真田広之	다무라 다카히로 田村高廣

2. 가부키 잔영

일본의 영화산업을 일으킨 사람들은 초기의 사극영화에서 알 수 있듯이 가부키에 종사하고 있었다. 최초의 대감독이며 프로듀서였던 마키노 쇼조牧野省三[60]는 가부키의 극장주이었고, 최초의 슈퍼스타인 오노에 마쓰노스케尾上松之介와 사와무라 시로고로澤村四郎五郎를 비롯해 1920년대, 1930년대에 사극의 황금시대를 구축한 반도 쓰마사부로阪東妻三郎[61],

60 상영시간 80분의 <忠魂義烈 実録忠臣蔵>(1928)를 감독, 총지휘를 하였다.

61 이케다 도미야스(池田富保)의 <忠臣蔵 天の巻·地の巻>(1938)에서 오이시 구라노스

이치카와 우타에몬市川右太衛門, 가타오카 지에조片岡千恵蔵, 아리시 간주로嵐寛寿郎, 하세가와 가즈오長谷川一夫, 그리고 제2차 대전 후의 요로즈야 긴노스케萬屋錦之介, 이치카와 라이조市川雷蔵 등 사극영화계의 중심이었던 스타들이 가부키출신이다.

그들은 초기의 오노에 마쓰노스케, 사와무라 시로고로를 별개로 치면, 가부키의 연기형태를 그대로 영화에 접목시킨 것이 아니라, 영화가 요구하는 리얼리즘에 제각각 근접하도록 노력하고 있었다. 그러나 몸에 익은 가부키의 예절은 그들 연기의 매력의 핵심이 되어 있었다. 영화계는 그밖에 많은 사극 스타를 독자적으로 육성했지만 구로사와 아키라黒澤明에 의해 발탁된 미후네 도시로三船敏朗의 <라쇼몬羅生門>(1954), <用心棒>(1961) 등의 연기는 예외이지만, 대다수의 스타들의 연기는 앞에서 말한 가부키 출신 스타들의 연기형태를 기준으로 한 것이다. 특히 남자 주연급 영화배우의 연기형태를 가부키의 연기형태와 관련지어 일본영화 속의 가부키 잔영이라는 주제로 고찰하면 영화라는 서양문화의 수용과정에서 기존의 자국문화와의 상관관계는 어떠했는지를 파악할 수 있을 것이다.

일본 영화산업의 산파역은 20세기 초부터 교토에서 사극時代劇을 만들기 시작한 가부키계의 사람들과 도쿄에서 현대극을 만들기 시작한 신파계 관계자들이었다.[62] 따라서 일본영화는 이들의 연극으로부터 큰 영향을 받았던 것이다. 그 영향이 가장 두드러진 것 중 하나는 주연 배우급에 다테야쿠立役와 니마이메二枚目의 구별이 있는 것이다. 다테야쿠라

케 역을 하였다.

62 일본에서 본격적인 영화사가 세워진 것은 1912년으로, 할리우드에서 영화사가 설립된 때와 거의 같은 시기이다. 하지만 전자가 소규모의 가내공장이라면 후자는 근대적인 거대한 공장이라 할 수 있다. 할리우드에서 이미 1910년대에 정형화된 화법이나 카메라 기법, 여배우·스타라는 시스템을 일본영화가 받아들인 것은 겨우 1920년대에 들어서이다. 후에 독자적인 스타일로 비할리우드 영화의 전형으로 평가받은 오즈야스지로의 영화에도 1920년대의 초기 작품에서는 서구적인 냄새가 난다고 야유할 정도로 미국영화로부터 깊은 영향을 받았다.(요모타 이누히코『일본영화사100년』참조)

는 남자역은 정확하게 주연 또는 준주연의 남자역할을 의미하는 가부키의 용어이지만, 좁은 의미로는 힘세고 멋진 남자 역할을 가리킨다. 니마이메는 미남역할이고 넓은 의미로는 주연 속에 포함되어 있지만, 이 단어만 전문용어를 넘어 미남자 일반의 의미가 되었다. 가부키의 대표작인 『가나데혼 주신구라』로 예를 들면, 다테야쿠는 오보시 유라노스케大星由良之助이고 니마이메는 하야노 간페이早野勘平이다.

다테야쿠, 특히 참을성이 강한 남자역이라는 것은 강인하며 사려분별이 뚜렷하고 인격적으로도 박력과 기량이 큰 사람이다. 말하자면, 이상적인 남성이며 따라서 극단의 대표가 해봄직한 역할이다. 다만, 이 이상적인 남성에게도 연극적 인간으로서는 미진한 부분이 있다. 그것은 다테야쿠 타입의 인물은 러브신을 연기하지 않는다. 다테야쿠는 무사의 이상형을 모델로 설정한 캐릭터이기 때문이다. 그리고 훌륭한 무사는 연애 따위는 하지 않는다는 것이 무사의 도덕인 유교가 정해놓았기 때문이다. 가부키는 그러한 이상적인 무사를 찬미했다. 그러나 가부키 자체는 에도시대의 조닌町人계층의 지지에 의해 성립된 연극이다. 조닌은 무사보다는 연약했지만 연애에는 관대했다. 그래서 가부키에서는 정사장면이라고 불리는 러브신에도 커다란 관심을 갖게 되었다. 단지 훌륭한 인물은 연애 따위는 하지 않는다고 하는 무사의 도덕을 인정하는 이상, 훌륭한 인물에게 정사장면을 연기하도록 할 수는 없었다. 그렇게 해서 만들어진 것이 니마이메라고 하는 미남역이다. 미남역은 바로 여자에게 반하는 달콤한 미청년인데, 당당하고 근사한 남자일 필요는 없었던 것이다. 하야노 간페이가 그런 것처럼 약간 연약하고 경솔하고 믿음직하지 않는 편이 좋다. 미남역의 가장 단순한 형태는 지카마쓰 몬자에몬의 작품에서 많이 볼 수 있는 조루리의 주인공일 것이다. 미남역은 유부녀에게 반해 자제심을 잃고 가게의 돈을 사사롭게 쓰기도 했다. 때로는 당당한 불량한 사람이다. 당시의 도덕기준으로 판단하면 물론 결코 훌륭한 남성은 아니였다. 단지 그들에게는 이상적인 남성임에 틀림없는 다테야쿠가 가질 수 없는 미덕이 하나뿐인데, 그것은 여자와 함께 죽을 수 있다는 것이다.

오보시 유라노스케가 마지막 습격하기 전에 아내와 이혼한 것처럼 남자역의 중요한 속성의 하나는 남편의 충의 때문에 아내와 자식에 대한 사랑을 희생한다는 것이다. 이에 대하여 미남역의 특질은 집과 일을 내팽개치고 여자에 대한 사랑을 완수하는 것이다. 여자에 대한 사랑 때문에 죽는다. 이 순정이야말로 다테야쿠 주연이 할 수 없는 미남역의 미덕이고, 이 순수함만 있으면 연약한 것도 믿음직스럽지 못한 것도 모두 용서되어 미화할 수 있는 것이다.

서양 로맨스에서는 영웅이라는 것은 모험과 동시에 사랑을 하는 자이다. 그것은 중세유럽에서 크게 유행했던 기사도이야기에서 잘 나타나 있다. 물론 기사도이야기의 주인공은 늠름한 기사이다. 그는 여러 나라를 둘러싸고 모험을 한다. 그와 동시에, 그는 반드시 손윗사람인 이상형의 여성과 사랑을 하지 않으면 안 된다. 귀족인 기사보다 손윗사람의 여성일 경우는 왕비이기도 하지만, 그 상황에서 만약 그 사랑이 왕에게 알려진다면 기사는 왕에 대한 충성보다 왕비에 대한 사랑으로 살아가지 않으면 안 되는 것이다. 고금동서를 통해서 멜로드라마의 최대 테마는 모험과 사랑이지만 기사도이야기에 등장하는 영웅들은 그 양쪽을 혼자서 해낸다. 반면, 가부키에서는 모험은 다테야쿠가 담당하고 연애는 니마이메가 그 역할을 담당한다.

서양의 기사도이야기는 근대가 되면서 인기를 잃었지만, 그 기본적인 영웅의 역할은 서양의 근대 멜로드라마로 이어지고, 영화에서도 근간을 이루었다. 마찬가지로, 일본에서도 가부키에서 확립된 다테야쿠와 니마이메의 구별은 대부분 그대로 현대극인 신파에도 이어져 영화에도 계승되었다. 다만 신파에는 다테야쿠 중심의 작품은 거의 없고, 주로 니마이메와 온나가타女形가 주연인 연애 드라마이다. 남자역은 미남역의 너무 연약한 면을 도와주는 보조적인 역할이 되는 것이 많다. 예를 들면 1898년에 신파에서 처음 연기 후 종종 영화화도 되었던 <金色夜叉>에서는 약혼자에게 버려져 복수를 위해 돈벌이에 전념하는 하자마 간이치間貫一가 니마이메의 미남역이고, 그 사내답지 못한 나약함을 질타해서, 가난해도 신념을 관철하며 남자답게 살아가는 법을 보여주는 조연역의 친구 아라오 조스케荒尾譲介가 다테야쿠이다. 또 똑같이 신파의 대표작으로 자주 영화로 상연된 <婦系図>에서는 게이샤 오쓰타お蔦와 결혼해서 사랑으로 살아가려고 하는 하야세 지카라早瀬主税가 니마이메의 역할이고, 게이샤 따위와는 헤어져 버리라고 남성본위의 삶의 방식을 요구하는 은사인 마사고초真砂町의 선생이 다테야쿠이다. 니마이메의 하야세 지카라는 주역이지만 조연인 선생의 권위에는 아무런 저항도 못한 채 그저 유시마 신사湯島神社 경내에서의 슬픈 이별의 장면을 연출하게 된다. 니마이메는 사랑으로 살고 싶은 바람이 있지만, 그것을 성취시킬 만한 실력도 신념도 부족하다. 그렇기 때문에 비극인 것이다.

3. 가부키 출신 영화배우

1910년대, 20년대에 가부키에서 많은 배우가 영화계로 진출한다. 그렇지만 그들은 가부키 연극계에서는 명문가 출신이 아니었기 때문에 대극장의 스타는 될 수 없었다. 당시, 가부키 관계자들은 영화인을 얕보고 차별했다. 1950년대 이후, 또 다시 가부키에서 영화계로 옮겨가는 사람들이 등장했다. 이번에는 가부키에서도 명문가 집안의 젊은이들과 명성을 지니고 있는 일류 배우들이었다. 영화의 지위가 그만큼 높아져 차별이 없어진 이유도 있고 또 가부키가 예전만큼 계속 흥행하지도 못하였기 때문이다. 1950년대 도에이東映 사극의 황금시절 주역이었던 나카무라 긴노스케中村錦之介, 오카와 하시조大川橋蔵도 가부키의 명문가 출신이었다.

가부키의 명문가 출신인 배우들의 좋은 점은 기품과 풍격, 그리고 행동거지가 아름답다는 것이다.[63] 그 점에서 가장 눈에 띄는 배우는 다이에이大映 영화사에서 많은 시대극에 출연한 市川雷蔵이다. 그는 시대극

뿐만 아니라 주인공으로서 이치카와 곤市川崑 감독과 함께 현대극에서도 다양한 역에 도전한다. <엔조炎上>(1958)의 열등감 때문에 국보 건조물에 방화하는 學僧, <본치ぼんち>(1960)의 女難이 그칠 날이 없는 부자 상인의 아들, <하카이破戒>(1962)의 피차별 부락출신의 교사 등이 그 대표적인 작품이지만 그는 아무리 비참한 역할이라도 아무리 익살스러운 역할이라도 그것을 격조 높게 연기함으로써 작품에 기품을 남겼다.

선대 마쓰모토 고시로松本幸四郎는 가부키의 다테야쿠(주역)으로 명성을 확립한 뒤 영화에도 종종 초대되어 시대극에서 중후한 연기를 보여준 배우였다. 오소네 다쓰오大曾根辰保의 <꽃의 생애花の生涯>(1953)에서 井伊直弼, 堀内真直의 <荒木又右衛門>(1955)에서의 荒木又右衛門, 堀川弘通의 <고토의 가조각琴の爪>(1957)에서의 오이시大石良雄 등 그는 한결같이 거물급을 거물급 인물답게 연기하는 한층 더 스케일이 큰 배우였고, 설령 그 연기가 영화적이라기보다 무대적이라서 다른 배우들과의 앙상블이 조금 흐트러져도 그것은 그것대로 독립해서 감상할 수 있는 것이었다고 한다.[64]

幸四郎의 아들인 나카무라 기치에몬中村吉右衛門은 1969년에 시노다 마사히로篠田正浩의 <心中天網島>에서 지물포의 지헤이紙屋治兵衛로 출연했다. 유녀 고하루小春와 정사情死하는 애처로운 남자가, 기치에몬의 한결같은 기백있는 연기로 자신이 선택한 운명을 자기 뜻대로 살아간 쾌남으로 호평을 받았다.

나카무라 간지로(2대 中村鴈治郎)와 그 아들 나카무라 센자쿠中村扇雀(3대 中村鴈治郎)는 간사이關西 가부키의 명문가 사람들이다. 간사이 가부키는 지

63 명문가 출신자만이 대스타로의 길을 걸을 수 있다는 특수한 예능계 귀족으로서, 어릴 때부터 가정환경을 포함해서 이루어지는 명문의식의 주입에 의한 것으로, 아직 미숙한 연기를 하는 단계에서조차, 우상숭배적인 찬사의 시선을 받는 특별한 경우도 있다. 어차피 그들에게는 밑에서부터 힘겹게 올라온 사람들과는 다른 몸에 밴 자부심이 있고 의연한 모습이 보인다. 그것이 또 연기의 가타(型)에 결정(結晶)되어 전승된다.

64 佐藤忠男『日本映画史 第2巻』岩波書店, 1996, p.368

카마쓰 이래 와고토和事의 본고장으로 조닌계급의 정사와 연애, 일상생활의 리얼하고 아름다운 심리묘사 등에 고도로 세련된 전통을 가지고 있었지만 1950년대에는 경영난의 위기에 직면한다. 그러자 그들은 영화에도 적극적으로 출연하게 되었다. 나카무라 센자쿠는 무대에서 평이 좋은 역할의 하나인 近松門左衛門 원작 <女殺し油地獄>(1957)의 주역으로 무궤도한 청년을 호리카와 히로미치堀川弘通 감독 밑에서 연기하는 데 그치지만, 나카무라 간지로는 상당히 많은 작품에서 중요한 역을 담당하는데 그 역의 대부분은 이러지도 저러지도 못하는 처치 곤란한 속물이었다.

구로사와 아키라의 <밑바닥どん底>(1957)에서는 욕심 많고 질투 심한 집주인으로, 오즈 야스지로小津安二郎의 <浮草>(1959)에서는 옛 여인을 만나러 가 지금의 애인에게 욕을 먹게 되는 지방순회극단의 단장으로, 이치카와 곤市川崑의 <열쇠鍵>(1959)에서는 젊은 아내에게 성욕을 불태우다 고통스러워하는 노인의 모습으로, 이마무라 쇼헤이今村昌平의 <人類学入門>(1966)에서는 바람둥이 손님으로, 그리고 小津安二郎의 <고하야가와 가족의 가을小早川家の秋>(1961)에서는 옛날에 헤어졌던 첩의 집에서 심장발작을 일으켜 불의에 죽는 참으로 복 많은 노인으로 등장한다. 그것들은 모두 아름다운 노인도 아니며 그렇다고 위엄 있는 노인도 아니지만, 인간이 피하기 힘든 번뇌와 희희 낙락거리며 장난치고 있는 노인이고 가부키의 와고토和事 예능의 진수를 모아 늙어가는 스릴과 재미를 만끽하게 한다.

4. 멜로드라마로서 주신구라

멜로드라마[65]의 주요 테마의 하나는 모험이다. 일본영화에서는 그 중심에 시대극 가부키의 남자역 연기스타일을 이어받은 배우들이 있다. 그리고 다른 하나의 테마인 연애는 역시 가부키의 미남역과 여장의 연기스타일을 이어받은 배우들에 의해 먼저 신파극에서 현대풍으로 다시 만들어져 그것을 현대 극영화가 이어받은 것이다. 이 남자역 중심의 시대극과 미남역 중심의 현대극이라는 양자병립의 형태가 이후 여러 가지 변화와 상호 교류를 통하여 거의 1960년대까지 계속해 왔다고 볼 수 있다.

일본영화사상, 먼저 전형적 다테야쿠로서는 1910년대의 오노에 마쓰노스케, 20년대에서 50년대에 이르는 반도 쓰마사부로, 오코치 덴지로大河内伝次郎, 가타오카 지에조, 아라시 간주로, 이치카와 우타에몬, 50년대 이후의 미후네 도시로, 60년대 이후의 가쓰 신타로勝新太郎 등의 사극 스타들과, 현대극에서는 60년대 이후의 다카쿠라 겐高倉健,[66] 70년대 이후의

65 18세기 독일에서 극중에 배경음악을 삽입하여 관객의 감정을 조작하는 수법이 유행했고, 같은 시기에 프랑스에서는 감정을 흔드는 음악을 사용한 무언극 멜로드라므(melodrame)가 유행했다. 이 멜로디와 드라마의 혼성어가 <멜로드라마>가 된 것이다. 일본에서는 최근 이 말은 거의 사용하지 않고, <트렌디드라마(trendy drama)>라는 말로 대신하고 있다. 悲劇과 달리, 등장인물의 행동으로부터 人生과 人間性에 대한 깊은 생각보다는 衝擊的展開를 계속해서 보여줌으로써 관객의 정서에 직접 호소하는 것을 목적으로 삼는다. 때론 선정적이고 드라마의 내용이 빈약하다는 의미로 이 말이 모멸적으로 사용되는 경우도 있다. 狹義로 멜로드라마는 19세기 영국을 중심으로 유럽과 미국에서 유행한 演劇 형태를 가리킨다. 현재는 演劇뿐만 아니라 文学과 映画, 그리고 TV드라마 등에서도 그 드라마 형식에 입각하여 멜로드라마로 불려지기도 하고, 하나의 장르로 자리잡는 경우도 있다. 여기에서는 恋愛를 주된 테마로 한 通俗的, 感傷的인 大衆演劇映画로 이해하면 된다.

66 1994년 이치카와 곤(市川崑) 감독의 작품에, 오이시(大石内蔵助)와 기라(吉良) · 우에스기(上杉) 측의 사령탑, 이로베(色部又四郎)와의 모략전쟁을 축으로 오이시의 人間像을 좇아가면서 새로운 시각으로 제작한 忠臣蔵映画 <47인의 刺客>에서 오이시 역을 맡았다. 이 영화는, 종래의 주신구라 이야기에 덧붙여 현대적 정보전쟁, 경제전쟁을 방불케 하여 베스트셀러가 된 이케미야 쇼이치로(池宮彰一郎)의 소설을 영화화한 수작으로 평가받고 있다.

마쓰다 유사쿠松田優作 등이다.

한편, 전형적인 니마이메로서는 20년대의 이와타 유키치岩田祐吉, 20년대에서 30년대에 걸쳐서 오카다 도시히코岡田時彦, 30년대부터 50년대의 우에하라 겐上原謙, 40년대부터 50년대의 모리 마사유키森雅之, 이케베 료池部良, 50년대의 사타 게이지佐田啓二, 60년대의 가야마 유조加山雄三,[67] 70년대 이후의 사와다 겐지沢田研二, 하기와라 겐이치萩原健一, 고 히로미郷ひろみ 등을 들 수 있다.

이상은 전형적인 예이지만, 양쪽에 모두 해당되는 스타도 있다. 20년대에서 50년대에 이르는 하세가와 가즈오는 가부키의 온나가타 출신으로 일본영화사상 최고의 미남배우 중 한사람이지만 다테야쿠 타입의 역할도 자주 연기했다. 그것은 그가 사극의 스타였기 때문이다. 사극의 팬은 대부분이 어린이이어서 그들은 러브신에 흥미가 없고 오로지 칼싸움 장면에만 눈을 크게 뜨고 신나게 바라보았던 것이다. 그들의 관심에 부응하기 위해서는 미남역도 칼을 휘두르지 않을 수 없었고, 칼을 휘두르는 역은 다테야쿠 풍으로 연기하게 되었다. 30년대의 다카다 고키치高田浩吉, 50년대 이후의 요로즈야 긴노스케, 50년대, 60년대의 이치카와 라이조, 60년대 이후의 오카와 하시조大川橋蔵 등, 사극에는 이러한 타입의 스타가 적지 않다. 모험도 하고 사랑도 한다는 점에서 그들은 서양의 로맨스의 영웅에 가까워 보이지만 양쪽의 요소가 내면적으로 통일되어 있는 것이 아니라 역할에 따라서 연기를 나누는 것이 많기 때문에 멋진 무사가 사랑하는 미녀를 위해서 충의도 부정하고 분투하는 것 같은 장면은 좀처럼 볼 수가 없다. 대체로 그들은 달콤한 미모 때문에 팬의 교성을 들을 수 있던 때에는 니마이메의 미남역으로 여성팬들에게 조금씩 다가갔고, 연륜이 쌓여 관록이 몸에 붙으면 다테야쿠로 바뀌어 여자들이 근처에 얼씬도 못할 정도로 무서운 얼굴이 되기도 한다.

현대극에서도 니마이메에서 다테야쿠로 변신한 스타가 있다. 30년대

67 <忠臣蔵 花の巻·雪の巻>(稲垣浩 감독, 1962)에서 아사노 다쿠미노카미(浅野内匠頭)를 열연한 바 있다.

에서 40년대의 오비나타 덴大日方伝, 사부리 신佐分利信, 사노 슈지佐野周二는 원래 남자다운 타입인데, 유약함을 니마이메의 조건으로 들면 그 범주에는 들어가지 않지만, 젊었을 때는 여성에 대해서는 어색함을 숨기는 부끄러운 듯한 감정을 보이면서 미남역을 연기했다. 남자다운 청년이 부끄러워하면서 여성에게 경의를 나타내 보인다. 그 수줍어하는 감정이 동시대의 미국영화 속에서의 리차드 바셀메스Richard Barthelmess와 게리 쿠퍼Gary Cooper에 공통되는 그들의 근대성이었던 것이다. 그러나 중년에 달한 40년대에서는 그들은 거의 다테야쿠 타입으로 이행한다. 특히 60년대 이후의 사부리 신은 부권의 상징으로서 여자아이를 거만하게 얕보는 듯한 역에 많이 기용되었고, 그 모습은 거의 다테야쿠의 희화화와 종이 한 장 차이였다. 50년대 말에 당시로서는 가장 미국화된 타입으로 연기한 이시하라 유지로石原裕次郎는 사랑하는 미녀를 위해 악한들과 격투한다는, 서양의 동화에서 기사도 이야기를 거쳐 서부극 그 밖의 액션물에 이르는 서양 멜로드라마의 영웅들과 기본적으로 같은 역할을 계속 연기해 큰 인기를 얻었지만, 그러한 역할을 연기하기 위해서는 그는 불량한 포즈를 취할 필요가 있었다. 불량하지 않은 청년이 그런 흉내를 내는 것은 무언가 일본에서는 어울리지 않았기 때문이다. 서양적인 영웅은 눈에 거슬리는 불량한 행동으로서라면, 젊은 혈기의 실수로서 일본사회에 용납되었다. 그것도 또 근대화의 한 과정이었다. 그리고 70년대에 들어서 그도 중년이 되니 변함없이 젊은 혈기의 실수로 끝까지 밀고 나갈 수 없게 되자 완전한 다테야쿠 타입으로 이행한다. 이시하라 유지로와 똑같은 과정을 밟은 선행자에 50년대의 불량스러운 니마이메로부터 60년대 이후에 완전히 다테야쿠로 변신한 쓰루타 고지(鶴田浩二)가 있다.

우선 여배우와 희극배우를 별개로 하면 일본영화를 상업적으로 유지해온 것은 위에 언급한 사람들을 일부분 정점으로 한 스타들이다. 대다수의 영화는 그들의 히트작을 그들 자신이 모방한다고 하는 방법으로 만들어져, 그렇게 하여 견고하게 완성된 대부분이 의식적 혹은 무의

식적으로 후배로 이어졌다. 기획의 대부분은 이러한 스타들에게 똑같은 배역을 반복시키기 위해 스토리를 찾는 것을 비롯해 각본가와 감독의 연출력 등의 많은 노력은 그 목적을 위해 한 곳으로 모아졌다. 이것이 스타시스템이다. 가부키와 신파는 완전한 스타시스템의 연극인데 이를 계승한 일본영화 또한 처음부터 스타시스템이었다. 그리고 그 근간에는 에도시대의 가부키에서 확립된 기본개념이 확실히 뿌리를 내리고 있었다. 마치 유럽과 미국 영화가 기사도 이야기의 남자주인공과 여주인공의 형태를 적어도 1950년대까지는 확실하게 보존해온 것처럼 말이다.

일본에서 영화의 역사가 시작되는 약 30년 전에 일본은 국가로서 봉건제도를 폐지할 것을 천명했다. 士農工商이라고 하는 신분은 없어지게 됐고 제도의 개혁은 크게 진행되었다. 그러나 큰 틀은 변해도 세부까지 변하기는 쉽지 않아, 도노사마殿様에 대한 무사의 충성의무라는 것은 부정되어도 그 대신에 천황에 대한 국민전체의 충성의무가 이상하리만큼 강조되는 등, 봉건시대의 감성과 매너가 단지 별개의 형태로 재편성된 것에 지나지 않은 면도 있었다. 봉건사회의 다양한 요소는 서서히 배제되면서도 오래 남았다.

17세기의 봉건시대에 예술적으로 완성된 가부키는 그러한 봉건시대의 사고와 순수한 매너를 미적으로 결합시킨 연극이다. 그것은 형태를 중요시하는 연극이고 인간행동의 여러 가지 국면이 패턴화된 연기술에 결합되어 전승되고 있지만 당연한 것이면서 그 패턴 속에는 등장인물이 제각각 속해있는 계층과 계층 간에서 신분의식이 표명하는 방식이 포함되어 있다. 도노사마에 대한 부하무사의 태도, 자식의 태도, 하인의 태도, 하인끼리의 사이에도 있는 상급하급의 태도, 무사에 대한 상인의 태도, 그리고 그 반대의 경우. 그것은 모두 예의범절로서 매너화되어 있지만 그 매너 속에서도 친한 정도와 그 장소의 상황, 본인의 성격 등에 따라서 여러 가지 미묘한 변화가 있을 수 있다. 가부키는 그러한 예의범절이 집결된 것 같은 연극이고, 위엄을 나타내는 방법, 으스대는 방법, 경의를 나타내는 방법, 겸양하는 방법, 자신을 낮추면서 친밀감으로 상대에게 애교를 나타내는 방법, 자신을 낮추면서 말이 없는 가운데 반항의 의사표시를 하는 방법, 그리고 비굴함, 등등을 미묘하지만 때로는 명확하고 아름답게 표현할 수 있는 많은 형태가 300년에 걸쳐 많은 배우들에 의해 궁리되고 정련되어 전승되어 온 것이다.[68]

일본의 현대 극영화는 신파극의 사람들에 의해 시작되었다. 1912년에 건설되어, 1923년 관동대지진으로 파괴된 도쿄 무코지마東京向島의 닛카쓰 무코지마日活向島촬영소는 신파영화의 발상지이고, 신파극에서 활동해온 기누가사 데이노스케衣笠貞之助는 이 무렵 여장으로서 스타가 되기도 하고, 미조구치 겐지溝口健二는 조감독에서 감독으로 데뷔한다. 신파가 가부키로부터 이어받은 독특한 연기의 한 가지로는 무언으로 심정을 표현하는 몸짓연기가 있다. 무언無言으로 무언가 생각하는 포즈를 취하고 표정을 짓는다. 스토리의 흐름 속에서 그들과 그녀가 무엇을 생각하고 있는지를 대사가 없어도 알 수 있는 것이다. 시골에서 도시로 나온 젊은 사람이 시골의 부모를 생각하고 애인을 생각한다. 봉건적인 사회 때문에 관계를 맺을 수 없는 애인이 떨어져 서로 생각만 하고, 만나더라도 너무 순수해서 포옹 등을 할 수 없어서 그냥 멀리서 묵묵히 바라보기만 한다. 그러한 연기는 신파에서 영화의 멜로드라마에 계속 이어지게 되었다.

가부키는 에도시대 말기이후, 하루의 상연목록 중에 역사물時代物과

68 일본사회의 근대화라는 것이 어떤 면에서는 이 예의범절의 체제가 크게 변화한 것이었기 때문에 가부키에서는 근대화를 진행시키고 나서 일본사회의 인간관계를 표현하는 것이 불가능했고 가부키는 발전이 정지된 고전극으로서 고정화되었다. 가부키에서 길러진 예의범절의 연기 형태를 상당한 정도로 이어받으면서 그래서 근대화 과정의 사회와 인간을 표현하려고 하는 것이 신파이지만 이것은 결국 봉건시대의 인간관계가 특별히 진하게 남아있는 화류계라든가 직인(職人)의 도제사회, 혹은 대학교수와 그 제자와의 관계를 대할 때에는 이상하리만큼 아름다움을 발휘하였다. 신파극은 1920년대까지는 대중적으로 연극의 주류로 있을 수 있었지만 1930년대 이후는 새로운 고전으로서 고정되어 있었다.

세태물(世話物: 당시의 현대극)을 동시상영으로 흥행하는 상연형태로 만들어지고 있었다. 영화는 이것을 이어받아 1910년대에서 1960년까지 시대극과 현대극을 동시상영으로 보여주는 흥행의 방법이 통상적인 형태였다. 시대극의 주류는 강한 무사의 이야기이기 때문에 거기에는 남자의 강함이 더욱더 강조되어 여자는 그 흥취정도에 따른 부차적 존재였다. 어쨌든 유교도덕으로 단련된 훌륭한 무사일수록 그에게 연애는 죄라고 말하지 않을 수 없을 만큼 바람직하지 않은 행위였기 때문에 러브신에도 한계가 있었다. 가부키에서도 세화물은 주로 상인에 의한 연애극이지만, 시대극을 가장 좋아하는 어린이 팬들은 역시 유교적인 교육체제하에 자라서 정사 장면은 성적 충동을 느끼게 하는 것으로 불쾌하게 생각하여 세화물은 별로 영화화되지 않았다. 정사 장면 혹은 러브신에서 가장 관심을 가지는 것은 청년층이다. 그러나 아이들이 아직 유교적인 교육 환경 속에 있다고 하는 것과 모순되는 것이지만 서양에서 들어온 자유연애 찬미의 사조에 다소 영향을 받기 시작했던 청년층의 1910년대, 1920년대가 되면 가부키 세화물의 연애는 진부하게 비극적이고 너무 관능적이었다. 어쨌든 서양의 영화에서는 연애는 도덕적으로 바람직하지 않다고 하기는커녕 크게 부각되어야만 하는 아름다운 행위였다. 그렇기 때문에 젊은이들은 특히 젊은 아가씨들은 창녀가 남자 손님과 신주心中하는 비참한 일본의 전통적인 세화물의 이야기보다도 밝은 처녀에게 청결한 청년이 진심을 바치는 서양적인 스토리를 선호하게끔 기호가 바뀌어졌다. 가부키에서는 그런 스토리는 없고 그것은 외국의 소설과 영화를 본보기로 해서 창작되어 현대극영화가 되었다. 시대극이 남성중심의 무사만이 남자다운 남자가 되는 것을 보완하는 것과 같이 현대극은 맑고 깨끗한 처녀라든가, 가련한 아가씨, 품위있는 아가씨, 마음 씀씀이가 넉넉한 누님과 같은 여성 등이 중심이 되어 남자 주역은 오로지 그녀들에게 진심을 바치는 쪽으로 역할이 돌아갔다. 이렇게 해서 다테야쿠의 남자배우 중심의 시대극에 대해서 현대극에서는 여자배우가 중심이 되어 니마이메의 남자배우가 연애를 한다고 하

는 방식이 기본이 되었다.[69]

가부키가 영화에 미친 영향으로는 그밖에도 많다. 서양의 연극과 비교했을 경우, 가부키의 특징 중의 하나가 회화絵画적인 연극이라는 것이다. 배우는 연기 도중에 대단히 좋은 자세와 표정이 되었을 때 한순간 그 자리에서 동작을 멈춘다. 이것을 기마루きまる라고 말한다. 혹은 뛰어난 다테야쿠가 적을 앞에 두고 자신의 강함을 과시할 때나, 역시 용감하고 씩씩한 모습이 되었을 때 동작을 멈춰 상대를 위압하는 기백을 나타내기도 한다. 이것을 미에見得라고 하는데 모두 리얼리즘뿐만 아니라 양식화된 연기이고, 그 정해진 때에 형태의 회화적인 아름다움으로 관객을 빠져들게 하는 것이다. 이러한 연기의 스타일은 좀 더 자연스럽게 리얼리즘에 가까워지도록 하였지만 가부키 출신의 배우들이 시대극영화에 참여하게 된 것뿐만 아니라 신파에 부여한 영향을 통해서 현대극의 배우들에게도 어느 정도의 영향을 주었다.[70]

69 물론 예외는 많이 있지만 이러한 시대물과 세화물의 동시상영이라는 가부키 목록을 올리는 것은 영화에서는 시대극과 현대극의 동시상영이라는 형태로 계승되어 기리(義理)로 사는 남자의 이야기와 사랑으로 사는 여자의 이야기를 상호보완적으로 늘어놓는 방식은 에도 막말(幕末)부터 1960년대까지 거의 계속되었다.

70 가부키출신의 배우인 하세가와 가즈오(長谷川一夫)는 신파의 여장출신으로 영화감독이 된 衣笠貞之助에게 연기지도를 받았다. 어느 날 衣笠貞之助가 싸우는 장면에서 長谷川一夫에게 칼을 휘둘러 싸운 뒤에 꼼짝말고 멈추도록 명령하는데 그 때 멈춘 칼 날로 비쳐들고 있는 빛의 반사가 그대로 카메라의 렌즈에 들어오도록 주문했다. 長谷川一夫는 도저히 그것은 불가능하다고 말했지만 衣笠貞之助는 틀림없이 연기가 제대로 틀이 잡혀 한 폭의 그림처럼 되는 한 순간을 기대했던 모양이었다. 衣笠貞之助의 경우는 극단적이지만 시대극영화의 기본 중의 하나는 먼저 그러한 그림처럼 아름답게 틀에 잡힌 연기였다. 그러나 그것만으로 영화는 가부키를 넘을 수 없었다. 시대극영화에 가부키와는 다른 매력을 더한 것은 가부키에는 없는 격한 칼싸움인데 이것은 주로 1910년대와 1920년대의 미국 활극의 영향에 의한 것이었다. 무대 위에서는 배우가 전력으로 질주한다는 연기는 있을 수 없지만, 미국의 활극영화는 사람과 말이 전속력으로 움직이면서 드라마가 전개된다는 새로운 스펙터클한 방식을 가르쳐 주었다. 그것을 시대극에 응용하여 달리면서 싸울 수 있게 되었고 영화적 박력 또한 배가되었다.

5. 주신구라 영화

주신구라를 제재로 한 최초의 영화는 1907年明治 40年에 제작한『忠臣蔵五段目』[71]이다. 단, 이 작품은 가타오카 니자에몬11代 片岡仁左衛門의 襲名公演 때의 상황을 보존할 목적으로 촬영한 것으로, 극영화로서 최초의 작품은 1910년에 제작된 마키노 쇼조牧野省三 감독 · 오노에 마쓰노스케尾上松之助 주연에 의한『実演 · 忠臣蔵』이다.[72] 제2차대전 이전에는, 牧野省三 등에 의해 다수의 忠臣蔵 映画가 제작되었다. 오이시 구라노스케大石内蔵助 역을 많이 연기한 배우로는 尾上松之助가 유명하다.

등장인물이 다채롭기 때문에 스타가 총출연할 수 있는 연출이 가능하여 주신구라는 인기있는 장르가 되었고, 제2차대전 이전부터 이후에 걸쳐 本伝만으로 80편 이상의 작품이 제작되었다. 또, 연극적 관점에서 관객이 영화를 보아서인지 쇼와昭和 30년대까지는 大石内蔵助와 아사노 다쿠미노카미浅野内匠頭가 같은 배역으로 연출되기도 한 경우도 있었다.

이처럼, 영화에서는 무성영화시대 초기부터 반복되어 만들어지더니 한때는 거의 매년 제작되었다. 태평양전쟁 전에 제작된 것 가운데 특히 눈에 띄는 것은 장편극영화 작품의 하나인 요코타 상회의 오노에 마쓰노스케尾上松之助의 <忠臣蔵>(1910), 마키노 쇼조マキノ省三의 <実録忠臣蔵>(1928), 쇼치쿠 올스타 캐스트에 의한 기누가사 데이노스케衣笠貞之助의 <忠臣蔵>(1932) 등이다. 1945년의 패전 후, 점령군에 의해 영화화는 금지되었지만 1952년 점령이 끝남과 동시에 부활되었다.[73] <銘々伝>과 <外

71 11대 가타오카 니자에몬(片岡仁左衛門)이 간페이(勘平), 사다쿠로(定九郎), 요이치베이(與市兵衛)의 1인3역의 연기를 하였다.

72 현재 마쓰다영화사가 소장하고 있어 이따금 무성영화관상회에서 상연되는 <마쓰노스케의 주신구라> 필름은 원래 무성 작품으로 나중에 로쿄쿠(浪曲)와 변사에 의한 설명 및 음악이 부가된 데다가, 도중에는 확실히 다른 시기에 제작된 별개의 조각 필름도 삽입된 것으로 보이는 재편집된 프린트이지만, 주요부분은 1910년에 제작된 마키노 쇼조의 '주신구라'가 아닌가 추측된다.(佐藤忠男『日本映画300』朝日文庫, 1995, p.16)

73 '주신구라'가 가부키에서 해금(解禁)되고나서도 영화에서는 당분간 상연금지되었

伝>적인 제재를 포함하면 그 총량은 방대하다. 쇼치쿠 올스타 캐스트인 오소네 다쓰야스大曾根辰保의 <忠臣蔵>(1954), 도에이東映 올스타 캐스트인 마쓰다 사다쓰구松田定次의 <赤穂浪士>(1956), 다이에이大映 올스타 캐스트인 와타나베 구니오渡辺邦男의 <忠臣蔵>(1958) 등이 평가받아왔다. 대중시대극의 대량생산이 끝난 1960년대 이후의 상황을 살펴보면 1962년 도호東宝의 이나가키 히로시稲垣浩 감독이 제작한 <忠臣蔵·花の巻·雪の巻>, 1978년 도에이의 후카사쿠 긴지深作欣二 감독의 <赤穂城断絶>, 그리고 1994년 이치카와 곤市川崑 감독의 <47인의 자객>과 후카사쿠 감독의 <忠臣蔵外伝·四谷怪談> 정도로 그 제작편수가 줄었는데 텔레비전에서는 변함없이 몇 번씩이나 대하드라마를 상영하고 있는 실정이다. 즉 영화에서 텔레비전으로 영역 이동된 셈이다.

시대극영화의 역사에서 가장 많이 채택된 테마의 하나가 복수였다. 소가曾我 형제의 복수, 아라키 마타에몬荒木又右衛門의 복수, 赤穂義士의 복수가 일본 3대 복수로 영화 소재로도 가장 많이 채택되고 있지만 그 중에서도 赤穂義士의 복수이야기는 忠臣蔵라고도 불리어 가장 많이 반복 영화화되고 있다. 아마 복수이야기는 이야기의 역사와 같을 정도로 오래되었고, 사상사에서 정의와 명예에 관한 관념의 성립은 복수이야기의 성립과 밀접한 관계가 있을 것이다. 그러나 복수를 정의와 명예의 이름으로 정당화하고 미화하는 것은 복수당한 자의 재복수를 정당화하고 미화하는 것이기 때문에 법과 문명은 복수를 금지하고 야만스럽게 보는 것이다. 그런데 복수가 문명의 이름하에 금지될지라도 정당

다. 점령이 끝난 1952년에 간신히 <아코성(赤穂城)>(하기와라 료(萩原遼) 감독)이라는 제목으로 공개되었다. 여전히 주신구라(忠臣蔵)라는 명칭은 기피되고 전투장면은 없었다. 이는 가부키와는 비교도 안 될 정도로 영화가 대중에게 주는 영향이 크다고 GHQ(연합군총사령부)가 판단했기 때문일 것이다. 점령 하의 검열문제에 대해 가부키 관계자는 아무래도 가부키 중심으로 생각했으나, 전체적으로 가부키의 역할이 적었고 전혀 관심조차 보이지 않은 GHQ 담당관도 많았다. 그것은 일본문화에 무관심하다는 뜻이 아니라 그들에게 「민주화」에 어울리는 연극은 신극이고, 대중에게 영향을 주는 것은 영화나 라디오로, 방대한 검열 대상 속에서는 그 쪽의 비중이 압도적으로 많았던 것이다.

한 복수야말로 정의의 가장 기본이라고 하는 생각은 쉽게 지워지지 않아 복수이야기는 현대에 이르기까지 많은 나라의 사람들로부터 사랑받고 있다. 단지 나라에 따라서 복수의 테마가 특별히 돋보이고 있는 것과 그렇지 않는 것의 차이는 있다.[74]

일본의 시대극에 복수의 주제가 많은 것은 하나는 에도시대의 복수제도와 관계가 있다. 봉건시대에는 각 번이 제각각 경찰권과 사법권을 가지고 있기 때문에 살인 등의 범죄를 범해도 번藩 바깥으로 도주해버리면 처벌 할 수 없었다. 전사인 무사가 누군가에게 살해당하는 것은 불명예스럽기 때문에 살해당한 무사의 가족은 원칙적으로 주군으로부터 봉록을 받지 못하게 되지만 만약 가족의 누군가가 번 외부로 도망친 범인을 쫓아가서 복수를 한다면 명예는 회복되고 다시 봉록도 받게 된다. 이 때문에 번에서는 도망간 살인자를 추적하고 살해해도 좋다는 허가장을 유족에게 주었다. 이렇게 복수에 한하여 살인은 공인되어 오히려 그것을 수행하지 않으면 무사로서 인정받지 못하는 불명예가 되었다. 수사권과 사법권이 다른 번에 미치지 않는 것에서부터 취해진 편법이었지만 결과로서는 그것은 명예와 가록家祿을 건 공인된 살인인 셈이다. 게다가 그 살인은 반드시 성공한다고 볼 수도 없고 범인에 의해 복수하는 쪽이 역으로 살해당하는, 즉 원수를 갚으려다 도리어 당하는 꼴이 될 가능성도 크다. 이래서 공인된 데스매치Death Match라고 하는 이상한 사건이 세상을 열광시켜 평화스런 에도시대에 이따금씩 발생하는 복수는 그 때마다 대단한 뉴스가 되어 전해졌다.[75] 일반적으로 복수이

74 일본영화에 비해 한국영화에서는 피해자가 비탄에 잠기는 장면은 묘사를 철저히 하고 있지만 그것이 복수로 이어지는 경우는 흔치 않고 사회주의 국가에서는 일반적으로 복수를 엔터테인먼트의 소재로 삼는 것을 피하고 있다. 그리고 아무래도 미국의 서부극 내지는 활극영화와 일본의 시대극과 홍콩의 무술액션영화는 복수의 주제를 특히 많이 포함하고 있다는 점에서 세계의 영화 흐름 속에서도 두드러지게 눈에 뜨인다.

75 아코낭인(赤穗浪人)들의 설욕은 공인된 것이 아니고 대의명분으로 봐도 과연 복수라고 말할 수 있을지 의심스런 구석이 있다. 기라(吉良)가 아사노(浅野)를 직접 죽인 것도 아니기 때문이다. 그러나 앙갚음이 대중을 가장 흥분시키는 시대풍조 속에

야기는 한없이 계속되는 재복수를 초래하든지 성공해도 범죄로밖에 인정될 수 없기 때문에 참담한 비극의 끝을 보지만, 에도시대의 일본에서만은 영광의 영웅이야기가 되어 연극과 고샤쿠講釋 등에 제재를 제공하였으며 근대에서는 시대극영화 속에 복수라는 큰 장르를 구축하였다.

가부키는 20세기 초까지는 일본의 대중문화였다. 그 주요 작품의 내용은 대중의 상식이었다. 영화에서도 1910년대까지의 주신구라는 가부키 무대를 그대로 찍은 것 같은 느낌이 든다든지, 거기에 다소 각색을 한 것이었다. 그렇다고는 하지만 가부키의 주신구라에서는 간페이勘平와 오카루의 悲戀[76]을 비롯한 러브로맨스의 요소가 큰 비중을 차지하고 있지만 하루에 상연할 수 없는 방대한 원작을 영화로 각색하기 위해 단축하는 데에 주로 삭제된 부분은 이러한 러브로맨스의 장면이었다. 영화 관객으로는 아이가 압도적으로 많았기 때문에 아이들이 지루해하는 부분부터 삭제되었다. 대신에 원작에서는 문학적으로나 연극적으로도 특별히 비중있게 다루지 않은 용맹스런 습격 장면이 영화에서는 클라이맥스로서 크게 강조되었다.

47인의 사무라이들이 주군의 원수를 갚는 『주신구라』를 좋아하는 사람은, 오이시를 필두로 한 사무라이들이 모든 공적公的, 사적私的 갈등에 괴로워하면서 마지막에는 권력의 횡포에 필사적으로 맞서는 용감한 모습에 감동하는 것이다. 성 안에서 있었던 칼부림 사건의 동기가 불분명하기 때문에, 주군의 유언을 받들어 모신 아코 사무라이들이 기라를 습격한 의의도 분명치 않고, 사건이 안고 있는 많은 수수께끼는 결정적인 해답을 얻지 못한 채 연구자와 작가 그리고 지식인의 추측에 의해 '주

서 그것은 제각각 최대의 미담이 되었던 것이다.

76 오카루와 간페이는 『가나데혼 주신구라』 제3막의 칼부림 사건에서 처음으로 등장한다. 한간이 부하인 간페이를 데리고 등성한다. 성문 한쪽에 버들가지처럼 가느다란 허리를 한 여인이 잠시 우두커니 서있다. 이 나긋나긋한 미인이 오카루이다. 그녀는 한간의 부인인 가오요 고젠의 하녀로서 모로노에게 가오요의 답장 편지를 건네주러 심부름 온 것이다. 일전에 모로노가 가오요에게 연애편지를 보냈기 때문이다. 「너, 오카루 아니냐」「간페이 님, 보고 싶었어요」라고 인사를 주고받은 두 사람은 확실한 애인관계임을 보여준다.

신구라'의 이미지가 계속적으로 증폭되어 왔다. 따라서 47인의 복수극에 대한 해석의 폭도 충의에서 반항에 이르기까지 무척 다양하다.

이는 아코낭인의 기라습격이라는 사실史實 자체가 갖는 다의적 성격에 유래하지만, 보다 본질적으로는 아코 사건을 근대의 천황제 국가의 발전에 공헌하는 이야기로 꾸미려고 하는 측과, 그에 반대로 아코낭인의 행위를 비판, 해체하려고 하는 측의 사상적 대립을 나타내고 있다. 즉 『주신구라』라는 일본의 국민적 낭만을 둘러싸고 연구자, 작가, 지식인들 사이에 의미의 쟁탈전이 격하게 벌어져 온 것이다.

영화가 100년 넘게 일본만이 아니라 여러 나라에서 독자적으로 발전한 데에는 전통문화와의 적극적인 교감이 필요하였다. 이탈리아 영화가 초기부터 현재까지 압도적으로 오페라에서 풍부한 소재를 얻고, 중국영화가 도교의 신앙을 바탕으로 하는 京劇이나 粤劇의 연장선상에 있는 것처럼, 일본영화도 일본문화의 토양 위에서 개화한 예술이다.

'주신구라' 영화라고 하면 가부키와 마찬가지로 미조구치 겐지 감독의 <겐로쿠 주신구라元禄忠臣蔵>(1941)에 대해 언급하지 않을 수 없다. 이 작품에 대해서 많은 평자들이 한 마디씩 늘어놓지만, 세이카青果의 원작에서는 존재감이 희미한 여성상을 그려 원작에 없는 독특한 습격장면을 상기시키는 구성이 커다란 차이일 것이다. 이로써 세이카의 극작 특질과 약점도 드러나게 되는 것이다. 그러나 그와 같은 시점은 그때까지 많은 '예도물芸道物'의 걸작으로 매우 인상깊게 매력적인 여성상을 그려온 미조구치의 경우라면 당연한 것이고 앞에서 언급한 바와 같이 여기에서도 '주신구라'는 '예도물'인 것이다.

미술에 신경을 많이 쓴 미조구치의 <겐로쿠 주신구라>에서는 특히 미술감독 미즈타니 히로시水谷浩 등이 실물크기로 제작했다고 하는 성내 복도松の廊下와 아코성赤穂城의 큰 홀에 대한 평판이 좋았다. 단, 교토의 감독으로서는 의외라고 생각되는데 剣劇 영화에 소질이 없었던 미조구치는 습격장면을 촬영하지 않아 관객의 기대와는 다른 작품이 되어 흥행에는 성공하지 못했다. 그런데 이 영화의 전후편 2부로 짜여진

영화를 통해서도 확인할 수 있는 것은 '주신구라물忠臣蔵物'의 시간이 길다는 것이다. 이것은 '복수물'의 특징으로서 목표한 바를 이루기까지의 고난이 길고 험할수록 그에 대한 보람과 성취감도 크다라는 감각, 혹은 일종의 신앙이 있었을 것이다.

'주신구라' 영화를 깊이 이해하기 위해 전통문화의 하나인 가부키와의 밀접한 관계에 대한 고찰이 선행되어야 한다고 판단하였다. 가부키 관계자들이 당초 영화를 멸시했다고 앞서 언급하였다. 그럼에도 영화는 대중연극인 가부키에서 많은 영향을 받았다는 사실을 확인할 수 있다. 또한, '주신구라' 영화를 단지 잔인한 복수극으로서가 아니라 <47人의 刺客>과 같은 영화의 내러티브 분석을 통해서 또 하나의 새로운 해석의 가능성을 모색할 수 있겠다.

Ⅷ. 일본의 공동환상으로서의 '주신구라'

忠臣蔵

VIII. 일본의 공동환상으로서의 '주신구라'

1. 근대 최초의 '주신구라' 붐

이상, 살펴본 바와 같이 '주신구라'와 관련된 문화는 만만불측하다. 그렇기는 해도 '주신구라'의 소재가 된 아코사건 그 자체는 歴史事象으로서는 우발적으로 일어난 사소한 사건이다. 그로 인해 역사의 흐름이 뭔가 크게 바뀐 것도 아니다. 그럼에도 불구하고 '주신구라'가 후대 사람들의 정신에 미친 영향은 이루 헤아릴 수 없다. 아코사건 자체가 안고 있는 보잘 것 없는 의미와 장기간에 걸친 커다란 영향력, 그 낙차가 엄청나다는 것이야말로 일본문화사에서 유례가 없는 '주신구라'의 독보적 특징인 것이다.

한편, 에도시대 초기의 '다이헤이키요미太平記読み'에서 유래한 고단講談이라는 예능이 있는데 주로 戰国의 영웅호걸과 권력분쟁 등을 제재로 발전해 온 전통 하나시게이話芸로 근세에는 고샤쿠講釋로 불렸다. 이 코사건도 고샤쿠 연기자의 얘깃거리로서 적당한 소재였기 때문에 사건 당초부터 '義士傳'을 즐겨 읽었다. '의사전'에는 아코사건의 전개를 골격으로 한 '本傳'과 義士 한 사람 한 사람에 초점을 맞춘 '銘銘傳', 그리고 의사 이외의 인물을 대상으로 한 '外傳'이 있는데, 이렇게 구별된 것은 근세 중기였다.

19세기 전반에는 '의사전'이 주특기인 박람강기의 다나베 난소田辺南窓라는 고샤쿠 연기자가 나타나 책도 없이 오이시 구라노스케와 호리베 야스베堀部安兵衛 등 '의사'의 생애를 재미있게 이야기해 인기를 차지했다. '충의'의 이데올로기를 강조한 근대의 '義士銘銘傳'은 대개 난소의 고단책에 의한 것이라고 알려져 있다. 그 후, 고단은 막부 말기에 들어와 크게 유행하더니 근대 '주신구라' 환상의 밑거름이 되어 갔다.

메이지 전기에 고단이 전성기를 맞이하였다는 것은 이미 언급하였다. 이 고단이 보급되는 데에는 속기본의 역할이 컸다. 일본의 구어체의 창시자라고 불리는 야마다 비묘山田美妙와 후타바테 시메二葉亭四迷가 근대 라구코의 아버지인 산유테 엔초三遊亭円朝의 속기본에 강한 영향을 받은 것은 잘 알려져 있는데, 최초의 고단 속기본은 1885년에 출판된 쇼린 하쿠엔松林伯円의 '安政三組盃'였다. 그 후, 고단 속기본은 차례로 간행되어 1893년에는 모모카와 조엔桃川如燕의 '이십삼품 의사의 유물'이 출판되었다. 이것은 오타카 겐고의 '단자쿠의 족자'·간자키 요고로神崎写五郎의 '가나로 쓴 반성문'·아카가키 겐조赤垣源蔵의 '도쿠리 술병' 등, 센가쿠지에 있는 아코낭인의 유품을 빙자한 <의사명명전>인 셈이다.

청일전쟁 전후에 이러한 고단 속기본의 '의사전'은 몇 개 나와 있지만, 메이지 30년대 초의 『文藝倶樂部』에서 발간한 두 개의 '의사전' 특집은 주목할 만하다. 하나는 '日本思想의 純美한 것'으로서 전해진 '千古不磨의 偉觀'인 '주신구라'의 발단에서 의사할복에 이르는 '의사본전'을 제일선의 고단 연기자講談師가 각각 잘하는 부분을 담당하여 구연한 '講談주신구라'(1899년1월)이다. 또 하나는 아카가키 겐조赤垣源蔵·오타카 겐고大高源五·후와 가즈에몬不破数石衛門·다케바야시 다다시치武林唯七·호리베 야스베堀部安兵衛·데라사카 기치에몬寺坂吉右衛門·오이시 구라노스케大石内蔵助의 인기 있는 '義士명명전'을 고단 구연가와 라쿠고 연기자가 함께 共演한 '義士講談 눈의 매화'(1900.1)이다.

이처럼 『文藝倶樂部』의 '의사전' 특집은 당대 일류 고단 구연가가 영향력 있는 라쿠고 연기자와 함께 '주신구라'를 구연한 것으로 쇠퇴의 조짐을 보이기 시작한 고단계에 마지막 꽃을 피운 화려한 진용의 기획이었다.

러일전쟁의 승리로 메이지유신 이래의 구미열강에 맞선다는 국가목표가 일단 달성되자, 사람들은 목적을 잃고 국민의 국가의식이 희박해져 갔다. 그에 박차를 가한 것이 새로운 서양문화가 침투하여 개인주의, 자연주의와 사회주의의 모든 사상이 나타난 것이다. 그 때문에 국가의 위기의식은 증대되고 국가와 개인의 대립이 격해졌다. 이러한 러일전쟁 후의 시대상황 속에서 강화조약에 대한 국민의 강한 불만도 있어 무사도를 고무시키고 '충신애국'을 외치는 국가주의의 사조가 고양되었다. 이 시기에 근대 최초의 열광적인 '주신구라' 붐이 일어나는 사건 하나가 있었다.

메이지 말기의 '의사물' 붐의 계기가 된 것은 나니와부시浪花節 중흥의 아버지로 불린 도추겐 구모에몬桃中軒雲右衛門(1873.10.25~1916.11.7)의 등장이 아닐까 생각된다. 구모에몬은 제문을 읽는 吉川繁吉의 아들로 태어나 아버지의 사망 후, 부모의 이름을 계승하여 요코하마의 요세寄席에 나가 인기를 얻었다. 1898년 2월에 좌장인 三河屋梅車의 아내 오하마와 도피하던 중에 누마즈沼津의 도시락가게 이름인 桃中軒과, 신세를 진 장사꾼 天律風雲石衛門의 이름을 따 桃中軒雲右衛門이라는 예명을 사용했다.

영화 '구모에몬과 그 아내'(監督 安田公義, 出演 三波春夫, 1962)

그로부터 간사이의 도시를 전전한 후, 중국혁명을 지원한 대륙낭인 · 미야자키 도텐宮崎滔天(1871.1.23~1822.12.6)의 권유로 규슈 공연을 시작한 것이 1903년 8월의 일이다. 미야자키는 1년 전 봄부터, 雲右衛門의 제자가 되어 함께 시골 순회공연을 하였다. 구모에몬이 공연한 극장이 하카타에서 흥행했을 때에 후원한 것이 겐요샤玄洋社 등 우익 단체였다. 대러시아 강경책을 주장한 玄洋社의 중심인물인 도야마 미쓰루頭山滿는 본디 '의사' 숭배자로 특히 대담한 호리베 야스베堀部弥兵衛 老人의 팬이었다. 玄洋社의 장사壮士는 구모에몬의 나니와부시에 숨겨진 민중의 우울하고 답답한 하층의 내셔널리즘을 발견하고 이것을 무사도와 결부시켜 국민의 사기고양을 도모하고자 했다. 그후, 4년간 규슈의 자복시대를 끝내고, '무사도 고취'의 간판을 걸고 고베, 오사카, 교토의 대극장에 출연하여 도쿄에 돌아온 것은 1907년 6월이었다.

구모에몬의 도쿄 혼고좌本郷座 극장에서의 개선흥행은 역사에 남는 대성공을 거두었다. 나니와부시의 인기는 이제는 고단의 인기가 대신하고 있지만, 그때까지 민중의 대중예능으로 비하되어온 나니와부시는 일부의 지배층과 지식인도 향유하게 되었다. 이노우에 겐카보井上剣花坊가 '무사도 역시 어느덧 그들에게 고취되어'라고 센류로 읊은 것도 이때다. 이후, '나니와부시라면 의례 의사전을 얘기하는 사람'이라고 생각될 정도로 '의사전'은 나니와부시의 중요한 레퍼토리가 되었다.

구모에몬의 등장은 당시 사람들에게 큰 충격을 주었다. 그가 잘하는 연제는 '난부자카 후실 눈의 이별'을 시작으로 '大石山鹿護送' '간자키요고로 아즈마쿠다리神崎與五郎東下り' '아카가카 겐조 도쿠리의 이별'(『유키노 아케보노 의사명명전』) 등, 모두 '의사명명전'으로서 유명한 이야기였다. 그리고 이들 연제의 대부분은 고단 등에서 가져온 것에 불과하지만, 고단과는 구연 방법이 결정적으로 달랐다. 즉, 고단이 이야기의 내용을 객관적으로 설명하는 것에 비해, 구모에몬의 선율적인 말투는 핵심으로 한번에 다가가, 말하는 사람과 듣는 사람이 일체화되는 것이다.[77]

구모에몬의 '의사명명전'이 폭발적인 인기를 얻은 것은 러일전쟁이라

77 兵藤裕己「浪花節と国民国家」『国文学解釈と教材の研究』1999年11月

는 시대배경과 겐요샤의 후원이 있었기 때문이다. 그것이 더욱 일본 전국으로 급속히 퍼지게 된 것은 레코드라는 새로운 미디어가 등장했기 때문이기도 하다. 당시, 구모에몬의 레코드는 폭발적인 인기를 불러일으켜, 열광하는 팬의 요청으로 연제의 종목을 늘려갔다.

이하, 나니와부시와 라쿠고를 포함하여 고단과 『가나데혼 주신구라』를 비교해 그 상이점에 대하여 살펴본다.[78]

사실史實	**가나데혼 주신구라**	**고단**講談 **나니와부시**浪花節 **라쿠고**落語
『가나데혼 주신구라』의 때와 장소는 다카우지足利尊시대의 가마쿠라鎌倉로 되어 있으나, 사실史實은 5代 쇼군将軍 · 도쿠가와 쓰나요시徳川綱吉시대의 에도江戸에서 일어난 사건이다. 엔야 한간 다카사다塩冶判官高貞는 아사노 다쿠미노카미 나가노리浅野内匠頭長矩, 고노 무사시노카미 모로노高武蔵守師直는 기라 고즈케노스케 요시나카吉良上野介義央, 가오요顔世는 다쿠미노카미의 부인 · 요제인瑤泉院, 모모노이 와카사노스케桃井若狭助는 아사노의 동료였던 다테 사쿄노스케伊達左京亮를, 각각 모델로 하고 있다. 모로노가 가오요에게 흑심을 품었던 일은 실제 관계에서는 고즈노스케와 요제인은 그 어떤 접점도 없었다.	**【大 序】 다이조** 다카우지씨足利氏는 적장 닛타 요시타다新田義貞를 습격, 그 투구를 쓰루가오카 하치만구鶴岡八幡宮신사에 봉납하려고, 동생인 다다요시直義를 참배하게 한다. 엔야 한간의 처 가오요 고젠顔世御前은 일찍이 요시타다의 궁녀였기에, 투구 감정鑑定을 명령받는다. 탈 없이 그 책임을 다하고, 물러나려고 하는 가오요에게 모로노師直는 집요하게 치근덕거리지만, 와카사노스케桃井若狭助가 이를 구해준다. 모로노는 화가 난 나머지 와카사노스케에게 욕을 퍼붓고, 노한 와카사노스케는 당장에라도 칼을 빼어들려고 하지만, 신전 앞이기도 하고, 다다요시 공直義公의 歸還도 있고 해서 엔야 한간塩冶判官이 만류해 사태는 진정된다.	고단講談「義士本伝」첫 장大序에 해당하는 부분에 '勅使參向' "매사에 사납고 오만한 기라吉良"라는 내용과 칼부림에 이르기까지의 사정이나 기라가 다쿠미노카미内匠頭에게 심술궂게 군 내용으로 짜여 있다. 고단에는 칼부림의 원인이 뇌물이 부족하다는 이유로 다쿠미노카미를 멸시한 기라의 탐욕에서 찾고 있다. 또한 그것을 유도한 아사노가浅野家 야스이 히코에몬安井彦右衛門, 후지이 마타자에몬藤井又左衛門라는 에도 가로江戸家老의 무능함을 강조하고 있다. 어디까지나, "봐 온 것 같은" 디테일한 기조가 깔려 있다. 라쿠고落語에는, 첫 장에서의 모로노師直를 비꼬는 시골연극이라는 뜻의 「이나카시바이田舎芝居」가 있다.
와카사노스케의 또 다른 모델로 가메이 오키노카미亀井隠岐守를 들 수 있다. 가메이는 이전, 향응을 명령받았을 때, 고즈케노스케에게서 심한 처사를 받았고 이로 인해 기라를 원망하여 베려고 했다. 이것을, 가로家	**【제2막】 모모노이의 저택** 투구감식 다음날 아침, 드디어 이튿날로 다가온 접대에 대한 상의의 전언을 가지고 오보시 리키야大星力彌가 한간判官의 사자使者로서 와카사노스케의 저택을 방문한다. 리키야는 모모	나니와부시浪花節「義士外伝」중 하나에「가지카와의 경솔」이 있다. 소나무 복도에서 다쿠미노카미를 힘으로 막은 가지카와 요소베에 대한 비난을 이야기하고 있다. 가지카와는 다쿠미노카미가 목적을 달성

78 中山幹雄「忠臣蔵のものがたり」『国文学 解釈と教材の研究』1986年12月

老인 다코 몬도多胡主水가 지혜롭게 막았다는 이야기를 각색한 것이 둘째 단이다. 가코가와혼조加古川本藏는 다코 몬도와 함께, 칼부림 사건에 등장하는 가지카와 요소베梶川與惣兵衛가 모델이 되었다. 오보시리키야大星力彌는 오이시 지카라大石主税를 모델로 한 인물이다.	노이가桃井家의 가로 가코가와혼조加古川本藏의 딸 고나미小浪와 약혼한 상태이다. 리키야가 돌아간 후, 와카사노스케는 다음날 모로노를 베겠다고 혼조에게 털어놓는다. 혼조는 일부러 그것을 막지 않고, 마루 끝의 소나무의 가지를 꺾어 보이며,「이렇게 싹둑 하십시오」라고 말한다. 와카사노스케가 안으로 들어가자마자, 바로 말을 달려 일을 꾸미기 위해 바삐 움직이기 시작한다.	한 후에 말렸어도 임무를 다한 것이라는 이야기다. 즉, 기라를 죽여 버렸으면 좋았다고 다그친다. 무사를 좋아하는 서민들 마음 속에 와 닿는 이야기다. 최후에 가지카와는 자신의 소행이 부끄럽다며 출가出家한다고 지어낸 이야기다. 라쿠고「이나카 시바이田舍芝居」는 2막에 언급되어 있다.
1701 元禄 14년 3월 14일, 오전 10시경, 아사노 다쿠미노카미가 에도성 내의 소나무 복도에서 기라 고즈케노스케를 베려고 덤벼들었다. 다쿠미노카미가 어째서 기라를 베려고 했는지에 대한 동기는 불분명하다. 최고책임자 고케高家에 대한 뇌물이 부족했다는 설, 다쿠미노카미의 성격설, 염전鹽田설 등등이 있지만, 어느 것도 결정적인 것은 없다. 다쿠미노카미는 다무라 사쿄다유田村右京大夫 저택에 맡겨져 사건 당일 저녁 무렵 할복하게 된다. 다음날 문하생 폐문, 저택과 별채 모두 이틀 내로 퇴거, 더욱이 아코성赤穗城을 비우라는 명을 받았다. 한편, 기라에게는 아무런 처벌이 없었다. 다쿠미노카미를 뒤에서 막은 가지카와는, 사건 후 500석石을 더 받았다.	**【제3막】 칼부림 사태** 혼조는 다카우지의 처소에서 기다리다가, 모로노에게 막대한 금품을 뇌물로 준다. 와카사노스케는 궁안 소나무 복도에서 모로노를 베려고 하지만, 모로노는 사죄하고 탈없이 끝난다. 다소 늦게 입궐한 한간에게 모로노는 듣기 괴로운 욕설을 퍼붓기 시작하며 모욕을 준다. 견딜 수 없게 된 한간은 마침내 모로노에게 칼을 들이댄다. 그러나, 뒤에서 혼조에게 제지당하고 다이묘들에게 차단당해 모로노를 죽일 수가 없었다. 한간의 부하 간페이勘平는 이 대소동 중에 시녀 오카루와 사랑을 속삭이다가 뒷문 주변에서 이 사건을 듣게 된다. 책임을 통감한 그는 할복하려고 하나, 오카루가 이를 막고 우선, 오카루의 집에 피신하게 된다.	고단에는 수행무사가 간페이勘平가 아니라, 사실대로 가타오카 겐고에몬片岡源五右衛門으로 되어 있다. 고단과 나니와부시에는 하야노 간페이早野勘平라는 가공의 인물은 등장하지 않는다. 라쿠고에서 3막은「전당포 연극」「요이요이 소바」「우키요 목욕탕浮世風呂」로 응용되어진다.
4막에는 다쿠미노카미의 할복과 아코성 명도明渡, 두 사건을 합쳐서 각색脚色하고 있다. 부사副使인 야쿠시지藥師寺는 쇼다 시모후사노카미鹽田下總守가, 상사上使 이시도石堂는 오카도 덴파치로多門伝八郎가 모델이다. 사실의 인물은 상사와 부사의 입장이 바뀌었다. 다쿠미노카미	**【제4막】 한간의 할복** 가마쿠라 오기가야의 자택에 칩거蟄居를 명받은 한간을, 가오요顔世와 리키야力彌가 꽃꽂이를 헌상献上하며 위로해 준다. 거기에 다카우지의 상사上使 이시도石堂와 부사副使 야쿠시지藥師寺가 와서, 할복, 가계단절, 영지몰수라는 명을 전한다.	고단「本伝」에는 4막에 해당하는 부분이 자세하게 이야기된다. 다쿠미노카미는 다무라田村 저택의 마당에서 할복하게 된다. 그때, 부사副使 오카도多門가「다쿠미노카미는 한 성의 영주. 마당을 할복의 장소로 하다니 어찌 된 일인가.」라고 정사正使 쇼타庄田를 향해 말한 것

가 할복할 때, 오이시大石는 마침 그 곳에 없었고, 사건이 일어난 것도 모른 채 아코 성에 있었다.
사건을 통보받은 아코성에서는, 3월 27일부터 사흘간 大評議会가 열렸다. 아코 무사들 중, 끝까지 성을 지키기로 결의, 아코성을 베게로 삼아 죽기로 결심, 맹세에 서명한 자는 308명 중 61명이었다.
하라 고에몬原郷右衛門은 하라 소에몬原惣右衛門으로서 대회의에서는, 실제로도 중요한 역할을 맡는다. 오보시 유라노스케大星由良之助는 물론, 오이시 구라노스케大石内蔵助가 모델인 것이다.
4월 19일, 아코성은 내어주게 된다.

한간이 배에 단도를 꽂으려 할 때, 고향 하쿠슈伯州으로부터, 가로인 오보시 유라노스케大星由良之助가 급히 달려온다. 한간은,「이 단도는 자네에게 주는 유품形見일세. 이 단도로 내가 바라던 바를」라는 말을 남기고 죽는다. 할복 후, 가오요 이하, 분향을 마치고, 유골을 보내고, 유라노스케는 오노구다유斧九太由, 하라 고에몬原郷右衛門 이외, 한간을 주군主君으로 섬겼던 부하들과 선후책을 상의한다. 성을 내어준 뒤, 홀로 성문 앞에 남은 유라노스케는, 피묻은 단도를 핥으며 복수를 맹세, 성을 계속 돌아보며 하나미치花道에 들어선다.

이 큰 논의가 된다. 다쿠미노카미는「바람에 취한 꽃보다 봄이 그리울 나는 어찌하나(風誘う花よりもなお我はまた春の名残をいかにとやせむ)」라는 시를 남기고 죽는다.
아코성에서의 마지막 회의에는, 순사殉死를 결의한 자들이 모였는데, 불과 56명이었다. 오이시大石는 이들과 함께 주군의 복수를 맹세하는 연판장連判状을 차례로 돌렸다.
라쿠고에서 4막을 기초로 한 것이「四段目」(가미가타에서는「蔵丁稚」) 또한, 藝의 고심담으로서「淀五郎」가 있다.

5막은 사실과 전혀 관계없는 픽션이다. 센자키千崎의 모델은 간자키 요고로神崎與五郎, 오노 사다쿠로斧定九郎는 오노 구로베大野九郎兵衛의 아들 군에몬君右衛門이다. 하야노 간페이早野勘平의 모델의 일부가 가야노 산페이萱野三平이다.

【제5막】 야마자키 가도

비 내리는 밤의 야마자키 가도山崎御道. 오카루의 집에 몸을 의지해 사냥하며 지내던 간페이는 총의 불을 빌리기 위해, 상대를 안심시키려고 총을 건네준다. 그 남자는 옛 친구인 센자키 야고로千崎與五郎였다. 간페이는 한패에 끼려고 100량을 조달할 것을 약속하고 헤어진다. 오카루의 부친 요이치베与市兵衛는, 구다유九太由의 아들로 낭인으로 떠돌던 사다쿠로定九郎에게 죽임을 당한다. 사다쿠로는 요이치베의 품에서 50량이 들어있던 줄무늬 지갑을 훔치지만, 멧돼지로 오인받아 간페이의 총에 의해 죽는다. 잘못 보고 사람을 죽인 것에 놀란 간페이는 약을 찾으려고 시체의 품을 뒤지다가 50량을 발견한다. 하늘이 주신 것이라고 뛸 듯이 기뻐하며 하나미치花道로 들어간다.

사다구로에 대해서는 고단에는「旗本五人男」으로, 나카무라 나카조中村仲蔵의 고심담에 나온다. 나카조는 사다구로의 역을 거절당해 새로운 궁리로 고심하던 차 妙見님께 매일 참배한다. 돌아오는 길에 소나기를 만나 소바집에 뛰어 들어갔는데, 나중에 들어온 불량 하타모토旗本 此村大吉의 스타일에서 힌트를 얻어 지금의 사다쿠로 모습을 만들고 그것이 큰 성공을 거둔다.
라쿠고 5막을 모아둔 것에「吐血」(또는「五段目」),「二八義太夫」,「づけ」등이 있다. 나카조의 고심담은 라쿠고「나카무라 나카조(자노메가사)」에도 있다.「길거리 팔괘」는 거리의 점쟁이 주위에 모여 있던 손님들 중 한 명이 5막을 전부 낭독한다는 것이다.

<table>
<tr>
<td>가야노 산페이와 간페이는 할복으로 죽었다는 공통점이 있다. 산페이의 자결은 겐로쿠 15년 1월14일이었다. 그 무렵, 오이시는 야마시나山科에 살고 있었고, 2월에는 "야마시나 회의"를 열기도 하고, 전년 10, 11월에는 에도로 내려오는 등, 동료들과 밀접한 연락을 취하면서 급진파들의 폭주를 억제하며 아사노가浅野家를 다시 일으키려는 움직임을 계속해 온다.
『주신구라』는 죽음의 이야기라고 해도 좋고, 죽기 위한 드라마라고 해도 좋다. 모두가 죽음을 향해 나아가고 있다. 간페이의 픽션은 그러한 사실을 상징象徴하고 있다고도 말할 수 있다.</td>
<td>【제6막】 간페이 할복
하룻밤이 지나 요이치베의 집에 돌아온 간페이는, 기온祇園 이치몬지야一文字屋의 오사이おオ가 오카루를 데리고 가려던 참에 서로 마주친다. 요이치베가 갖고 있던 50량이 사실은 간페이를 복수단에 넣기 위해 오카루를 기온에 팔기로 하고 받은 착수금이었다. 사정을 들어보니 어젯밤 어둠 속에서 돈을 훔쳤던 그 죽은 자가 요이치베였다고 굳게 믿은 간페이는 오카루를 교토에 보낸 후, 불의한 자의 돈은 받을 수 없다고 50량을 돌려주러 온 센자키千崎와 하라 고에몬原郷右衛門, 두 명의 사무라이 앞에서 이를 해명하기 위해 배를 가른다. 그러나, 요이치베의 상처는 총상이 아닌 칼에 의한 것이고, 사다쿠로가 죽은 것 등으로 미루어 보아 간페이의 잘못이 아님이 밝혀진다. 연판장連判状에 이름을 올릴 수 있게 허락받고 간페이는 이에 만족하고 죽어간다.</td>
<td>고단에 어울리는 에피소드 주인공은, 무사가 47명이나 있어 스스로 제한되어 있다. 따라서, 47인 모두의 「銘銘伝」이 반드시 있는 것은 아니지만, 나중에 로쿄쿠浪曲화된 義士伝에 가장 많은 것이 또 「銘銘伝」이었다. 「다카다노바바高田馬場의 호리베 야스베掘部安兵衛」 「메밀장수 스기노 고헤이지夜そば売り杉野小平次」 「장작 패는 무라마쓰 기헤이지薪割りの村松喜平次」 「아카가키 겐조, 술병들고 이별赤垣源蔵徳利の別れ」 「간자키 요고로, 가나로 쓴 반성문神崎與五郎かな書きの詫証文」 등의 고단은 그대로 나니와부시가 되어, 도추켄 구모에몬桃中軒雲右衛門의 「大石内蔵助良雄」이나 요시다 나라마루吉田奈良丸의 「大高源吾忠雄(笹売り)」처럼, 오랫동안 널리 사람들에게 회자된 것도 있다.
라쿠고에는 「六段目」라는 서술적 설명地話에 忠臣蔵와 간페이를 통렬히 비방하고 있다.</td>
</tr>
<tr>
<td>실재했던 오이시大石라는 인물은 유곽遊廓에서 놀거나 노래를 짓거나 글씨나 그림에도 능한 인물로, 충의忠義에만 일관했던 이미지는 아니었다. 원래부터 놀기 좋아했던 인물이었다고도 한다. 오이시는 후시미伏見의 슈모쿠마치撞木町에 자주 다녔는데, 『주신구라』의 세계에는 그것은 모두 기라 쪽 사람들의 눈을 속이기 위해 일부러 그랬던 것이라고 되어 있다. 야마시나 시절에는 '오카루おかる'라는 애첩이 있었다.
오노 구다유斧九太由의 모델은, 아코번赤穂藩의 차석 城代家老인 오오노구로베大野九郎兵衛이다. 사건 후 오오노는 생전부</td>
<td>【제7막】 기온의유곽
유라노스케大星由良之助는 적의 눈을 속이기 위해, 기온의 이치리키차야一力茶屋에 드나들며, "까막잡기"에 흥겨워하며 논다. 모로노 쪽의 첩자가 된 구다유가 나타나 주연酒宴을 열고, 문어를 먹게 한다. 그것을 먹으며 유라노스케는 자신이 차고 다니는 칼이 녹슬었다고 알리며 복수할 마음이 없다고 깨닫게 한다.
리키야가 지참한 밀서를 2층에서는 오카루가 마루 밑에서는 구다유가 훔쳐 읽는다. 유라노스케는 기적妓籍에서 빼내준다며 오카루를 기쁘게 한 후 퇴장한다. 그 후, 헤이에몬平右衛門</td>
<td>고단에는 「本伝」에도 「銘銘伝」에도 오이시가 방탕하게 노는 장면은 그려져 있지 않다. 고단은 어조로 보나, 어떤 음곡도 사용하지 않으므로 유곽을 다루는 것은 어울리지 않기 때문이다.
나니와부시 오이시전에서 가장 대중들이 즐겼던 것은 「난부자카 유키노와카레南部坂雪の別れ」일 것이다.
구모에몬이 부르기 시작한 「御納戸羅紗の長合羽、爪がけなした高足駄......来るは名代の南部坂」는 한 시대를 풍미했다.
라쿠고의 「七段目」(가미가타 지역에서는 「시바이 무스코芝居</td>
</tr>
</table>

터 평판이 나빴던 인물이다. 데라오카 헤이에몬寺岡平右衛門은 데라사카 기치에몬寺坂吉右衛門을 모델로 하여, 오카루お輕의 오빠로 각색되었다.	이 와서 오카루에게 부친과 간페이의 죽음을 알린다. 거사를 위한 유라노스케의 본심을 알아차린 헤이에몬은 오카루를 죽이려고 한다. 그때, 유라노스케가 나타나 오카루의 손에 칼을 쥐어주고 마루 밑에 잠복해 있던 구다유를 찔러 죽이고, 헤이에몬에게는 복수단에 들어와도 좋다고 허락한다.	息子」)는 연극에 미친 전당포 아들과 점원의 이야기. 오카루가 되어 계단에서 굴러 떨어진 점원에게 주인이 「위험하군, 머리부터 떨어졌느냐(危ない、てっぺんからおちたか)」「아뇨, 7막입니다(イイエ、七段目でございます)」라고 한 유명한 반전이 있다.
도나세戸無瀬도 고나미小浪도 가공의 인물이다. 이 장면의 道行도 픽션이다. (이 8막은 2막과 9막을 이어주는 역할을 한다.)	**【제8막】 모녀의 여로** 무용극으로 연출. 무대는 후지산이 내다보이는 由此蒲原 근처. 혼조의 처 도나세戸無瀬와 딸 고나미小浪의 미치유키道行. 칼부림 사건 이래, 고나미와 리키야의 약혼관계는 그대로이다. 도나세는 고나미를 리키야에게 시집보내려고, 야마시나에 서둘러 갔다.	고단·로쿄쿠는, 실록實錄에 있는 것을 겉으로 드러내 보이고 있기에, 8막을 채택한 것은 없고 라쿠고에도 모녀의 청초한 여행길道行은 멋있게 보였지만 풍자의 대상에 적합하지 않았던 것일까, 눈에 띄지 않는다.
혼조本藏의 모델, 가지카와 요소베梶川與惣兵衛는 다쿠미노카미를 궁안殿中에서 제지했다는 공로로 녹봉이 증가, 나중에는 창을 관장하는 관직鑓奉行에 올랐다. 가지카와의 행위는 공적公的으로는 칭찬받아도 비판받을 만한 일은 아니었지만, 사적私的인 심정으로는 떳떳하지 못한 무엇인가가 남아있었을지도 모른다. 세상 사람들 중에는 무사의 멋情け을 모르는 행위라고 비난하는 목소리도 있었다. 혼조가 하는 반성의 대사에서도, 그런 심정이 반영되어 있다고 추측할 수 있다.	**【제9막】 야마시나 한거** 기온에서 밤을 새고 돌아온 유라노스케는 유곽의 종업원들에게 부축받아 귀가해 눈을 뭉쳐 눈사람을 만들고 집 안에서 쉰다. 도나세와 고나미가 찾아와 리키야와의 결혼을 청하지만 오이시大石의 아내 오이시お石는 결혼답례로 혼조의 목을 원한다. 이때, 승려 모습을 한 혼조가 나타나 오보시 부자父子를 큰소리로 부르는데, 리키야의 창에 찔리고 만다. 유라노스케가 나타나 혼조의 본심을 물어보니, 혼조도 딸의 결혼을 부탁하고 모로노 저택 평면도를 건네고는 죽는다. 리키야는 혼조에게 덧문을 떼어내 습격 작전의 하나라며 눈이 소복이 쌓인 대나무를 잘라 보여준다. 유라노스케는 혼조의 승려복을 빌려, 사카이堺를 향해 길을 떠난다.	고단의 「外伝」은 많은 연극을 탄생시키고, 나니와부시가 되기도 한다. 「天野屋利兵衛」「鍔屋宗件」「忠僕直助」「貝賀彌左衛門」 등 아코의사赤穂義士들에게 협력했던 사람들. 또한, 한 패에 가담하거나, 탈주한 의리를 어긴 무사들에 대한 이야기. 더욱이 기라 쪽 사람들 「小林平八郎」「清水一学」「和久半太夫」「俵星玄蕃」. 나니와부시는 이런 작품들에 더해져 雲右衛門은 「村上喜劍」에서 독자적인 것을 보여주었다. 라쿠고에는, 아마추어 연극을 테마로 혼조 역에 의사医者의 실패를 그린 「九段目」이 있다.

아마가와야 기헤天河屋義平의 모델은, 오사카의 거상 아마노야 리헤天野屋利兵衛라고 하지만, 리헤와 아코 무사와의 관련은 불분명하다. 또, 아코의 어용상인御用商人으로, 무사들을 원조했던, 교토의 포목상呉服商 와타야 젠에몬綿屋善右衛門이 기헤의 모델이라고도 한다. 이 10막은, 주신구라의 본 줄거리에서 벗어난 외전外伝이다. 이를테면, 주신구라 전설伝□의 전형典型을 나타낸다고 말할 수 있다. 습격을 위한 준비를 진행하며 가지각색의 상인으로 모습을 바꾸어, 기라 쪽의 동정을 살피는 무사들의 사실상의 에피소드는 개개인의 활약을 담은 픽션으로 크게 부풀려져 갔다.	**【제10막】 아마가와야의 의리** 엔야가塩冶家에 출입하는 사카이堺의 상인 아마가와야 기헤天河屋義平는 유라노스케에게서 부탁받은 무기를 조달하고 있다. 마지막 물건이 출발하는 날, 포졸들이 와서 오보시 일당의 계획을 자백하라고 한다. 이에 기헤는 긴 궤짝에 떡하니 앉아서 움직이지 않고, "아마가와야 기헤는 사내 대장부다."라고 딱 잘라 말했다. 포졸로 보였던 자는 사실은 한간의 가신으로, 기헤의 마음을 떠보려고 했던 것이다. 긴 궤짝 안에서 유라노스케가 나타나 잠시 의심을 품었던 것을 사과한다. 무사도 미치지 못할 기헤의 마음가짐에 보답하기 위해, 습격 당일의 주고받는 암호를 아마가와야의 옥호와 관련된, "아마"과 "가와"로 하기로 약속한다.	아마가와야 기헤에 관한 에피소드는 고단은 「天野屋利兵衛」로써 「義士外伝」의 하나로 알려져 있다. 오이시의 습격 계획을 위해 비밀무기 제조를 부탁받은 기헤는 자택의 마당에 직인들을 불러, 부탁받은 것을 마련해 에도로 보냈다. 금지하고 있던 무기를 만들었던 것이 직인들의 입에 오르내려, 기헤는 체포되고 오사카 관가에서 심한 고문을 받지만 끝끝내 입을 열지 않았다. 드디어, 무사들의 습격이 성공했다는 소식을 감옥에서 듣고 마쓰노 고치노카미松野河内守에게 자백한다. 그러나 마쓰노는 아코무사들과 기헤의 "義"에 감동하여 가벼운 처벌로 기헤를 풀어준다는 이야기.
1702년 12월 14일 한밤중, 무사들 한사람 한사람은 기라의 저택 세 곳에서 집결, 15일 오전 4시경 습격을 감행한다. 이날 밤 눈은 내리지 않는다. 37명을 죽이고, 오전 6시경 고즈케노스케의 머리를 들어 올린다. 오전 8시경, 에이타이바시永代橋에서 뎃포주鐵砲州를 지나 센가쿠지泉岳寺에 도착, 다쿠미노카미 무덤 앞에 기라 고즈케노스케의 머리를 바치고, 원수 갚음을 보고한다.	**【제11막】 모로노 습격** 무사일동은 이나무라가사키稲村ヶ崎에 올라 가마쿠라 모로노 저택을 습격한다. 눈이 내린 가운데 저택의 앞문과 뒷문 양쪽으로 나뉘어 일제히 난입, 숯창고에 숨어 있던 모로노를 발견한다. 유라노스케는 한간의 유품인 단도로 모로노의 목을 벤다. 일동, 개가를 울리고 그 목을 고묘지光明寺에 내걸었다.	습격이야말로 고단의 본래 특색을 발휘하는 장면이다. 싸울 태세를 갖추는 것에서부터 저택침입, 모두 다 공격개시를, 기라 편의 무사들을 둘러싸고, 때로는 유머도 섞어 가며 읽어낸다. 이 막을 근거로 한 「야마오카 가쿠베山岡角兵衛」가 있다.

2. 복수는 '일본의 풍토병'

일본제국헌법의 공보에 의해 근대 천황제 국가의 기초가 확립되자 후쿠자와 유키치福沢諭吉(1834~1901)나 우에키 에모리植木枝盛(1857~1892)와 같은 위인에 대한 논의는 점차 그 자취를 감추고 그 대신 근대사학의 방법으로서 아코사건의 사실을 규명하려는 방향으로 전환되었다. 국수주의의 대두와 함께 義士 편의 풍조도 강해졌다. 특히, 청일전쟁의 승리와 삼국간섭에 따른 요동반도의 반환은 일본국민의 분노와 굴욕감을 불러일으켜 복수극으로서의 '주신구라'가 재평가되고 무사도의 전형으로 강조되어 갔다.

1889년 12월에 간행된 제국대학 교수 시게노 야스쓰구重野安繹(1827~1910)의 『아코의사 실화』는 근대 실증사학이 근세의 '주신구라' 상상에 처음으로 메스를 가한 기념비적인 결과물이다. 당시, 아코사건에 대한 대중들의 지식은 무대에서 비춰지는 것과 史實과의 구별이 거의 안될 만큼 『가나데혼 주신구라』 등의 영향이 압도적으로 강했기 때문에 이 책은 『가나데혼 주신구라』의 전개에 따라 '모든 說의 허망'을 변호하고 사건의 진상을 제시하는 형식을 취했다.

시게노도 책 모두에서 메이지 천황의 칙어를 언급한 것처럼 분명히 '충군애국'의 국가주의적인 의사관의 입장을 보이고 있다. 그럼에도 불구하고 계몽사상의 영향을 강하게 받았던 시게노가 '의사 찬미'의 풍조에는 비판적인 자세를 취하고 있다. 예를 들면 본서의 기초가 된, 같은 해 4월의 강연 「아코의사의 이야기」의 '개화의 시절'을 보면 복수는 "미개의 풍조"여서 칭찬받을 행위는 아닌데, 일본에서는 신기하게도 예전부터 미담이 되어 있다고 언급, 이것을 "일종의 일본 풍토병"이라고까지 말했다. 또한 문명개화가 한층 더 진전하면 복수에 의문을 가지고 '주신구라'의 연극이나 고단講談 예능도 이윽고 쇠퇴할 것이라고 전망했다. 즉 '주신구라'를 근대사상에 의해 극복해야 할 봉건적 병리현상으로 보았던 것이다. 그렇다면 시게노의 아코사건에 대한 인식은 종래와 구체적으로 어떻게 다른지를 살펴보자.

우선, 아사노 나가노리浅野長矩의 칼부림 사건에 대한 의견이다. 아사노의 칼부림의 동기는 불분명하며, 모든 설은 후세의 추측에 지나지 않는다. 『가나데혼 주신구라』에서는 관객에게 연극적 흥미를 제공하기 위해 모로노의 '색정과 뇌물'으로 말미암아 사건이 일어났다고 꾸미고 있다. 그리고 『가지카와 요소베 일기』에 따르면 아사노는 '지난 일의 원한을 기억하느냐'고 말을 걸어 뒤에서 공격했다고 하는데, 연극의 경우 앞쪽에서 공격하는 장면을 보여주는 것은 아사노에게 비겁한 행동을 시키지 않고 '무사도'를 지키기 위해서였다는 주장이다. 또한 '바람에 취한 꽃보다 봄이 그리울 나는 어찌하나'[79]라는 유명한 죽음의 노래도 위작이라고 주장하며 아사노의 무념을 강조하기 위해 아코낭인의 복수를 정당화하는 것에 대해서도 다무라 가田村家의 사료를 제시하며 그는 '이미 고즈케노스케를 죽였다고 생각한 모습'이었다고 말하며 이를 부정하였다.

더욱이 무로 규소室鳩巣의 『赤穂義人録』 이래 대부분의 실록서에는 오이시 구라노스케가 복수의 결의를 한 것은 아사노의 칼부림 사건 소식이 아코에 전달되었을 때라는 부분에 대해서도 오타카 겐고大高源五의 서간과 『고세케 견문기江赤見聞記』 등의 사료를 들어 부정하고 나가노리의 동생 나가히로가 히로시마의 본가에 귀향간 시점이라고 주장한다. 즉, 아코사건을 보통의 복수 행위로 간주하지 않고 오이시를 복수 일변도가 아닌 가문의 재흥을 위해 끝까지 힘을 쏟는 사려깊은 인물로 파악하고 있다.[80]

제국대학의 교수를 역임한 적도 있는 미토水戸학계의 역사가 나이토

79 風誘う花よりもなお我はまた春の名残をいかにとやせむ(바람에 떨어지는 벚꽃은 내년을 기약해도 나는 다시 봄의 정취를 즐길 수 없으리)

80 다음 해에는 제국대학편년사편찬계가 총력을 기울여 관찬(官撰)통사인 『橋本国史眼』를 출간했는데, 여기에서도 오이시를 '主家再興ヲ図リテ成ラズ。遂ニ及ブ' '良雄等忠義貫徹。挙動詳慎。世挙リテ賞賛已マズ。称シテ義士ト曰フ'라고 편찬위원장인 重野의 생각이 그대로 나타나 있다.

지소内藤耻叟의 아코사건에 대한 평가는 시게노와 달리 무로 규소 등과 같이 긍정적으로 보지만 아사노의 칼부림 장면과 오이시가 결심한 복수결의의 시기에 대해서는 시게노와 견해를 같이 하고 있다. 사상적 입장을 넘어 사료를 보는 눈이 적어도 초기에는 민간의 사가들보다 관학의 사가가 객관적이며 정확했다.

3. 무라카미 기켄村上喜剣이라는 전설상의 쾌남

시게노의 『아코의사실화』가 간행된 같은 해에 '주신구라'에 관한 새로운 역사 소설이 태어났다. 무라카미 기켄村上喜剣이라는 전설상의 인물을 '의협심'이 많은 1세의 쾌남자로 만든 고다 로한幸田露伴의 『奇男兒』(「요미우리신문」 1889년 11월)이다. 이 소설은 하야시 가쿠료林鶴梁의 『열사 기켄전烈士喜剣伝』 등에서 힌트를 얻은 것으로 추측되는데 묘사 방법은 전혀 다르다. 가쿠료의 『烈士喜剣伝』은 '기켄은 어디에서 온 사람인지 자세히 말하지 않는다. 어떤 사람이 말하길, 사쓰마 출신의 사무라이로 틀림없이 절개있는 사람'이라며, 그대로 오이시의 방탕을 경고하는 어조로 '주신구라'와 관계된 글을 쓰고 있으며 기켄 자신에 대한 것은 아니었다.

그에 비해 로한의 『奇男兒』는 기켄의 풍모를 '이 남자, 키는 6척을 넘고 뼈가 굵으며, 얼굴은 마르고 코는 높고, 성긴 눈썹, 눈은 신기하게 빛난다.' 라고 상세히 묘사한 점에서부터 시작하여, 출국의 동기도 '무용의 신국'에 태어나면서 겐로쿠 태평의 세상에 익숙해져 '문약文弱'에 흐르는 무사들의 사는 방법에 정나미가 떨어져 스스로 녹禄을 버리고 '낭인'이 되어 칼집朱鞘에 칠흙으로 '언제라도 죽을 각오가 되어 있사옵니다'라고 쓴 칼을 허리에 찔러 차고 '의협의 간담'을 연마하기 위해 사쓰마의 나라를 떠나 경향각지를 편력한다라고 명확히 쓰여 있다.

그리고 『奇男兒』의 喜剣은 규슈를 북상하여 중국로를 통해 반슈播州

아코성 아래에 와서, 아사노 저택의 단절로 쇠퇴해 약해진 마을의 모습을 보고 개탄하며, 다쿠미노카미가 성내에서 칼부림을 한 것은 '한 사람 죽어 천하의 폐풍弊風'을 개선하기 위함이라고 생각되는데, 아코의 낭인이 목숨을 아껴 주군의 유지를 이어 복수도 하지 않고 '의미 없이 죽으려고 하는 것'에 분개한다. 즉, 로한이 그리는 喜剣은 단순히 '아코 낭인'의 충의에 찬 무사가 아닌, 태평을 위해 연약한 '천하의 폐풍'을 개혁하여, 목숨을 걸고 '신국의 풍속, 의에 용감함 사람 마음'을 회복하고자 하는 '의협'적인 인물이다.

가쿠료의 『喜剣伝』이 오이시 일당의 기라 저택 습격을 안 喜剣의 후회를 강조하고 있는 것에 비해 로한의 『奇男兒』는 '이제와서 후회해도 소용없다'며 울지도 한탄하지도 않고 각오하고, 義士가 할복한 후에 센가쿠지에 참배하며 오이시의 묘 앞에서 배를 가르는 모습을 마치 付記처럼 덧붙였다.

메이지 20년대 초두의 국수주의의 대두는 문학 세계에서는 겐로쿠 문학의 부흥이라는 형태로 나타나는데, 그 중에서 로한은 사이카쿠 작품에 심취하면서도 사이카쿠와는 다른 '道'의 극치를 喜剣의 삶을 통해 무사의 패기와 의협심을 잊고 경박하게 흘러가는 메이지 세상을 비판했다. 3년 후 걸작 『오중탑』을 세상에 선보인 로한은 '협기'에 빠져 세련되지는 않지만 깨끗한 삶을 산 喜剣을 자아를 관철한 자립정신의 소유주로 그렸다고 말할 수 있겠다.

4. '義士' 찬미 비판

도쿠토미 소호德富蘇峰(1863. 3. 14~1957. 11. 2)의 친구로 메이지의 대표적 역사가 야마지 아이잔山路愛山(1865. 1. 23~1917. 3. 15)의 아코사건 인식은 시게노와는 다른 의미에서 획기적이다. 아이잔의 사론에는 아코낭인의 '충의'를 비판적으로 보는 관점과 그들의 행동에서 '저항 정신'을 보는 관점 등, 아코사건에 대한 근대인의 복합적 관점이 처음으로 명료하게 나타나 있기 때문이다.

1891년 9월, 소론「獨語」에서는 복수에 참가하지 않은 아사노의 가신 '夢野の莊平'라는 가공의 인물을 등장시켜,

> "오이시 등은 원래 시골 사무라이인데다 고집불통에 심기가 거칠어 세상물정을 모르는 시골뜨기를 모아 골목대장이 되어 기라 저택의 불청객으로 방문한 좀 가련한 구석도 있지만, 개 한 마리가 진짜라고 짖어대도 많은 개들이 그것을 그림자에 짖어대는 무아몽중의 무리가 충신이라니 웃겨서 배가 아플 지경" (『女學雜誌』 제284호)

이라고 오이시를 비롯한 아코낭인을 '忠臣' '義士'로 극찬한 사람들을 야유했다. 더욱이「獨語」의 마지막에서는 주인공 '夢野の莊平'에게 "옛날의 충신은 주군을 위함이고, 오늘날의 충신은 이름을 위함이다. 그것을 충신이니 의사니 하며 극찬하는 세상의 멍청이를 구더기 같은 놈이라고 말하는 것이 틀렸단 말인가"라고 말하게 하여, 당시 사람들의 '주신구라'환상을 통렬하게 비판했다. 단, 그 때 유의해야 할 것은 아코 낭인과 그들을 찬미하는 사람들을 명확하게 구별하고 있는 점이다.

아이잔이 오이시 일당의 행동을 전부 부정하는 것이 아니라, 2년 후에 쓰인「오이시 구라노스케」(『国民之友』 197-199호)에서 알 수 있듯이 오히려 역사적 의의를 인정하고 있다. 즉, 아코낭인의 복수는 태평한 시절에 익숙해져 사치풍조에 빠진 에도 무사를 향해 낡은 무사기질을 가진 시골 무사가 토한 기염이었다는 것이다.

사건 후, 오이시들의 아코낭인은 '신하의 규범'으로서 칭송되어 왔지만, 무사도 정신은 점점 타락하여 오이시는 '옛 무사 최후의 전형'으로서 이름을 남기게 되었다. '아코義士'의 정신은 불과 '薩南 健児社'에서 매년 12월 14일에 청소년들이 밤을 세워 의사전을 윤독하는 풍습으로 남아 있을 뿐이라고 한다. 아이잔은 오이시와 아코 의사를 시대의 예언자로 보고 있었으므로「오이시 구라노스케」의 끝에 메이지 유신을 초

래한 사쓰마의 소년들에 의한 '의사전 윤독'의 풍습을 기록하지 않을 수 없었을 것이다.

근대 일본에서 '주신구라'의 밑바탕에 있는 복수 문제에 대해 처음으로 날카로운 고찰을 한 것은 아이잔과 '人生相涉論爭'을 벌인 기타무라 도코쿠였다. 加藤萬治들과 함께 1889년에 일본평화회를 창설하여 그리스도교의 입장에서 평화의 중요성을 설명한 도코쿠는, 1893년 5월에 스스로 주필을 맡은 잡지『平和』제12호에 서명 없이「복수, 전쟁, 자살」(4개의 소론을 일괄한『透谷全集』편집자가 붙인 가제)라는 흥미 깊은 논설을 발표했다.

도코쿠에 따르면, 인간의 마음에는 '머리는 신이고 다리는 귀신'인 '복수'라는 '괴물'이 살고 있으며, 인간에게 '복수'는 통쾌한 일이어서 사람은 이 '괴물'에 농락되어 희로애락의 파도에 방치된다. 그래서 세계의 역사는 모든 나라도 복수를 중시한 시대가 있었으며, 일본의 '주신구라' 이야기는 지금도 세계에 알려져 있다. 유신 혁명은 법률을 정하고 복수를 금지했지만, 그것은 개인에 의한 복수를 사회에 의한 복수로 바꾼 것에 지나지 않고, 종교만이 이것을 근절하는 힘을 가지고 있다고 한다. 법률이 아닌, 종교의 힘에 그 꿈을 맡기고 있는 것이다. 그리고 "한 개인 사이에는 복수가 있다. 국민과 국민의 사이에는 전쟁이 있다."라고 전쟁을 개인의 복수의 연장선에 위치시켜 복수의 시대가 지나고 전쟁도 억제되는 현재, 종교의 희망은 "한 개인의 복수를 근절시킴과 동시에 국민 간의 전쟁을 차단한다."고 설명한다.

그러나 아이러니하게도 그가 이 소론을 쓴 다음 해 8월에 청일전쟁이 일어난다. 이미 본격적인 제국주의 시대에 돌입한 1890년대를 전쟁이 감소하는 시대로 보는 세계 인식으로서는 전쟁의 발발을 예측하고 저지하기에는 불가능했을 것이다. (色川大吉『北村透谷』동경대학출판회, 1994년)

또한 도코쿠의 '복수'론에는 전쟁과의 관련 외에 또 하나 유의해야 할 것이 지적되어 있다. 즉, '자살'에는 괴로움을 참기 힘들어 하는 것과, '명예'를 유지하기 위해 하는 것, 자기가 한 '해害'를 벌하는 '자아의 복수'라는 세 가지의 경우가 있다고 기술되어 있는 점이다. 원래 '주신구라'는 단순한 복수가 아니라, 복수를 이룬 후에는 막부의 명에 따른 것이라 해도 자기 스스로 죽는다는 의미가 포함되어 있으며, 복수와 자살은 상관관계에 놓여있는 문제이다. 따라서 오이시를 비롯하여 숙원을 이룬 아코낭인들의 '할복'을 어떻게 생각하는지는 근대 지식인과 문학자에게 난해한 문제다.

예를 들면 『가나데혼 주신구라』의 간페이처럼 복수의 의지를 갖고 도중에 좌절하여 할복하여 죽어가는 인물이 등장하지만, 이것이 근대의 '주신구라' 문예에서는 다른 인물로 모습을 바꾸면서 어떻게 변용해 가는지의 문제도 있다. 이러한 문제를 생각할 때도 '복수'와 '자살'을 관련짓는 도코쿠의 지적은 시사하는 바가 많다. '주신구라'의 세계의 중심에는 할복과 순사殉死를 포함하여 끊임없이 '자살'의 문제가 복재하고 있는 것이다.

5. 니토베의 『Bushido』

청일전쟁 후, 무사도 정신의 부활에 큰 역할을 한 것은 니토베 이나조新渡戸稲造가 1899년에 미국에서 영문으로 출판한 『Bushido』이다. 근대 일본의 도덕 관념의 밑바탕에 깔려있는 무사도 정신을 세계적인 시야에서 해명하고 미국의 독자에게 소개하고자 한 이 책은 아코사건을 다루는 방법에서도 그때까지의 서적에서는 볼 수 없었던 독자적인 견해를 가지고 있었다.

에도시대의 '복수의 제도'는 무사도를 유지해 가기 위한 '윤리적 균형 재판소'의 기능을 하고, '보통법'에 따라 재판할 수 없는 사건은 '복수'를 인정하고 있었다. 아사노 나가노리浅野長矩는 성내에서 칼부림을 일으켜 사죄死罪로 처리되었는데 그는 공소할 만한 '상급 재판소'를 찾지 못했다. 그래서 아사노의 충성스런 가신들은 당시 존재한 '유일한 최고재

판소 같은 복수'에 호소했지만, '보통법'에 의해 처벌되었다는 것이다. 그러나 민중은 본능적으로 다른 판단을 하였고, 그들의 명예는 오늘에 이르기까지 유지되고 있다고 했다.

즉, 니토베는 '복수' 중에는 인간이 태어나면서 가지고 있는 '형평감'과 '정의감'이 포함됐다고 보며, 민중이 막부의 판결에 반해 아코낭인의 복수를 시인하고, 그들을 '의사'로서 칭송한 것은 이 본능적인 '형평감'과 '정의감'의 표현이라고 간주하고 있다. 아코낭인의 복수는 무사의 최대 덕목인 '의'에 부끄럽지 않은 훌륭한 행위라는 점을 외국의 독자에게 이해시키고자 한 것이다. 그리고, 이 '무사도'는 세계적인 반향을 불러, 각국어로 번역되었다. 미국 대통령 루즈벨트는 니토베의 『Bushido』를 읽고 이것이 젊었을 때 목장주로서 접했던 카우보이의 용감하고 인내력 강하며 예의 바른 삶의 방법과 아주 닮아 있다는 점을 느끼고나서 일본인을 존경하게 되었으며, 후에 교착했던 러일전쟁의 종결을 위해 조력을 아끼지 않았다고 언급하고 있다.

메이지 30년대에 '무사도'론을 정력적으로 말하고, 여론을 이끌어 온 중심 인물 중 한 사람이 독일 관념론 철학을 일본에 도입하고 교육칙어의 주석서『칙어연의』를 저술하여 천황제 국가의 국민도덕을 말한 이노우에 데쓰지로井上哲次郎였다.

6. '주신구라' 문예에 관한 담론

청일전쟁 후의 '주신구라' 문예에 관한 담론으로 간과할 수 없는 것은 쓰보우치 쇼요坪内逍遙 · 쓰나시마 료센網島梁川 편『近松之研究』(1900)의 <부록>에 있는『가나데혼 주신구라』의 비평이다. 이 책은 1890년 겨울에 발족한 近松研究会의 멤버가 10년에 걸쳐 잡지 등에 발표해온 비평을 정리한 것으로 근대 일본 최초의 지카마쓰 조루리의 종합연구이다.

『가나데혼 주신구라』의 비평에서 가장 포괄적 논평을 하고 있는 사람은 평론가, 연출가로서 활약한 시마무라 호게쓰島村抱月일 것이다. 호게쓰는 『가나데혼 주신구라』가 관객들로부터 공전의 갈채를 받은 이유로서 다음의 6가지를 제시하고 있다.

① 주군의 복수를 집단의 자기 희생적인 결속으로 달성하여, 만구칭송하는 아코사건이라는 '제목의 절묘함', ② '智勇'을 겸비할 뿐만 아니라 '멋진 풍류'의 일면을 아우르는 오보시 유라노스케大星由良之助라는 이상적 인물의 조형, ③ '충의, 사랑, 의협' 등을 체현하는 하야노 간페이早野勘平 · 오카루お軽 · 아마가와야 기헤天河屋義平의 조형, ④ 무사적인 세계와 민간적인 세계를 절묘하게 '조화'시킨 것, ⑤ 복수를 하는 무사가 방탕하며 본모습을 숨기는 '절묘한 구성', ⑥ 이상의 모든 요소를 통합하여 '몽상적 구조'를 미음껏 발휘한 일. 여기에는 근대 문학자가 본 『가나데혼 주신구라』의 특징이 거의 망라되어 있다. 호게쓰는 특히, 전편의 요점인 유라노스케의 방탕과 지략을 그린 7막 '기온의 유곽'이 기교와 내용에서 희곡으로서 얼마나 탁월한지를 역설하고 '7막이 있고 비로소 주신구라가 있다고 말할 수 있다' 라고 단언했다.

쓰보우치 쇼요坪内逍遙도 『가나데혼 주신구라』가 유사 작품과 비교하여 뛰어난 점을 몇 가지 들어 설명하고 있는데, 그보다 흥미로운 것은 근대와 근세의 아코사건을 상이하게 취급하고 있다는 것을 지적한 점이다. 즉, 근대 작가라면, 예를 들면 아사노 다쿠미노카미의 비극을 이야기하거나, 오이시 구라노스케의 간난과 신고를 주안으로 하는 등 아코사건의 등장인물의 주관적 요소 속에서 '詩趣'의 풍성함을 발견하는 것에 비해, '서사시의 구조를 극의 틀'로 생각하는 근세의 조루리 작가는 그것을 객관의 사상事象 속에서 찾는다는 것이다. '의리인정'을 그리는 지카마쓰의 시대물 조루리와 '개인성'을 그린 근대의 사극과의 차이를 강조하는 쇼요의 연극관이 잘 나타나 있다.

그러나 쇼요는 지카마쓰의 『야리노곤자 가사네카타비라槍の権三重帷子』의 비평 속에서 봉건제의 초기 시대는 군부를 위해 목숨을 걸었지만, 봉건제가 난숙한 시대가 되면 과도하게 명예를 중시해 평판 때문에 목

숨을 버리게 되고, 그것은 동서 불문하고 보편적인 역사 사상歷史事象이며 아코사건의 경우도 그 예외가 아니라고 말했다. 즉, 세간에서는 일반적으로 아코낭인의 복수 동기는 주군을 위한 것이라고 생각하고 있지만, 실제로는 반 이상 들리는 평판 때문이며 도리를 위하고 의리를 위한 것은 두번 째, 이름 때문에 번민한 것이 아코낭인에만 한정되지 않고 겐로쿠 시대 사람들의 일반적인 인정이었다는 것이다. 근세 이래의 '주신구라' 환상에 사로잡혀 義士의 편을 드는 것에 대한 통렬한 비판이다.

여기서는 세계적 시선으로 연극을 연구하고 지카마쓰의 희곡을 통해 겐로쿠 시대의 사회와 인간의 모습을 응시해온 문학자의 투철한 인식이 보인다. 쓰보우치 쇼요는 야마지 아이잔과 마찬가지로 청일전쟁 전후에 한층 강해진 세간의 의사옹호의 풍조에 실증을 느끼고 있었던 것이다.

7. 진화하는 '주신구라'

겐로쿠 시대의 3대 문호 사이카쿠西鶴, 바쇼芭蕉, 지카마쓰近松 중에서 아코사건을 듣고 작품화한 것은 지카마쓰 몬자에몬 뿐이었다. 다른 두 사람은 사건 당시 이미 고인의 몸이었다. 사이카쿠는 1693년에, 바쇼는 1694년에 사망하였다.

아코사건을 처음으로 무대에 올린 사람은 역시 지카마쓰였다. 1703년에 상연된 『게이세이 미쓰노구루마傾城三の車』가 그것이다. 이 작품 이전에 『히가시야마 에이가부타이東山栄華舞台』와 『아케보노 소가요우치曙曾我夜討』라는 작품을 들 수도 있겠지만, 이 작품들이 누군가에 의해서 상연되었다는 것도 또, 그 내용을 명확하게 하는 자료도, 현재에 이르기까지 확인된 바 없다. 게다가 지카마쓰는 1710년宝永 七年에 『겐코법사 모노미구루마』에서도 아코사건을 소재로 『다이헤이키』의 세계로 각색하여 주신구라 전작의 세계를 그리고 있다.

이 1710년이라는 시기의 가미가타 지역에서는 소위 '주신구라' 붐이 일어나고 있었다. 발단이 된 것은 아즈마 산하치吾妻三八의 『오니카게 무사시아부미』였다. 6월 10일부터 9월 11일까지 90일간의 롱런 흥행을 한 작품이다. 아즈마 산하치에 자극을 받아 이 해는 연이어서 수많은 아코 사건 관련의 작품들義士物이 쏟아져 나와 가미카타의 극장은 기시모노에 열광, 아코 사건에 관련된 문예물로 물든 한 해가 되었다. 그 중의 한편인 지카마쓰의 『고반 다이헤이키』가 있다. 전작인 『겐코법사 모노미구루마』의 속편으로서 쓰여진 셈인데, 이 작품에 처음으로 오보시 유라노스케, 리키야力弥, 데라오카 헤이에몬을 등장시켜, 실록과는 차별되는 극중 인물들을 만들었던 것이다.

게다가, 『주신 고가네노탄자쿠忠臣金短冊』를 시작으로 많은 義士物 극이 상연되었는데, 『오야카즈 욘주나나혼大矢数四十七本』에서 호평을 받은 초대初代 사와무라 소주로의 명연기는 훗날 『가나데혼 주신구라』 태동의 견인차 역할을 하고 있었던 것이다.

1748년 8월 14일에 드디어 『가나데혼 주신구라』의 첫 공연이 열렸다. 상영된 오사카의 다케모토좌(竹本座)의 극장 안은 4개월 동안 입추의 여지가 없이 초만원을 기록했다. 그 호평을 본 오사카, 교토, 에도의 3도三都의 가부키는 경쟁적으로 같은 작품을 무대에 올렸다. 두 번째의 '주신구라' 붐이 도래한 것이다.

- ○ 오사카: 아라시 산고로자(嵐三五郎座) 1748년 12월 1일부터. 유라노스케 분은 아라시 산주로(嵐三十郎)
- ○ 교토: 나카무라 마쓰헤이자(中村松兵衛座) 1749년 3월 15일부터. 유라노스케 분은 나카무라 주조(中村十藏)
- ○ 에도: 1749년, 3대 극장(三座)이 잇달아 『가나데혼 주신구라』를 무대에 올린다.
  - ☆ 모리타좌(森田座) 2월 6일부터 유라노스케는 야마모토 교시로(山本京四郎)
  - ☆ 이치무라좌(市村座) 5월 5일부터 유라노스케는 초대(初代) 반도 히코사부로(坂東彦三朗)
  - ☆ 나카무라좌(中村座) 6월 16일부터 유라노스케는 초대(初代) 사와무라 소주로(澤村宗十郎) (당시는 3대인 澤村長十郎)

특히, 에도에서는 1749년 거의 1년 가까이 항상『가나데혼 주신구라』로 3대 극장 모두 호평을 얻어 이 작품의 평가를 결정짓게 된다.

그러나 복수극의 발단이 됐던 아코 영주 아사노 다쿠미노카미의 할복 직후부터『가나데혼 주신구라』이전은 탄압의 시대로 볼 수 있다. 1699년(元祿 12)에 막부는 실제 사건을 모델로 한 연극 등의 상연을 금지했다. 아코 사건은 많은 사람들의 동정과 공감을 얻은 듯하나, 할복 12일 후부터 상연된 연극은 3일째에 막을 내리게 된다. 막부는 이러한 연극의 동향을 배려하여「예전에도 고지했듯이 당시 비상사태가 발발할 경우, 謠曲 小歌를 지어 더더구나 출판물을 파는 것은 더욱 금한다. 사카이초堺町, 고비키초木挽町의 극장에 그와 비슷한 비상사태를 흉내내서는 안된다」고 현실에서 일어났던 정치적 사건을 본떠 劇化하는 것을 一切 禁止한다는 공고를 낸다. 그래도 40년 동안 20편 이상의「모델 연극」이 상연되었다. 막부와 지배계급층의 입장에서 보면, 충의를 적극적으로 알리고 강조하지 않으면 안 되었던 때는 겐로쿠에서 교호(享保, 1716~1735)에 걸친 전환기이었다. 오히려 호레키(宝暦, 1751~1752)라는 시기는 좀 벗어나 있었다. 호레키 시절에 상연되기 시작했던 이유는 막부의 자세에 대한 서민 측의 대응과도 무관하지 않고 또한 조닌의 눈으로 본 무사라는 측면과도 관련된다. 즉, 조닌이 그와 같은 무사의 행동을 좋아했다고 생각해 보면 호레키 시기에 무사계급의 체제유지 위기감은 컸다고 보기는 어렵다. 그렇게 되면 조닌 사회의 윤리문제에서 생각해 볼 때, 호레키는 뭔가 문제가 있는 시기며, 그것이『가나데혼 주신구라』의 성립과 상연에 관련되는 것으로 보인다. 겐로쿠 시대에서는 아코 義士劇을 상연하면 오히려 반체제 같은 느낌이 들었으나, 호레키 시기에 이르면 반대로 체제에 편승한 듯한 느낌마저 든다. 그도 그럴 것이,『가나데혼 주신구라』가 부활하는 것은 언제나 정치의 개혁기이다. 간세이(寛政, 1789~1800)에서도 그러했었고 덴포(天保, 1830~1843) 시기에는 상연회수가 급증했다. 그렇기 때문에『가나데혼 주신구라』가 세상에 나왔던 시점에서 뒤집어 진 듯하다. 막부의 눈치를 보아가며 시대는 南北朝 시대로 바뀌었지만, 여전히 절대적 지지를 모은다. 이때 「忠臣藏」라는 말이 처음으로 사용되기 시작했으며, 메이지 시대에 들어와서 講談, 浪曲에서 주신구라의 에피소드는 미담으로 자리잡아 간다. 講談에서는 이치류사이 데이잔一龍齋貞山, 浪曲에서는 도추켄 구모에몬桃中軒雲右衛門이 유명한데 구모에몬은 스스로 「무사도 鼓吹者」로 부르고 自作 『義士銘々伝』으로 대단한 인기를 얻게 된다. 이와 같은 열광 속에서 메이지의 근대화는 착착 진행된다.

메이지 이후 정부는 '忠君愛国'을 국민도덕으로 내세웠으며 '忠臣藏'는 그에 안성맞춤인 코드가 된 것이다. 이 시기에 '주신구라'는, 정신론을 축으로 한 냄새를 강하게 풍겼다. 제2차대전 직후 GHQ에 의해 『가나데혼 주신구라』는 민주주의에 반하는 위험사상으로 낙인받는다. 맥아더 사령부는 점령정책을 착수하는 과정에서 일본의 민주화에 방해가 된다고 판단해 일찌감치 가부키를 추방했다. 주군에의 충성, 할복, 복수 등 봉건도덕 찬미에 엄벌을 내린 것이다. 5백편이 넘는 가부키 대본 중에서 무용극과 연애극을 제외한 3분의 2에 해당하는 작품이 상연금지 대상 리스트에 오른다. 『가나데혼 주신구라』는 물론이고 『스가와라 덴주 데나라이카가미菅原伝授手習鑑』 『간진초勧進帳』 등과 같은 지다이모노時代物라 불리는 고전의 명작을 하나같이 매장시켜 버렸다.

또한 1912년 9월 13일 메이지 일본국왕 장례 당일에 육군대장 노기 마레스케乃木希典가 아카사카赤坂 자택에서 할복 殉死했다. 아코 낭인들의 묘가 있는 센가쿠지 절에도 참배했던 그였기에 그의 행동은 일약 誠忠無二의 軍神으로 받들어 모시게 된다. 시가 나오야志賀直哉, 아쿠타가와 류노스케芥川龍之介 등의 차가운 비판도 있지만, 모리 오가이森鷗外와 나쓰메 소세키夏目漱石 등은 깊은 공감을 표했다.

이처럼 '주신구라'는 각 시대상을 반영하는 새로운 또 하나의 '주신구라'를 만들어 왔다. 우리들은 表象으로서의 '주신구라'를 통해 일본사회의 빛과 그림자, 表象空間 속의 인간의 모습들을 발견할 수 있는 것이다.

참고문헌

한국일어일문학회 『게다도 짝이 있다』 글로세움, 2003
한국일어일문학회 『모노가타리에서 하이쿠까지』 글로세움, 2003
渥美清
太郎編纂 『日本戯曲全集・赤穂義士劇篇』 春陽堂, 1928
潁原退蔵 『江戸文芸』 晃文肚, 1942
松島栄一 『忠臣蔵』 岩波書店, 1964
富士正晴 『パロディの精神』 平凡社, 1974
藤野義雄 『仮名手本忠臣蔵 解釈と研究㊤㊥㊦』 桜楓杜, 1974~75
板坂元 『町人文化の開花』 講談社現代新書, 1975
渡辺保 『忠臣蔵 もう一つの歴史感覚』 白水社, 1981
諏訪春雄 『忠臣蔵の世界』 大和書房, 1982
『国文学 忠臣蔵・日本人の証明』 學燈社, 1986
永山武臣 監修・茂木千佳史 編集 『歌舞伎海外公演の記録』 松竹株式会社, 1992
服部幸雄編著 『仮名手本忠臣蔵』 白水社, 1994
国立文樂劇場調査養成課調査資料係編 『忠臣蔵の世界』 日本芸術文化振興会, 1994
学演劇博物館編 『忠臣蔵(上)』 早稲田大学出版部, 1994
小沢富夫 『武士 行動の美学』 玉川大学出版部, 1994
勝部真長 『忠臣蔵と日本人』 PHP研究所, 1994
丸谷才一 『芝居は忠臣蔵』 文芸春秋, 1995
赤穂市役所市史編纂室編 『忠臣蔵 第六巻』 赤穂市, 1997
宮澤誠一 『近代日本と「忠臣蔵」幻想』 青木書店, 2001
戸板康二 『ビジュアル版 仮名手本忠臣蔵』 世界文化社, 2006
服部幸雄編 『仮名手本忠臣蔵を読む』 吉川弘文館, 2008年
安野光雅 『絵本 仮名手本忠臣蔵』 朝日新聞出版, 2010

저자소개

이준섭(李濬燮)

한국외국어대학교 및 동 대학원 석사과정 졸업
東京大學大學院 總合文化硏究科(表象文化論專攻) 박사과정 수료
한국일본사상사학회 부회장
경북대학교 일어일문학과 교수

저서 및 논문

『江戸の文事』(공저)
『주신구라』(살림지식총서) 등
「주신구라의 사상사적 접근」
「주신구라와 에도문화」 등

문화로 읽는 주신구라忠臣蔵

초판 1쇄 발행 _ 2011년 8월 30일

저　　자 | 이 준 섭
발 행 인 | 정 현 걸
발　　행 | 신 아 사
인　　쇄 | 예지인쇄
출판등록 | 1956년 1월 5일 (제9-52호)
주　　소 | 서울특별시 은평구 녹번동 28-36번지 2F
전　　화 | 02)382-6411 · 팩스 02)382-6401
홈페이지 | www.shinasa.co.kr
E-MAIL | shinasa@chol.com

ISBN 978-89-8396-743-5(93910)

정가 12,000원